西南政法大学科技法文库
总主编 林 维

电子商务法

E-COMMERCE LAW

[英]保罗·托德（Paul Todd）／著
孙莹　庞琳／译

E-Commerce Law/by Paul Todd/ISBN: 9781859419427

© Todd, P 2005

Authorised translation from the English language edition published by Routledge, a member of the Taylor & Francis Group. All Rights Reserved.
本书原版由Taylor & Francis出版集团旗下Routledge出版公司出版，并经其授权翻译出版，版权所有，侵权必究。

Law Press China is authorized to publish and distribute exclusively the Chinese (Simplified Characters) language edition. This edition is authorized for sale throughout Mainland of China. No part of the publication may be reproduced or distributed by any means, or stored in a database or retrieval system, without the prior written permission of the publisher.
本书中文简体翻译版由法律出版社独家出版并限在中国大陆地区销售，未经出版者书面许可，不得以任何方式复制或发行本书的任何部分。

Copies of this book sold without a Taylor & Francis sticker on the cover are unauthorized and illegal.
本书贴有Taylor & Francis公司防伪标签，无标签者不得销售

著作权合同登记号
图字：01-2025-2076

英国是电子商务的探索者，也曾与欧盟合作成为电子商务法的先行者。英国学者保罗·托德编著的《电子商务法》，是一部内容全面、体系完整的法学著作，具有清晰的逻辑框架、精准的知识表述与生动的案例阐释，以比较法视角分析了英国和欧盟的电子商务法及相关法律法规的立法背景，适时引述了美国、新加坡及联合国国际贸易法委员会等地区和国际组织的相关立法与实践，为读者展示了电子商务法的发展全景、法律框架和司法实践，不仅对理解全球电子商务法治发展态势具有重要的参考价值，而且对完善我国电子商务法律体系和制定相关政策有一定的借鉴意义。

——中国法学会副会长、中国法学会网络与信息法学研究会会长　姜伟

电子商务一直处于实体经济数字化转型的前沿，是数字经济中规模最大、表现最活跃、发展势头最好的新业态新动能，是数字经济新发展格局中非常重要的一环，必将在畅通国内大循环、促进国内国际双循环中发挥重要作用。本书讨论了电子商务的基本原理以及涉及知识产权、加密和合同的相关问题，试图回答电子商务的本质，电子商务中涉及的知识产权、隐私权、数据保护等交叉问题，并提供独到见解与切实可行的应对策略，是电子商务领域科研人员、实务人士探索电子商务法前沿、获取创新灵感的必读之物。

——中国人民大学法学院教授、
中国法学会网络与信息法学研究会副会长兼学术委员会主任　张新宝

本书堪称电子商务法领域的经典之作。全面涵盖电子商务领域的重要内容，深度剖析典型实务案例，清晰勾勒电子商务法的发展脉络，视野广阔，内容丰富，观点清晰，文笔生动。本书为电子商务法律制度之发展提供了可资借鉴的坐标系，兼具很强的学理性与实用性。我相信，无论是从事电子商务法领域的研究者还是实务人士，都能从本书获得思想的启迪、创新的灵感以及阅读的欣喜。

——北京大学法学院教授、北京大学数字法治研究中心主任，
中国法学会行政法学研究会副会长　王锡锌

总主编简介

林维

西南政法大学党委副书记、校长，北京大学法学博士，二级教授，博士生导师。第八届全国十大杰出青年法学家，国家"万人计划"哲学社会科学领军人才、中宣部文化名家暨"四个一批"人才、中国社会科学院领军人才、马工程教材首席专家，国家重点研发计划首席专家。曾在前南国际刑事法庭学习，挂职最高人民法院刑一庭副庭长。兼任中国法学会副会长、中国犯罪学学会副会长、中国案例法学研究会副会长、中国法学会审判理论研究会副会长、重庆市数字法学研究会会长、重庆市未成年人法学研究会会长、中央网信办法律顾问、中共重庆市委法律顾问等。

译者简介

孙莹

法学博士、博士后，西南政法大学民商法学院教授、博士生导师，西南政法大学网络空间国际治理研究基地主任，重庆市巴渝青年学者，中国法学会民法学研究会理事、中国法学会网络与信息法学研究会理事。

长期从事民商法、个人信息保护法、数据法等研究，在《中国法学》等期刊发表论文20余篇；已出版《我国民法调整对象的继受与变迁》等多本著作；主持多项国家社科基金项目和国家高端智库项目。

庞琳

西南政法大学人工智能法学院副教授、硕士生导师，西南大数据法律研究院司法大数据与社会治理研究中心主任，美国加州大学伯克利分校访问学者。

主要从事数据法、智能科技法、民商法研究。出版《财产上人格利益的私法保护研究》等学术专著；发表学术论文20余篇；主持教育部、重庆市社科等项目多项。

总　序

习近平总书记指出:"科技创新是提高社会生产力和综合国力的战略支撑,必须摆在国家发展全局的核心位置。"①科技与法律是现代文明的双翼。人类社会此前经历的两次科技创新浪潮,相继引发了法律 1.0 版本、法律 2.0 版本的迭代更新,而此次以人工智能、大数据、区块链为代表的第三波科技创新浪潮则正在塑造更智能化、数字化的法律 3.0 版本。这一过程促使我们重新审视法律与科技之间的相互关系,并探索如何在保障科技创新的同时实现有效治理。

回顾我国科技立法历程,呈现出阶段性与适应性的特点。新中国成立初期,我国科技基础薄弱、工业化水平落后,科技法治主要以政策形式体现,呈现出明显的科技与政治交织特征。改革开放后,科学技术成为服务于市场经济发展的重要工具,科技法治逐渐繁荣,科技与经济的结合成为趋势。1985 年 3 月 13 日,《中共中央关于科学技术体制改革的决定》正式发布,这标志着我国进入科技立法全面发展阶段。随后,《中华人民共和国民法通则》《中华人民共和国公司法》《中华人民共和国技术合同法》等经济领域的法律中

---

① 《习近平在中科院第十七次院士大会、工程院第十二次院士大会上的讲话》,载中国政府网,https://www.gov.cn/xinwen/2014 - 06/09/content_2697437.htm。

新增了大量科技创新内容。1993年的《中华人民共和国科学技术进步法》首次以法律形式确定了"在社会主义现代化建设中优先发展科学技术"目标,并对科技推动经济社会发展、高技术发展与产业化、基础研究、创新主体和创新人才发展等内容进行具体规范。1995年,"科教兴国"正式成为国家战略,科技和教育被置于经济发展的重要位置。2007年《中华人民共和国科学技术进步法》的首次修订,确立了系统性、协调性、体系性的科技立法理念,并提出"构建国家创新体系",国家核心竞争力和自主创新力成为发展关键。2012年,党的十八大正式提出"实施创新驱动发展战略",以习近平同志为核心的党中央坚持把科技创新摆在国家发展战略全局的核心位置。围绕加快推进以科技创新为核心的全面创新,提出了一系列新思想新论断新要求。自此以后,我国的科技立法进程显著加快,《中华人民共和国促进科技成果转化法》《中华人民共和国人类遗传资源管理条例》《国家科学技术奖励条例》等一系列法律法规的制(修)订进一步丰富了中国特色科技法律体系的内涵。2021年,《中华人民共和国科学技术进步法》迎来了第2次修订,将科技自立自强作为国家发展的战略支撑等写入法律,并正式将国家创新体系建设调整为该法的制度主线。

回顾过去,我国科技法治取得了系列成果,但仍存在体系化构建与深层次研究的不足。科技立法研究多聚焦于科技现象的制度缺失,对于科技法学体系的整体特征、内在逻辑及跨领域融合问题的关注相对不足。一方面,"以实际问题为导向"的思路虽与科技政策的灵活性及法学研究的针对性相契合,但过于强调具体问题可能导致政策法律化及科技法治化进程缺乏整体性和前瞻性,不利于构建系统化的科技法律体系。另一方面,科学技术的发展正逐渐弥合传统法律主客体之间不可逾越的鸿沟,"私权力"的出现以及新兴权利的兴起使传统法律的底层逻辑正在发生变化,部门法的框架难以适应科技跨领域融合的特点，无法为科技立法提供充分灵活且符合创新规律的制度设计空间。由此，为完善中国特色社会主义法治体系，以法治保障高水平科技自立自强，强化对科技创新活动的法律规制，2023年2月，中共中央办公厅、国务院办公厅印发《关于加强新时代法学教育和法学理论研究的意见》（以下简称《意见》），提出强化法学基础理论研究，加强科技创新等重点领域法治实践研究，加快发展科技法学、数字法学等新兴学科。

为具体落实《意见》要求，深化拓展法学研究新形态，培养高素质复合型科技法学人才，助力构建独立完整的科技法学理论体系及学科体系，2023年12月，西南政法大学率先成立科学技术法学研究院，紧紧围绕数字科技法治、生命科技法治、空间科技法治、能源科技法治等领域前沿问题深入开展研究。2024年4月，西南政法大学增设"科技法学"二级学科，计划于2025年开始招收博士研究生、硕士研究生。未来，西南政法大学将持续聚焦上述领域，推出一批高水平科技法学研究成果，服务国家和地方科技立法，加快实现以法治保障高水平科技自立自强，为新兴科技全球治理贡献西政智慧。

正是在这样的背景下，西南政法大学组织动员本校科研优秀骨干，践行有组织的科研，编撰出版了"西南政法大学科技法文库"。这套丛书具有4个鲜明特点：一是自觉坚持把对习近平法治思想的研究阐释作为首要任务，加强对习近平法治思想的原创性概念、判断、范畴、理论的研究，加强对习近平法治思想重大意义、核心要义、丰富内涵和实践要求的研究；二是助力构建中国自主法学知识体系，切实加强立足中国实际、解决中国问题的科技法学研究，总结提炼中国特色社会主义法治中具有主体性、原创性、标识性的概念、观点、理论；三是助力完善科技治理体系，聚焦科技发展对传统法律制度的冲击与重塑，深入探讨人工智能、大数据、区块链等前沿技术带来的伦理及社会问题，并积极推动科技治理从单一规制向多元共治转变;四是注重加强比较法研究,合理借鉴国外有益经验,服务推进全面依法治国实践。

2022年4月25日,习近平总书记在考察中国人民大学时指出:"加快构建中国特色哲学社会科学,归根结底是建构中国自主的知识体系。"①这一重要论述为新时代法学教育和理论研究指明了方向。法学是哲学社会科学的重要支撑学科,是经世济民、治国安邦的大学问。对于法学学科而言,构建中国自主知识体系不仅是其作为哲学社会科学重要支撑学科的必然要求,更是其服务全面依法治国、推动国家治理体系和治理能力现代化的重要使命。"西南政法大学科技法文库"的编撰出版,正是对这一使命的积极回应与具体实践。我们希望通过出版这套丛书,为完善中国特色社会主义科技法治体系贡献西政智慧、西政方案、西政力量。我们也深知,当前我国科技法学理论研究仍处于起步阶段,诸多问题亟待解决。本丛书的出版仅是我们探索道路上的初步尝试,起抛砖引玉之用,希望能够得到诸位专家学者的批评指正,共同推动这一领域的研究走深,走实。

林　维
2025年5月

---

① 《坚持党的领导传承红色基因扎根中国大地　走出一条建设中国特色世界一流大学新路》,载《人民日报》2022年4月26日,第1版。

序　言

这是一本关于电子商务法的教科书,主要针对法学生,或者以学习法律为重点计划的学生,无论这些学生是处于本科生阶段还是处于研究生阶段均可。我教授本科和研究生阶段的法学生、企业管理专业学生以及信息科技专业学生电子商务法,至少对于我自己的学生而言,我希望这本书是有意义的。

电子商务,至今仍然是一个相对新的事物,当一个新鲜事物到来时,现行法律往往会竭尽所能地对它进行规制。但是法律适用的效果常常不尽如人意,因为新领域存在大量立法空白,没有特定针对电子商务的立法,故只能用既有法律进行调整。有些时候既有法律是以成文法的形式出现的,比如在第三章中讨论的商标案例,但绝大多数领域仍仅由不成文法调整。这就给了律师相当多的自由空间,尤其是在合同成立、公司条款等部分。

尽管电子商务是一个新兴领域,但相关法律规定已日趋成熟,现在已有相当多专门针对电子商务的立法。此类立法多数源于欧盟,并且针对整个欧盟法律的相关部分进行协调。法学生都知道理解欧盟立法和案例的技巧完全不同于学习英国国内法。

电子商务法越过萌芽状态之后,我们就不用再过度依赖来自美国或者其他地区司法实践的案例,最重要的是,来自英国和欧盟的足够多的案例能让我们相当肯定地仅根据这些材料来陈述法条。

然而，在有些领域，如在第十二章中提到的网络服务提供商责任，正在积极考虑改革。在这种领域，来自美国和被讨论的其他国家和地区的案例和立法对英国相应法律的适用就不那么有帮助，但是通过比较，对于其他司法管辖区可能有可取的特点，英国可能会考虑采用。

电子商务实践和技术在继续发展，而且发展迅速，法律应当继续对这些新的发展作出回应。在第四章关于深度链接和对等分发系统的讨论中，其中的科技已发展到协助版权持有者，且法律的重心也转移到版权侵权本身以保护用以保护版权的技术设施。我们可以期待在未来几年内看到电子商务法在其他领域的发展变化。

关于语言习惯问题，本书中的许多主体都是公司。每家公司都有法律人格，因此我不愿称之为"它"，但公司也不可能有两种性别，所以称为"他"或"她"也是不合适的。因此，我就姑且称公司为"他"，以符合我的语言习惯，正如传统表述那样，船舶和国家我们就用"她"来表示。不过也不要把任何内容理解为通行惯例，正如在法语中，猫是男性，而车被描述为女性，这只是语言习惯而已。

法律规定于2005年1月31日修正。

保罗·托德

译者序

本书由英国著名法学家保罗·托德（Paul Todd）教授撰写，以英国与欧盟的法律体系为框架，系统探讨电子商务法的核心议题，包括电子合同的形成与效力、知识产权保护、数据隐私与安全、平台责任、消费者保护及网络中介责任等关键问题。

全书分为五大部分，第一部分为绪论，深入阐述电子商务的定义、历史演变及其与法律体系的互动关系，为理解电子商务法奠定基础。第二部分围绕知识产权及相关问题，深入探讨域名争议、商标法、版权保护及搜索引擎优化等内容，结合典型判例解析互联网时代知识产权保护的复杂性与特殊性。第三部分涉及数据安全与电子认证技术，聚焦电子签名、加密技术及认证机构的法律责任，分析其在电子商务领域的法律效力及技术应用。第四部分针对电子合同与消费者保护问题，重点讨论电子合同的订立与执行、法律效力、合同条款的纳入及消费者权益保障机制，侧重国际立法的比较分析。第五部分主要涉及平台责任与跨境法律适用，深入分析互联网服务提供商的法律责任、数据隐私保护及跨境法律冲突中的管辖权与法律适用问题，揭示电子商务法律的前沿议题。

本书在研究方法上具有以下特点：第一，注重理论与实践结合。作者通过大量经典的英国及欧盟判例，详细剖析了电子商务法律问题的理论基础及实际适用。例如，通过案例导向的编写方式探讨域名与商标权的冲突、电子合同的成立要件及平台责任的界定,深化读者对制度原理的把握。第二,注重比较法研究。本书立足于英国和欧盟的电子商务法及相关法律法规,适时引述了美国、新加坡及联合国国际贸易法委员会等国家、地区和国际组织的相关立法与实践,较为全面地阐述了电子商务法的全球发展历史及各法域在应对相似问题时的不同路径选择。第三,注重法律与科技的交叉研究。作者紧密结合互联网技术原理,深入阐释科技对法律关系的影响。例如,第三部分详细介绍了对称加密、非对称加密等技术原理,并以此为基础解析了电子签名和认证机构责任相关法律,探讨如何利用加密技术确保电子签名的有效性。

近年来,英国电子商务法及相关法规、政策快速发展。例如,英国2018年《数据保护法案》以欧盟《一般数据保护条例》为蓝本制定,取代了1998年《数据保护法案》。2022年欧盟理事会批准的《数字市场法案》建立了公平竞争的数字行业新规则,限定"看门人"的特定行为。同年批准的《数字服务法案》侧重从内容及形式等方面规范数字企业提供的服务。2024年5月24日,英国正式通过了《2024年数字市场、竞争和消费者法案》,为数字市场引入了新的"促进竞争"制度。这标志着英国10年来对竞争和消费者法的最大改革。其后英国政府宣布计划制定《数字信息与智能数据法案》,以回应人工智能时代下数据保护的新需求。尽管电子商务法具有较强的技术性、开放性和国际性,规则更替速度较快,但其鼓励创新与促进发展、保障安全亦兼顾效率的基本精神始终如一。英国及欧盟作为电子商务法律领域的重要先行者,其法律框架和司法实践对于未来我国在全球数字贸易规则构建中砥砺前行仍然具有参考价值。

本书作为一部内容严谨、体系完整的法学著作,既适合法学专业的学者和学生研习,也可以为电子商务法律实务工作者提供丰富的理论和实践指导。希望本译著能够为中国法学教育、学术研究及电子商务法律实践提供有益的参考与借鉴，助力中国电子商务法律体系的完善与发展。

孙　莹

2025 年 5 月

目 录

第一部分 绪 论

第一章 引言 / 003

第一节 什么是电子商务？/ 003

　一、媒介 / 003

　二、交易 / 005

第二节 互联网和万维网的特性 / 006

　一、使计算机互联 / 008

　二、万维网 / 011

第三节 电子商务与法律 / 014

　一、万维网对 B2B 商务的影响 / 014

　二、万维网对 B2C 商务的影响 / 016

　三、万维网和法律 / 017

第四节 电子商务的未来 / 030

第二部分　知识产权及相关问题

第二章　建立网络状态 / 037
　第一节　互联网地址和争议性质的变化 / 037
　　一、域名 / 038
　　二、域名争议类型 / 041
　　三、域名分配系统 / 043
　　四、双方关系 / 044
　第二节　域名争议的解决 / 048
　　一、争议解决政策与法院诉讼之间的关系 / 049
　　二、争议解决的利弊 / 051
　　三、互联网名称与数字地址分配机构的政策 / 051
　　四、英国域名注册管理机构的政策 / 054

第三章　商标和假冒 / 059
　第一节　商标简介及通过 / 059
　第二节　相关商标法之概括 / 062
　第三节　域名和商标 / 067
　第四节　域名和英国《商标法》第10条第1款 / 069
　　一、什么是相同标志？/ 072
　　二、什么叫作相同的商品或服务？/ 078
　　三、全球化问题 / 081
　第五节　域名和英国《商标法》第10条第2款 / 085
　　一、相同名称和相似商品或服务 / 086
　　二、判定标准 / 089
　　三、互联网案件中混淆的风险较低 / 090

第六节　域名和英国《商标法》第 10 条第 3 款 / 093
　一、不要求有混淆的可能性 / 095
　二、英国《商标法》第 10 条第 3 款同样适用于相似商品或服务 / 098
　三、英国《商标法》第 10 条第 3 款的适用范围 / 099

第七节　域名和仿冒 / 104
　一、仿冒的定义 / 104
　二、不可一成不变 / 106
　三、域名的禁令 / 107
　四、在域名上下文中的仿冒 / 107

第八节　在没有诉因的情况下，没有理由干涉先到先得的原则 / 113

第九节　元标记和搜索引擎优化 / 115
　一、这些商标侵权是否全部存在 / 117
　二、如果使用，是否构成第 10 条规定的侵权类型 / 120

第十节　抗辩 / 122

第四章　著作权问题 / 126

第一节　著作权与互联网 / 126

第二节　版权的运作方式概要 / 128
　一、什么是受保护的财产权 / 130
　二、财产权的范围 / 131
　三、财产权如何被侵犯 / 132
　四、数据库的保护 / 133

第三节　违反著作权的主要责任 / 136
　一、为使万维网的功能正常运行而进行必要的复制 / 137
　二、其他复制行为 / 139

第四节 合并其他客观因素、深度链接和次要责任 / 143
　　一、次要责任的相关性 / 143
　　二、一般的次要责任 / 146
　　三、深度链接 / 148
　　四、框架 / 154
　　五、音乐发行问题 / 155
　　六、传输 / 157
第五节 欧盟《版权指令》/ 158
　　一、规避技术措施 / 160
　　二、权利管理 / 162

第三部分 加　　密

第五章 加密、电子和数字签名原则 / 167
第一节 为什么要加密 / 167
第二节 术语说明 / 170
第三节 与加密有关的法律问题(概要) / 171
第四节 加密原则 / 172
　　一、密钥：对称和非对称加密 / 172
　　二、数字签名如何工作 / 177
　　三、认证机构 / 178
第五节 当今电子商务中的加密技术 / 180
　　一、密码 / 180
　　二、信用卡资料加密 / 181
第六节 电子签名的优点 / 182

第六章　电子签名和数字签名的有效性 / 185

第一节　法律问题概述 / 185
第二节　签字的证据价值 / 186
一、当事人之间的担保 / 186
二、电子签名作为法庭证据 / 187

第三节　签名的正式价值 / 188
形式大于功能 / 190

第四节　电子签名与英国普通法 / 192
一、书写 / 194
二、签名 / 195
三、个人签名 / 197
四、扩大电子签名的范围 / 197
五、法规之间的区别 / 199
六、标记的要求 / 201
七、结论 / 202
八、合同的可能性 / 203

第五节　立法解决方案 / 203
一、立法解决方案(一般) / 203
二、早期基于形式的技术专项立法 / 204
三、犹他州方法的优缺点 / 206
四、《电子商务示范法》(1996 年) / 207
五、类似的立法 / 210
六、欧盟指令的方法：两级指令 / 212
七、欧盟《电子签名指令》与认证 / 215
八、其他两级系统 / 217
九、关于两级制度的进一步探讨 / 222
十、英国的法律地位 / 222

第七章　认证机构的责任 / 226

第一节　卡罗尔对鲍勃的合同责任 / 228
　　一、问题概述 / 228
　　二、第三方在明示合同下的权利 / 230
　　三、默示合同 / 231
　　四、赔偿责任的范围 / 234

第二节　卡罗尔对鲍勃的侵权责任 / 235
　　一、问题概述 / 235
　　二、赔偿责任的范围 / 239

第三节　爱丽丝的责任 / 240

第四节　关于普通法赔偿责任的结论 / 241

第五节　立法：一般原则 / 241
　　一、犹他州 / 242
　　二、新加坡 / 243
　　三、2001年联合国国际贸易法委员会《电子签名示范法》/ 245
　　四、欧盟 / 248

第六节　英国的立场 / 250

第八章　隐私问题 / 252

第一节　加密的状态控制 / 252
　　一、争议焦点 / 252
　　二、控制方案 / 253
　　三、法律 / 256
　　四、人权方面 / 258

第二节　数据保护问题 / 259

第四部分 合同问题

第九章 合同的订立及相关问题 / 269

第一节 要约和承诺 / 269

一、一般原则 / 269

二、重要性的体现 / 270

三、实践中的要约和承诺 / 271

四、在电子商务领域的应用 / 276

第二节 合同的接受:邮政规则的适用性 / 278

一、邮政规则的正当理由 / 278

二、即时通信 / 282

三、邮政规则在电子商务中的应用 / 285

四、撤回要约 / 287

五、要约人可以约定 / 289

六、邮政规则与消费者合同 / 289

第三节 电子商务指令和条例 / 290

第四节 纳入条款 / 292

一、签署的条款 / 293

二、参照另一文件纳入条款 / 295

三、合同一经签订,就不得任意添加条款项目 / 297

四、交易过程的影响 / 297

第五节 签约方的身份:商场——谁和谁签约 / 298

一、商场的赔偿责任 / 299

二、个人交易者的责任 / 300

第六节 互联网合同:需要多少细节 / 301

一、赞成赋予各方当事人意图的一般原则 / 302

二、不确定的条款不能执行 / 303

三、达成的协议无法执行 / 304

四、达成协议的机制 / 307

五、根据协议行事的各方 / 308

六、概述 / 310

第七节　通过电子代理签订合同 / 311

第十章　其他合同问题 / 314

第一节　消费者保护问题 / 314

一、关于销售货物和提供服务的一般法律的适用性 / 314

二、欧盟关于远程销售的指令 / 317

三、欧盟关于远程销售的实质内容 / 321

四、执行 / 328

五、欧盟《电子商务指令》/ 329

第二节　法律及司法管辖权 / 333

一、适用谁的法律 / 333

二、管辖 / 336

三、互联网上的行为发生地 / 338

第十一章　支付问题 / 340

第一节　一般性问题 / 340

第二节　欺诈风险 / 341

第三节　欺诈保护 / 344

一、英国 1974 年《消费者信贷法》/ 344

二、《远程销售指令》/ 345

第四节　商家违约 / 347

第五节　信用卡、借记卡和数字货币的比较 / 349

第六节　退款安排 / 350
第七节　数字货币 / 351
　一、一些法律问题 / 353
　二、参与方无力偿债 / 355

第五部分　其他电子商务问题

第十二章　中介机构的责任 / 361
第一节　诽谤罪的实质性侵权行为 / 361
　一、诽谤的定义 / 361
　二、其他司法管辖区的诽谤行为 / 362
　三、诽谤与互联网：互联网上的问题 / 364
　四、诽谤还是诬蔑 / 367
　五、管辖权和适用法律 / 368
　六、英国行动的执行 / 377
第二节　ISPs 的立场 / 377
　一、美国法律 / 382
　二、英国法律 / 394
　三、新加坡的做法：业务守则 / 404
　四、关于 ISPs 托管责任的结论 / 407
　五、ISPs 的其他豁免权 / 408

译后记 / 410

第一部分

绪　论

第一章 引 言

第一节 什么是电子商务?

一、媒介

电子商务的核心是互联网,但肯定有比互联网更广泛的概念可定义这一活动。例如,以下内容是摘自世界贸易组织(the World Trade Organisation, WTO)对电子商务的描述:[1]

……电子商务的广义定义是指六种途径,即"电话、传真、电视、电子支付与转账系统、电子数据交换和互联网"。

另一个关于电子商务的宽泛定义是:[2]

---

[1] Barchetta M. & Low P. (eds.), *Electronic Commerce and the Role of the WTO*, Geneva: World Trade Organisation, 1998, p.5, quoted by Brownsword R. and Howells G., *When Surfers Start to Shop: Internet Commerce and Contract Law*, (1999) 19 LS 287, p.288, note 1.

[2] Lodder A. & Kaspersen H. eds., *eDirectives: Guide to European Union Law on E-Commerce*, Kluwer Law International, 2002, p.3.

与货物和服务有关的任何商业交易,其中参与者并不在同一地点,而是通过电子手段进行沟通、谈判。

我们可以看出,这些定义包括通过电话、电报或传真订立合同。然而,订立方式的不同不意味着合同性质的不同。因此,我不打算在本书中引用它们。定义在不同情况下可能有所不同,这取决于使用它们的目的。如果有人主张世界贸易组织应当发挥广泛作用,那么就适宜对电子商务作出广义定义。联合国国际贸易法委员会(United Nations Commission on International Trade Law,UNCITRAL)将电子商务称为"使用纸质方式进行通信和信息存储的替代方法"。[①] 显然,这种定义不包括通过电报或传真进行的通信,实际上,欧盟对信息社会电子商务的概念仅限于在线进行的通信和交易。[②]

所以,目前电子商务还没有公认的定义。就本书的写作目的而言,我们可以排除掉所有不会引起电子商务特殊问题的内容。因此,我对其采用狭义的定义,定义如下:

数字电子通信技术发挥基础作用的涉及商品或服务的交易场景。

本书属于商务法,因此我们需假设在交易双方中至少一方是商

[①] Preamble to *UNCITRAL's Model Law on Electronic Commerce* (1996), referred to in Lodder and Kaspersen, p. 3. UNCITRAL's English frame is at www.uncitral.org/en-index.htm (then link to adopted texts and e-commerce).

[②] See the E-commerce Directive,见本书第十章第一节第五小节。

业方,另一方可以是商业方("B2B 电子商务"*)或消费者("B2C 电子商务"**)。

提及数字通信是为了排除电话通信(因为这些通信通常是模拟的)以及电报和传真通信。然而,它并不局限于互联网通信。理论上,这个定义可以包括短消息服务(short message service,SMS)和局域网(local area network,LAN)通信以及计算机之间的任何其他连接。它还包括封闭电子系统(如 CompuServe)内的商业,以及企业间的电子数据交换(electronic data interchange,EDI)系统。上述例子均提出了这一通信方式特有的问题。其在可以预测的范围内,也涵盖了未来的发展,如电视和手机的使用,尤其是后者,可能会引发耐人寻味的问题。

因此,在这一限定下,电子商务法比互联网法更为广泛。当然,在实践中,电子商务的发展总是会涉及互联网,至少部分通信是通过电子邮件或万维网进行的,在这一范围中,这两个领域之间存在重叠。然而,电子商务法比互联网法的范围要窄,因为我们只关注商业活动,不关注犯罪问题(当然不排除偶尔提及的可能性),如色情制品。但是,诽谤是被包括在内的,因为它可能出现在商业环境中(例如,电子报纸),也因为本书第十二章中关于网络服务提供商责任的大部分资料都与诽谤有关。

二、交易

电子商务产生与发展的真正推动力是 1994 年以来万维网的发

---

* B2B,即"Business to Business"的缩写,是指企业与企业之间通过专用网络或互联网,进行数据信息的交换、传递,开展交易活动的商业模式。——译者注
** B2C,即"Business to Customer"的缩写,是指电子商务的一种模式,也是直接面向消费者销售产品和服务的商业零售模式。——译者注

展。当然,这是以消费者为基础的电子商务的推动力,本书的大部分内容都是围绕这一点展开的。然而,电子商务不仅仅包括网络购物这一部分内容。其商业活动不仅包括销售,还包括以广告和信息提供(价目表、时间表等)促进商业交易等事项。电子商务还包括阅读电子报纸,如《设得兰时报》(*the Shetland Times*)(在本书第四章中讨论的一个关于该报的著名案例),[1]以及购买信息产品,如音乐、数据库信息[如律商联讯(LexisNexis)或万律数据库(Westlaw)]等。[2] 其中一些活动在纸质世界是不可能出现的。

然而,本书最终关注的是涉及商品或服务的商业交易,包括提供在线服务和电子商品的交付。[3] 交易可以是使用电子数据交换系统的企业之间的传统商业,也可以是消费者与企业或其他消费者打交道的过程。本书还涉及对电子交易基础设施建设的支持,如为商业网站分配域名。

第二节 互联网和万维网的特性

无论电子商务如何定义,目前大多数的电子商务都基于互联网,[4]并且它已经随着万维网在20世纪90年代中期的崛起而发生了变化。如果不对电子商务的运作方式有所了解,不去知晓互联网

---

[1] Section 4.4.3.
[2] The legal databases respectively of Butterworths, Sweet & Maxwell.
[3] 这可能与英国成文法定义的商品和服务不同。实际上,这些合同分类本身就引发了一些问题:see further the discussion in section 10.1.1。还有税收的含义,这超出了本书的范围,see Basu S., *To Tax or not to Tax? That Is the Question? Overview of Options in Consumptiontaxation of E-Commerce*, http://www2.warwick.ac.uk/fac/soc/law/elj/jilt/2004_1/basu。
[4] 或内网或外网,该部分的观察也适用于它们。

是如何运作的,不去把握互联网的一些特性,我们就不可能理解电子商务法,因为大多数电子商务都是基于互联网产生的。

电子商务并不必然以互联网为基础。事实上,1990年前后撰写的有关电子数据交换的书籍设想过在未来"价值+网络"的模式(Value Added Networks, VANs)将被构建起来。① 提到互联网,对商业目的来说它的不安全性无法避免,实际上它只是作为学术界的一个研究方向。事实确实如此,至少从表面上看,互联网并不特别适合作为商业交易的媒介。它的传统几乎是"激进式的民主"(尽管有点精英主义),除要使用通信协议对其加以限制外,无其他重要条款来控制它(见本章第二节第一小节、本章第三节第一小节和第三小节)。当然,人们通常无法控制可获得信息的内容,也无法控制媒体的用途。你跟谁打交道是不确定的。还有一个传统是信息自由,有关的"公共版权"并非私有版权,甚至出现了计算机操作系统可以免费拱手让人的现象。② 显然,它不是一种可盈利的媒介。

然而,互联网是当今电子商务的核心。两种明显不相容的文化的结合在很大程度上是时代造成的偶然。在20世纪90年代中期,随着万维网和图形浏览器(如Mosaic浏览器,全球最早一款可以显示图片的浏览器,和Netscape浏览器)的发展,计算机之间的数字通信才得以公开。从一开始,万维网就使用了在国家科学基金会网络(National Science Foundation Network, NSFNET)上使用的协议。国家科学基金会网络是互联网的主干,由美国政府资助。这在一定程度上是因为国家科学基金会网络在当时已经是一个成熟的大容量

---

① E. g., Emmelhainz, M. A., *Electronic Data Interchange: A Total Management Guide*, Van Nostrand Reinhold,1990, VANs are described at p. 111 et seq.

② See, e. g., Naughton J., *A Brief History of the Future: The Origins of the Internet*, Phoenix, 2000, Chapter 13.

网络，运行稳定且连接了来自世界各地的众多用户。然而，万维网和互联网本身一样，其意图都是成为商业的载体。

在某种程度上，电子商务已经通过技术手段克服了互联网的缺点。在第五章中描述的加密和数字签名，使各方能够在合理地保证对方身份安全的情况下进行交易。即使是在万维网上，信息也不一定是安全的，但可以通过密码或其他方式对其加以保护。为此，人们开发了可靠的支付系统。通过这些手段，互联网已经被塑造成满足商业需要的样态。然而，众所周知，并不是所有问题都可以通过技术手段解决，有时也需要法律发挥作用。

一、使计算机互联

在蜂窝电话和互联网电话出现之前，电话网络的原理是为每次通话建立一条端到端的通信线路，并在整个通话过程中专门用于该次通话。如果是长途呼叫，可能需要通过多个交换机进行连接并放大，以应对长途信号的弱化，但原则是在每次通话期间都要建立一个端到端的线路。由于大多数谈话不涉及长时间的沉默，而且在大部分时间里这条线路都被使用，这似乎并不是一种传统意义上的浪费。

20 世纪 60 年代早期，当计算机第一次互连传输信息时，人们发现，在通信过程中建立如电话交谈般端到端的连接通常效率不高。计算机通信本质上是突发的，相较于其他方式，计算机发送和接收数据所需的时间非常短。[①] 计算机要像电话一样进行通信，就必须在线路上保持长时间的沉默，这是极其浪费的。在通过电子邮件进

---

① 至少在 20 世纪 60 年代是这样的。当时由于万维网促进了数据的大量下载而且确实需要，连接时间既漫长又繁忙。

行通信时,大部分时间都花在编写邮件上,发送只需短时间即可。所以,拨号上网的用户通常会把所有要发出去的邮件储存在硬盘上的发件箱中,然后连接他们的互联网服务供应商(Internet service provider,ISP),在满足足够时长后就可以全部发送出去,然后挂断,以节省通信使用时间。即便如此,与实际在线花费的时间相比,建立联系所花费的时间仍然是相当多的。电话交换机的速度不够快,因此即使计算机分批以突发脉冲发送通信(到同一个目的地),也是一种非常缓慢的通信方法。

端到端的电话线路的另一个问题是,它的设计只能用于单个通信。然而,大型计算机或者现今的万维网经常会同时向多个目的地发送和接收数据。

事实证明,使用永久线路将每台计算机与其近邻连接起来比端到端连接要有效得多。数据通过路由器以小包的形式发送出去,[①]因此没有必要为此建立端到端线路,并且我们发现在目的地将每个数据包发送到适配路由器更为高效。路由器将数据包复制并转发(但不存储)到下一个路由器,以此类推,直到数据包到达目的地。每个数据包都将采用其最佳路线,网络上的流量将被连续、自动监控,数据到达目的地计算机后将被重新整合。这是分组交换网络的本质,是当今近乎所有计算机之间交互通信的基础。

最早的计算机工作网络是高级研究计划局网络(Advanced Research Projects Agency Network,ARPANET),1969年由美国国防部高级研究计划局(Defense Advanced Research Projects Agency,DARPA)建立。不久之后,其他分组交换网络遍及全球。从一开

[①] 对于早期的网络,如 ARPANET,路由器将每台(主机)计算机直接连接到网络。路由器现在被用来在互联网上传输数据包,并将其他网络(最终是计算机本身)连接到互联网上。有关早期网络的历史, see, e. g., Hafner K. & Lyon M., *Where Wizards Stay Up Late: The Origins of the Internet*, Touchstone, 1996。

始,阿帕网络就遍布美国,它的快速连接使其可以被用作其他网络连接的主干网。全世界许多计算机网络的底层逻辑都是将一个容量非常大的网络连接起来,其作为主干网运行并由美国政府出资,形成了最初的互联网的基础。1983年,高级研究计划局决定将传输控制协议/网络通讯协定(TCP/IP)(将在本章第三节第一小节和第三小节中介绍)作为连接高级研究计划局网络的计算机使用的标准协议。① 这意味着任何想要连接高级研究计划局网络的小型网络必须使用该协定。从此,传输控制协议/网络通讯协定实际上成为强制互联网协议。

1986年,美国国家科学基金会(National Science Foundation,NSF)将美国六个超级计算中心连接在一起,这个网络被称为国家科学基金会网络,或国家科学基金会主干网。它可以连接到高级研究计划局网络,因此也使用传输控制协议/网络通讯协定。这个高速主干网最初由美国政府资助,最终取代高级研究计划局网络成为互联网的主干网。国家科学基金会网络是一个大型网络,最初是美国大学的网络,但后来其连接范围扩展到学术机构,后来又持续扩展到企业和其他用户,它实质上就是现代互联网的基础。

关于网络的组合结构,有着许多观点。网络是分散式的,没有集中命令,或者说没有中心点。没有人能全面控制它,也没有人能关闭它。事实上,它甚至被认为是防止核攻击的证据,尽管这可能是其结构的副产品,而不是创造它的原因。但它确实在大规模停电中幸存了下来,几乎没有中断通信。② 可能正是由于这部分原因,互

---

① TCP(传输控制协议)控制数据传输,而 IP(网络通讯协定)控制地址,连接到互联网的每台计算机都有一个唯一的 IP 地址。第二章第一节第一小节将进一步讨论 IP 地址。

② E. g., *Chaos as Massive Power Cuts Hit US Cities*, Electronic Telegraph(15 Aug. 2003), www. telegraph. co. uk/news/main. jhtml? xml =/news/2003/08/15/wcut15. xml(registration needed to access).

联网被视为法外之地难以控制,但若仅仅因为它没有中心控制机构就说它无法控制,这完全说不通。至少从理论上讲,互联网可以说是地球上受控制最多的事物。

数据包交换还要求路由器复制和转发数据。尽管仅出于传输目的,其仍需要复制数据。一旦将其传输到下一个路由器或其目的地,就无须继续存储了。但是,所有复制都有潜在的版权隐患,这个问题将在本书第四章中进行讨论。

二、万维网

许多现代电子商务是在万维网上进行的。[①] 万维网最初是由曾在日内瓦的欧洲粒子物理研究所(European Organization for Nuclear Research,CERN)工作的英国发明家蒂姆·伯纳斯-李(Tim Berners-Lee)所构想出来的。万维网是一个存储和检索信息的非层次结构系统,用户用他们所希望的任何关联来连接信息而无须考虑任何等级或组织,这与思维联想游戏的运作方式大致相同。过去用于创建链接的方法是(现在仍然是)超文本。这是一个很好的思路,但是直到图形浏览器(如 Mosaic 浏览器,美国网景公司的 Netscape 和后来的 Windows 资源管理器窗口)使万维网(和互联网)可供公众轻松访问时,万维网才取得了成功。

如今,万维网可以作为一种出版媒介,但同时其也应承担所有出版物的法律后果。至少在理论上,那些拥有网络服务器的人应像报纸和杂志对稿件承担责任一样,对其内容承担责任。互联网也可以请求和传输网页,因此上述关于数据复制的说法也适用于互联

---

① 本判决书全文可在以下网址找到:www.techlawjournal.com/courts/drudge/80423opin.htm。

网。不过，网页不像报纸或杂志上的页面，它不必作为一个单独的页面存在，但其可以由网络上的其他地方、世界上任何地方的材料组合而成，这些材料可以是作者自己的，也可以不是作者自己的。这可能会有明显的版权问题，其中另一个人的材料会被合并到页面中，但不需要从一个页面直接复制到另一个页面(尽管必须复制到接收方的计算机)。

万维网的另一个问题是深度链接，即链接到另一个站点的内部页面，因此可能需要避免在访问的站点上发布广告、访问条款甚至密码保护。这可能是另一个商界强加给互联网媒介的例子，并不符合互联网本身的中立性。从一开始，网络的概念就是反层次性的。万维网的发明者蒂姆·伯纳斯－李说：①

> 我对网络的愿景是将任何事物与任何事物潜在地联系在一起。它是一种愿景，它为我们提供了新的自由，并使我们的成长速度比以往所能实现的加快了，这是我们在被等级分类制束缚时所无法企及的。

该模式就像孩子浏览百科全书或字典一样，仅通过关联就从一个单词跳到另一个单词。万维网的设计正是要避免用户先进入顶层(或主页)然后再进入层次结构。尽管人们在与等级无关的关联基础上寻找信息可能是事实，②但许多企业并不一定希望在这个基

---

① Berners-Lee T., *Weaving the Web*, HarperCollins, 2000, p.1.
② 这可能并不总是正确的。蒂姆·伯纳斯－李也注意到，"一些人，当他们看到网络时，认为超文本是混乱的，或者担心他们在跟踪链接时不知何故会迷失在超空间中"。然而，从用户的角度来看，层次结构可能是一个麻烦，但深层链接非常有用。我经常把法律报告作为书签，甚至在本书中引用，例如将在英国和爱尔兰法律信息研究所、美国在线公司、Nominet 域名注册机构网站内的特定案例设定为书签，以避免每次我想查找它们时都要浏览主页的麻烦。然而，信息的呈现者通常更喜欢将层次结构强加于用户。

础上提供信息。他们通常更喜欢结构化的东西,使其有更多的控制权,而这恰恰不是万维网设计的初衷。①

商务使用万维网在很大程度上是偶然的,因此这一使用不太符合万维网的目的,然而事情很容易就会有不同的结果。在万维网发展的同时,美国明尼苏达大学开发了高佛(Gopher)服务器,这是一种基于菜单的分层方法,用于在互联网上提供与定位信息。对于商业应用来说,这可能要令人满意得多。早期的迹象表明高佛服务器比当时刚刚起步的万维网要成功得多,但图形浏览器是为万维网而编写的,而不是为高佛服务器编写的,因此,今天仍然存在的是万维网,而不是高佛服务器。然而,蒂姆·伯纳斯-李假定这是由于明尼苏达大学保留向商业用户索要许可费的权利:②

> 欧洲粒子物理研究所同意,允许任何人免费使用网络协议和代码,免费创建服务器或浏览器且不受任何其他限制。

最终,深度链接问题的出现是因为对于欧洲粒子物理研究所来说,万维网只是一个兼营业务,其目的不是从中谋利。

然而,正如互联网本身一样,商务使万维网适应其需求。技术的存在是为了将层次结构强加于万维网,而万维网的设计是为了对抗和强制用户浏览网站的主页。虽然解决深度链接问题的方式很可能是技术手段,而不是法律手段,但是,深度链接有其潜在的法律含义,正如上面讨论的互联网一样,站点之间没有复制,但存在接收方计算机的复制。

---

① 并非所有商业网站都反对深度链接。例如,英国广播公司经常广播其网站内页面的地址,如"TopGear"或"ClickOnline"等特定节目。
② Berners-Lee T., *Weaving the Web*, op. cit. fn. 17, p.74.

事实上,一个网页可以由不同地方的材料组建而成,这使事情发生在哪里这一问题复杂化。物理位置和逻辑位置不一定匹配。例如,由于网页可能是从许多不同的位置组合而成的,因此看似单一的网站实际上可能分布在世界各地的服务器上。这对法律适用和司法管辖权有着明显的影响。① 一般来说,互联网也是如此,路由是动态的,因此数据包可能在任何地方,同样也带来了类似的问题。

为了减少总流量,提高整体性能,经常使用的网页通常会复制并缓存,甚至是成为相对永久的镜像站点。显然,信息的常规复制(很可能是向大量不同的司法管辖区域复制)具有版权影响。②

只有当连接到它的每台计算机都有一个唯一的地址时,万维网才能工作。第二章详细讨论了传输控制协议/网络通讯协定中的互联网协议寻址系统。③

第三节 电子商务与法律

一、万维网对 B2B 商务的影响

如果对电子商务进行广义定义,即包括电话和传真通信,这是一个相对不时兴的活动,但本书中描述的大多数电子商务都是较新的。诚然,在万维网发明和发展之前,电子商务在一定程度上是存在的,主要是在 B2B 的基础上发展的。然而,在使用万维网之前,必须事先就所有事情达成一致,包括就如何进行通信达成低

---

① See sections 10.2.2 and 10.2.3.
② See further chapter 4.
③ Section 2.1.1

阶协议。① 毕竟，计算机之间无法进行有意义的交流。它们所能做的就是传递一个0和1的字符串，我们必须找到一些方法使这些字符串容易理解。然而，万维网的使用是基于互联网的传输控制协议/网络通讯协定，②这些协议是通用的并且可以处理所有低阶通信问题。由于网页界面现在是通用的，参与者已不再需要处理上述问题。他们需要做的就是确保他们的设备连接到万维网，因此即使是B2B电子商务也已经被现在无处不在的万维网所改变。③ 传输控制协议/网络通讯协定的普遍应用消除了对如何通信的事先约定的需要，至少在较低的抽象层次上是这样的。④ 但是，可能仍然需要就其他事项达成一致意见，例如，关于电子签名和加密系统的问题。如果有必要达成这样的协议，就需要所有参与者都采用一种封闭系统。⑤

无论如何，B2B的发展仍在继续，包括订购、发票、付款等方面的大量自动化。但这方面的通信协议仍然没有实现标准化，因此低阶通信协议仍是必要的。另一个未来可能的发展是电子代理商通过权威搜索网络进行购买。⑥ 在这种情况下，软件同样没有达到标

---

① See, e. g., *Emmelhainz, Electronic Data Interchange: A Total Management Guide*, op. cit. fn. 9, chapter 4.

② See further section 2.1.1.

③ 例如，波莱罗(bolero)是一个B2B方案，目前正在试行电子提单，专门使用网络通信。

④ 本质上，与应用程序级别相反，传输控制协议/网络通讯协定比开放系统互连(open system interconnection, OSI)模型更简单，有七个级别。例如，www.stevenblack.com/PTN-Layers.asp。

⑤ 波莱罗是一个有趣的现实例子，详见www.boleroassociation.org。另见本书第五章第一节。

⑥ See further section 9.7.

准化,因此达成协议仍然是必要的。①

二、万维网对 B2C 商务的影响

对消费者来说,直到万维网的使用变得广泛,现代电子商务才得以发展。1989 年万维网的发明完全是为了一个与电子商务无关的目的,直到 1991 年万维网才得以向公众开放,但起初发展非常缓慢。直到 1994 年,图形浏览器的引入才使公众可以轻松使用它。万维网的发明者蒂姆·伯纳斯–李在其 1994 年年初的著作中指出:②

> 奥赖利刚刚出版了埃德·克罗尔的《全地球互联网目录》,这是第一本让所有互联网内容都能为公众所接受的书。当我校对之时,万维网只占了一章,其余的是关于如何使用各种互联网协议,如文件传输协议(FTP)和远程操作协议(Telnet)等。

这符合我自己的经验。大约在那时,我对互联网产生了兴趣,并购买了当时最新的互联网资料——《完整参考》。③ 其中只有第二十四章(共二十五章)(或者说 815 页中的 15 页)专门讨论了万维网,且该资料认为万维网完全没有理由成为互联网的主导媒介。例如:④

---

① W3C 联合会通过开发可扩展标示语言(extensible markup language, XML),强制数据的结构,促进 EDI 应用程序在更高级别上所需的标准化,详见 www.w3schools.com/xml/default.asp。波莱罗对开发 XML 也很感兴趣,详见 www.computerweekly.com/article2704.htm。

② Berners-Lee T., *Weaving the Web*, op. cit. fn. 17, p. 76.

③ Hahn H. & Stout R., *Internet: The Complete Reference*, Osborne, 1994.

④ Ibid., p. 497.

因此,我们可以更精确地描述万维网。万维网试图将互联网上的所有信息(以及您想自行添加的任何本地信息)组织成一组超文本文档。虽然这个设想有些不现实,但万维网确实允许你访问各种互联网资源,只需使用浏览器"阅读"相应的文档即可。

此外:①

万维网并不完美。有时,您最好使用专门为特定类型的数据设计的工具。

这仅仅是 20 世纪 90 年代的事,那时万维网仍在与高佛服务器和其他工具竞争。本章的大部分内容描述了线性浏览器,Mosaic 浏览器仅在本章末尾提到。② 当时,它只能与窗口系统(X Windows)一起使用,这是一个一般人很难使用的尤尼克斯操作系统(UNIX)程序。亚马逊网站于 1995 年开通,到 1996 年前后,以消费者为基础的电子商务才开始蓬勃发展。所以,现在电子商务蓬勃发展的景象对于 B2C 来说至少已超过 10 年。

三、万维网和法律

(一)无政府主义的互联网

万维网的发展一直(现在仍然)以互联网为基础,它造就了传输控制协议/网络通讯协定的主导地位,而传输控制协议/网络通讯

---

① Hahn H. & Stout R. , *Internet: The Complete Reference*, Osborne, 1994, p.498.

② Ibid. , p.510.

协定是美国国家科学基金会网络的基础,美国国家科学基金会网络是互联网的前身。直到 1995 年左右,人们才清楚地认识到互联网将成为电子商务的基础。至少在欧洲,一个基于国际标准化组织(International Standards Organisation, ISO)开发的开放系统互连的替代系统有可能占据主导地位。开放系统互连基本上已经成为了历史。

除万维网的发展外,开放系统互连消逝的其他原因还有尤尼克斯操作系统(大多数大型计算机使用的操作系统)的早期发展,其有更强的软件适配性以及作为美国国家科学基金会主干网的便利性。

这两种系统在意识形态上有很大的不同。开放系统互连是一个理论上的标准,从上到下强制实施,而传输控制协议/网络通讯协定这类互联网协议虽然就概念上而言位阶较低,但已经在网络中使用了很多年。因此,传输控制协议/网络通讯协定是由系统的用户自下而上开发的。此外,直到 1983 年,互联网主要还是一个相当小的学术团体的专利,尤其在美国学术界,传输控制协议/网络通讯协定的流行基本上是由他们推动的。传输控制协议/网络通讯协定之所以占据主导地位,是因为用户想使用它,而不是因为权威机构颁布法令。它最终的主导地位可能会加剧用户对权威机构的不信任。至少就互联网的结构而言,这种无政府主义的风气一直延续至今,在某种程度上其传统也是如此,这种风气也部分源于它自由发展的本性。例如,在互联网上发表言论是非常容易的(对任何人来说)。任何可以上网的人都可以通过发送电子邮件到大型邮件列表,向新闻组发布消息,大多数网络服务提供商还允许用户创建自己的网站。与报纸、广播或电视等其他媒体不同,网络发表不需要获得编辑或其他的许可。① 当然引起人们对该网站内容的注意并说服他人阅读就是另一回事了。这构成了第二章的内容以及第三章的大部分内容，但即使在本章，其采取的许多步骤通常也不需要任何人的许可。显而易见，与以前的媒体相比，互联网是一个相对无秩序的地方。

在互联网的早期用户中，不仅存在普遍不信任权威的现象，而且还有言论自由和强硬观点的悠久传统，以至于激烈言论在这种自由下也完全可以被接受，毕竟，这是一个主要由美国学者组成的群体。由于互联网的发展没有权威机关控制，因此其发展成了一种无政府主义文化，这表明它在某种意义上是无法受到法律制约的。例如：②

> 听起来难以置信，实际上没有人"管理"互联网。没有人"负责"，也没有一个组织会为此付出代价。互联网没有法律，没有警察，也没有军队。其没有真正的方法去伤害另一个人，但是有很多方法去善待他人。

当互联网主要是一个小型学术团体的工具时，这是可以接受的，但无政府文化和言论自由传统与万维网的广泛公共使用趋势及其商业发展却完全不相容。我们只需看本书第十二章中的一些诽谤案件，就可以看出现今认为互联网不能伤害任何人的观点是多么的离谱（在美国的一个案件中，一个完全无辜的当事人因为互联网出版物而受到死亡威胁）。③ 互联网可以被用来实施亵渎和煽动的

---

① Naughton J., *A Brief History of the Future: The Origins of the Internet*, op. cit. fn. 10, p. 22.
② Hahn H. & Stout R., *Internet: The Complete Reference*, op. cit. fn. 32, p. 3.
③ See section 12.2.1.2.

行为,如出版淫秽物,作为欺诈或勒索的工具以及假冒别人的商品和服务的手段。如果认为它只是学术界的一个"游乐场"而且是无害的,纯属无稽之谈。互联网还可以用来订立合同,进行交易,如转账或者交换货物和服务的电子等价物。就像它们是使用传统的媒介订立合同或执行交易那样,没有理由不赋予这些合同和交易法律效力。

互联网的非正式结构和缺乏中央控制在实践中会使任何司法管辖区的法律都难以对其进行控制。① 匿名发送邮件和新闻组帖子的网站可能会受到法律威胁,但其在必要时可以很容易地转移到不同的司法管辖区。如果美国公民或公司利用美国服务器上的网站诽谤在英国享有名誉权的英国公民,受害人可以在英国法院起诉,但他获得的补偿在实践中可能会受到限制。②

然而,对基础设施的运行和发展明显缺乏中央控制并不意味着其可以完全无法无天。事实上远非如此,因为在实践中,法律并不总是容易执行的。虽然互联网有时被称为网络空间,好像它存在于某个神奇的空间内,但操作它的人和它的物理操作手段是牢固地扎根于现有的管辖范围内的。出版和损害发生在现有司法管辖区内,受到这些司法管辖区法律的约束。世界上没有像网络空间这样无法无天的地方,至少在理论上,互联网是地球上最受控制的地方之一的观点是有争议的。③

---

① 即使在没有人试图隐藏信息来源的地方,也很难追踪到这些信息来源。1999年,我在吉隆坡的某研究所作了一个关于互联网和法律的演讲。我使用了一个1997年的文本,其中的脚注包含网址。两年后,其中大约一半的网站不再运营。这本书的读者可能会遇到同样的问题,虽然所有的链接都在出版前检查过。

② See further the discussion on enforcement in section 12.1.6.

③ 顺带一提,我们可能还会注意到,有些犯罪只能通过计算机来实施,甚至有一些犯罪只能通过互联网来进行(如在网络上以 Java 小程序传播病毒,或者通过电子邮件的 Word 传播病毒)。

因此,利用法律控制互联网是一个实践问题,而不是理论问题。这可以通过考察一个政府所遇到的困境来说明,如新加坡政府担心互联网可能侵入其公民事务并希望行使控制权。所谓的镇压性的亚洲政权经常被西方民主国家看不起,但其适用的审查制度有合适理由及美国的言论自由传统并没有被全世界所接受。下文摘自彭华昂博士(Dr. Peng Hwa Ang)和伯林达·纳达拉扬女士(Ms. Berlinda Nadarajan)的一篇文章:①

从西方,尤其是从美国的角度来看,审查制度即使可能建成,也很难持续适用。但新加坡政府甚至其公民的立场是,建立审查制度是有充分理由的。首先,有传闻证据表明,媒体可能会对其用户产生负面影响,因此,明智的做法是通过审查而对其采取谨慎的态度。其次,过去发生过媒体报道引发的种族骚乱和流血事件,比如1950年玛丽亚·赫托格(Maria Hertogh)暴乱,1964年先知穆罕默德生日期间的暴动,以及1969年马来西亚的暴动。这些骚乱产生的原因被部分归咎于肆无忌惮的报道,并经常被引用为新闻界如何煽动种族和族裔暴力的例子。②

在玛丽亚·赫托格案中,马来西亚媒体(用文字和图片)夸张渲染了一个由马来西亚的穆斯林家庭抚养长大的荷兰女孩现在被迫信奉基督教的事件。穆斯林团体认为这是一起宗教不公事件并爆发了一场骚乱,造成18人死

---

① Peng Hwa Ang & Berlinda Nadarajan, *Censorship on the Internet-a Singapore perspective*, http://ad. informatik. unifreiburg. de/hyperwave/goid/0x84e6983c_0x00033d60. html.

② B. Nair, *Press Systems in ASEAN States*, in A. Mehra ed., Singapore: Asian Mass Communication Research and Information Centre, 1989, p.85-90.

亡,173人受伤。① 最近,新加坡对一名菲律宾家庭帮佣的死刑执行,在菲律宾引发了强烈的反新加坡情绪。同样,肆无忌惮和错误的报道被认为是针对新加坡的示威和抗议活动的罪魁祸首。②

在一个多种族或多宗教的社会里,像这样的事件被用来证明严格审查的必要性,思想畅通无阻地流动有时可能不会导致启蒙,反而会产生负面影响。③

第一作者最近的一项调查发现,由于新加坡人的广泛支持,审查制度仍然存在。在审查尺度为1~7的情况下,新加坡人最希望审查的三个领域是面向年轻人的内容、导致种族冲突的新闻和具有种族攻击性的公开言论。④ 因此,新加坡的审查制度有其历史和社会政治背景,主张谨慎和预防而不是自由主义。这一立场已被政府系统地阐明,并被公民认可为新加坡社会必须发挥作用的限制措施之一。

实施审查的方式是要求新加坡公民使用新加坡互联网服务供应商提供的网络服务,然后对互联网服务供应商进行许可和控制。这是1996年9月3日电子电报档案的摘录,是科技记者罗伯特·乌里格(Robert Uhlig)的一篇文章:

---

① B. Nair, *Press Systems in ASEAN States*, in A. Mehra ed., Singapore: Asian Mass Communication Research and Information Centre, 1989, p. 85-90.

② Jimmy Yap, *Internet Abuzz with " Talk" of Maid's Hanging*, The Straits Times, 20, April 5, 1995.

③ *Ministry of Information and the Arts*, Censorship Review Committee Report, Singapore 1992.

④ Peng Hwa Ang, Albert Gunther & Eddie Kuo, *Public Opinion and Censorship in Singapore* (in Press).

新加坡是第一个试图利用科技手段阻止本国公民在互联网上观看暴力和色情内容的国家。从9月15日起，新加坡的12万互联网用户必须调整他们的软件，以便从全球计算机网络中获取图像和文本的请求通过政府控制的被称为"代理服务器"的计算机进行路由。如不作出调整，将被起诉并受到严惩。

这些服务器拥有一个有限的经常访问的"批准"材料数据库，并对照政府的禁止名单检查每个互联网网站的用户试图访问的网站。如果站点被禁止，代理服务器将拒绝访问。

新加坡信息部长杨荣文曾表示，如果你能够征税且能够保护互联网上的知识产权，那么你也可以对其进行审查。他称此举是"网络空间的反污染措施"。杨荣文成立了一个由19名成员组成的小组，由新加坡国立大学理学院院长谭伯纳担任组长，向新加坡广播管理局就监管互联网提供建议。

控制措施在理论上是可行的，但如此严厉的措施在实践中可能会遇到治安困难。一个问题是，新加坡以外的许多网站通常都是可以信任的，如报纸或电视新闻网站，但其含有少量被视为攻击新加坡政府的内容。① 将整个网站列入禁播名单可能是唯一可行的审查选择，但它也会拒绝访问许多"合法"材料。另一个问题是，一个被禁止的网站可以轻易地转移。考虑到万维网的庞大规模，即使像新加坡政府一样决心控制自己的网民获取不受欢迎的互联网内容，要

---

① www.telegraph.co.uk/htmlContent.jhtml?html=%2Farive%2F1996%2F09%2F03%2Fwnet03.html&secureRefresh=true&_requestid=77022（registration needed to access the site）.

有效地做到这一点也是一项非常艰巨的任务,人们必须考虑所获得的收益是否值得所付出的代价。

显然,新加坡政府意识到了这些困难。它知道,如果一些公民真的决意要接触违禁材料,他们就会选择访问该材料。然而,在实践中对在新加坡境内运营的互联网服务供应商的控制相当有效,因为新加坡公民必须支付国际长途电话费才能在境外拨号上网。新加坡政府认为达到如此之高的合规水平,总比什么都没有强。

综上所述,互联网可以受到法律的控制,但控制会带来实践困难,某些形式的控制也会限制媒体的效用。因此,电子商务的发展也会受到限制。①

(二)现行(互联网前)法律的适用

互联网适用的法律是什么?与任何新技术一样,互联网最初也受到现有法律结构的制约。现行法律能在多大程度上适应新技术取决于法律表达的普遍性程度,同时也取决于法官是否有发展法律的必要自由。在某些领域,如在商标和仿冒领域(在第三章中讨论),现行法律似乎能够适应其新的经营方式。如果法官能够采取一种足够灵活的方法并仔细考虑他们的做法,现行法律也能很好地适用于合同的订立。相比之下,现行的版权法(见第四章)既没有很好地处理深度链接,也没有很好地处理构成互联网主干的临时拷贝。有时,原有的法律已经非常成熟,如果没有新的立法其就没有修改的可能。这方面的一个很好的例子是对诽谤的无害传播辩护(见第十二章),没有新的立法就无法改变这种辩护,而且(至少可以说)其在互联网环境下根本不起作用。

---

① 我们将在本书第八章中继续讨论这场争论的各个方面。

(三) 对现有法律中假定缺陷的技术回应

如果私人之间发生纠纷且没有涉及直接的国家利益,且法律被认为不足以保护一方或双方,那么解决纠纷最好的办法往往是自救,即由商人自己提供保护。例如,在通过互联网订立合同的情况下,各方当事人可以明确约定哪一方的法律适用于合同。如果要约人愿意,甚至可以明确排除邮政规则的适用。法律条款的选择并非完全没有问题,但无论如何,在英国通常是有效的。①

在第四章中,我们将讨论深度链接的问题,并讨论英国侵害版权案,即设得兰时报诉威尔斯案(Shetland Times v. Wills)(以下简称设得兰时报案)。② 一家激进报纸(设得兰新闻)被临时禁止深度链接设得兰时报的报道,这一决定的作出可能是因为设得兰新闻对设得兰时报标题的使用(涉嫌对文学作品的抄袭);假设设得兰新闻能够证明其使用的是自己的标题,设得兰时报对其侵犯版权之诉就会败诉,因为前者没有抄袭设得兰时报的任何文本。③ 据悉,设得兰新闻实际上不仅把设得兰时报的报道当作自己的报道来宣传,而且,由于读者避开了对设得兰时报主页的浏览,所以他们也不再浏览上面投送的广告,使设得兰时报担心其广告收入会减少。

自设得兰时报案以来,法律在防止深度链接上有所改进,但大多数报纸都开始自救了,似乎不再对这种攻击持开放态度。报道不再以 html. 文件的形式存储,因为这种文件从其他地方也可以很容易地生成。但是,其操作是在主页进行的,如使用公共网关接口

---

① See further sections 9.2.5 and 10.2.1.
② [1997]FSR 604.
③ 原告还以提供有线广播而胜诉,部分有线广播已并入被告的网站。这种推理(这一点在后来的立法改革中无法幸免)被普遍认为是令人不满意的和错误的,详见第四章第四节第三小节的讨论。

(common gateway interface, CGI)程序或活动服务器界面(active server pages, ASP)脚本。由于用户无法访问程序或脚本的内容,因此不可能在不访问主页的情况下直接链接到报道。如此一来,所有的广告收入都将在主页上获得。现在这是一种常见的技术,对于大多数站点而言,用户只需访问包含索引的框架首页和搜索工具,并使用程序调出所有其他页面即可,它们实际上并不作为页面存在于服务器上。①

技术自助的作用之一是改变所产生的争端的性质。例如,设得兰时报已经利用了这些技术,但如果设得兰新闻公司愿意,没有什么可以阻止他将设得兰时报的报道界面生成并下载到自己的网站。然而,将这些报道直接纳入自己的网站显然是对版权的侵犯,此时就无须争论标题是否存在任何文学价值了。② 如果一个安全网站的设计者设计该网站只能通过首页访问,则用户不可能访问该网站的内页,但黑客有可能找到一种方法来做到这一点。然而,此时争论的焦点是黑客攻击的合法性。③

一种稍有不同的自助方式最终可能会解决另一个问题,即顶级域名的问题(在第二章和第三章中详细讨论)。④ 与域名相比,电话号码的分配几乎没有争议,因为有极好的电话号码簿。与互联网类似,随着搜索引擎变得更加高效和全面,顶级域名的问题应该会逐渐减少,因为用户只需在搜索引擎上工作,而无须费力地键入统一

---

① 2000年前后,这也阻止了我采用有用的技术从我自己的主页直接深度链接到特定的《泰晤士报》法律报道;现在我能做的最好的事情就是链接到当天的《泰晤士报》头版。也可参见第四章第四节第三小节,以及第四章第五节第一小节对此类技术的保护。确保用于生成页面的程序不能被用户读取也是很重要的。

② 或者网站是否真的是有线广播(这一论点与第四章第四节第三小节讨论的法律修正案没有任何关联)。

③ See section 4.5.

④ 可以参考 www.reed.com。

资源定位器(uniform resource locator,URL)。随着企业试图最大限度地提高搜索引擎的知名度,一种新型的纠纷已经开始出现。

显然,在涉及刑法的情况下,或在外部当事人受到影响(诽谤)的情况下,或在互联网波及国家利益的情况下,自助不是一种解决办法。在这些情况下,立法是唯一的解决办法。由于互联网的国际性,立法面临着协调一致的压力。

(四)对现行法律中假定缺陷的立法回应

并不是所有的事情都能通过技术来实现,故针对互联网进行特殊立法的压力迅速增大。我们现在正处于电子商务法律发展的第二个阶段,已有大量立法,特别是涉及互联网的立法。

由于我们现在生活在一个零星立法普遍存在的时代,可能认为没有必要为专门适用于单一贸易领域的立法正名,但我认为有必要为这一特定活动的特殊立法正名。一是因为许多国家希望促进电子商务发展;二是为了让系统发挥作用,法制基础也需要调整。① 如果这些立法干预的理由可以被接受,那么任何立法都不应阻碍互联网的发展或电子商务的发展。

我们知道万维网和现代的电子商务都还比较新,快速立法的压力可能导致立法考虑不周或立法质量差。在本书中,有一些立法实

---

① 这是有先例的。See Edwards L. & Waelde C. eds., *Law and the Internet: A Framework for Electronic Commerce*, 2nd ed., Hart, 2000, p.5. 毫无疑问,国际贸易的发展,特别是 CIF 合同的发展,需要法律和技术基础设施才能使其发挥令人满意的作用;CIF 合同在 1855 年《提单法》颁布之后才得以发展。因此,旨在促进某一特定类型活动的立法并不新鲜。

例可以归为此类。① 由于不可避免的全球化,基于万维网的电子商务的立法往往会受到法律协调压力的影响。事实上,即使仅是为了有效执行法律,国家之间也可能需要某种程度的合作。爱德华兹(Edwards)和沃尔德(Waelde)观察到:②

> 把互联网视为"法外之地"当然是错误的。更确切地说,互联网是由许多国家的法律监管的。但更为正确的是,我们必须承认,在很多情况下国家几乎没有能力或根本没有能力强制人们遵守与互联网活动有关的法律。

在欧盟内部,还有发展单一市场的政策。

可以肯定的是,由各个国家达成国际公约的国际立法,可能是处理这一本质上是国际问题的最佳方法。毕竟,其他国际问题都是以这种方式处理的,如海上石油污染。但是,正如爱德华兹和沃尔德所言:③

> 多国条约需要投入大量的时间和金钱来起草,需要政治意愿来强制通过,因为每个国家都有重大利益来保持对本国法律的完全控制,而这些法律是大家不愿放弃的。如

---

① 例如,第十章第一节第二小节。另一个例子是亚曼·阿克登尼兹的讨论,虽然严格来说其不属于电子商务的范畴。See Edwards L. & Waelde C. eds., *Law and the Internet: Regulating Cyberspace*, 1st ed., Hart, 1997, p.229. 问题是,一个人持有一张儿童的不雅照片或假照片是一种严重的犯罪行为。1994年《刑事司法和公共秩序法》特别修订了1988年《刑事司法法》第160条,以涵盖下载到硬盘上的互联网色情内容,但这样的方式很可能会抓住一个无意中发现这些材料的人,他的浏览器会自动缓存文件,而不让讨厌的用户知晓。

② Edwards L. & Waelde C., Ibid., in the introduction at p.9.

③ Ibid., p.7.

果不同国家的法律之间存在实质性的差异或与国家及其人民的国内利益密切相关的问题,如刑法,特别是与淫秽色情有关的问题,这些法律就很难取得成功。

另一个问题要比修改不完善或思虑不周的法律要困难得多,因为其必须在多个司法管辖区达成一致。

无论如何,协调必然导致一套价值观凌驾于另一套价值观之上,这并非完全的好事。如本书第十二章所述,有些领域由于国家间价值观的多样性,协调是不可能的。例如,萨姆塔尼·阿尼尔教授仅在谈到适用于互联网内容监管的东盟统一监管框架时说:

> 作者认为,目前这样的倡议不大可能会成功。尽管有一些共同的目标,在某种程度上有着共同的传统,但不同的东盟成员国在审查问题上有着截然不同的看法。比如说,菲律宾允许的制度可能会触犯新加坡的审查法。此外,许多国家的审查法在很大程度上是以这些国家民众的社会习俗和价值观为基础的。因此,这些法律因国而异。①

如果在相对狭窄的东南亚范围内已存在这样的问题,那么在真正的全球范围内要有多少问题呢?在本书第十二章中,出于比较目的,我们分析了新加坡和美国在互联网内容控制方面所采取的立场。尽管两国都是发达国家且都致力于推广互联网和电子商务,但两者的社会风俗和价值观却截然不同。我们可以看到协调这些大不相同的政权的前景十分渺茫。事实上,即使某一问题在理论上是一个所有国家都会同意的问题(如儿童色情制品),美国也可能因

---

① http://www2.warwick.ac.uk/fac/soc/law/elj/jilt/2001_2/anil.

为宪法上的言论自由问题而难以与他国达成一致。① 考虑到即使是海上被石油污染,美国也选择了退出国际公约,走自己的路,制定自己的一套法律,电子商务法的协调似乎不太可能在实践中对其产生重大影响,除非在欧盟或其他地方。

B2C 电子商务当然会引发消费者保护问题,但其至少在欧盟内部是协调一致的。②

第四节 电子商务的未来

电子商务的性质似乎有可能会改变,这将影响适用于电子商务的法律。

尽管万维网还属于新兴产物,但它自诞生以来已经有了相当大的发展,如引入了框架、Java 语言、可扩展标示语言等。随着互联网的发展,法律纠纷的性质也发生了变化,这在一定程度上是因为技术本身可以帮助解决问题。20 世纪 90 年代中期的一些深度链接问题,我们将在第四章中详细介绍,通过使用公共网关接口或活动服务器界面编程和在浏览器中开发框架技术,在实践中,这些问题在很大程度上已经得到了解决。技术提供了比法律更好的解决方案,有效地防止了深度链接。可以说现在需要保护的是技术本身,法律也确实朝着这个方向发展。③

技术的变化似乎会影响域名争议的性质,更好的搜索引擎和目录会使域名的选择不那么重要,法律争议的焦点也将转移到搜索引擎优化技术的控制上。这将在第二章和第三章中进一步讨论。

---

① 见证了在第十二章第二节第一小节中讨论的 1996 年《通信规范法案》的命运。
② See generally section 10.1.
③ See section 4.5.

技术的变化也将改变电子商务本身的性质。例如,接受结构化数据的标准、可扩展标示语言,将使电子商务(或电子数据交换)的发展更为容易。另一种可能性是由电子代理人签订合同,它可以在网络中漫游,接受指令,无须人工干预,这也要求一种标准化。显然,这可能会对订立正常合同的相关法律提出挑战。①

在消费者方面,有些商品似乎天生就不适合电子商务,但经验并不能完全证明这一点。对于一些商品,如新鲜蔬菜,我们可以预测购买者更喜欢看到、触摸到甚至闻到它们,这是不可能在线上实现的。然而在现实中,电子商务的便利性甚至超过了这种完全合理的偏好,"乐购在线"(Tesco online)的成功就证明了这一点。② 尽管如此,电子商务显然更适合于标准化的产品(如机票、唱片和洗衣机),即在决定购买之前不需要亲自查看或感受的产品和在购买之前可以在网上看到样本的书籍。

可能会有人反对,因为这只不过是以前使用邮件和电话订购的数字通信手段,如今投递仍然采用的是传统的方式。这一点在最近英国皇家邮政的一则电视广告中得到了印证,该广告的主角是著名音乐家约翰·列侬。虽然这是毫无疑问的事实,但值得注意的是使用数字媒体也有好处,即使只是为了交流。在有选择菜单的地方,电子商务比邮件和电话更有优势。它也非常适合购买稀有商品,因为它更容易在网上搜索,如从亚马逊获得稀有或绝版书籍可能比通过线下供应商获得更容易。电子商务价格的优惠还可以促使商家提供超值的服务,如超级巴士网站(megabus.com)提供的非常便宜的巴士票价。此外,尽管信用卡和借记卡(小额交易的成本很高)仍然是常见的付款方式,但更灵活的电子支付系统已经在开发中,

---

① See section 9.7.
② www.tesco.com.

如易趣网(eBay)的支付手段"PayPal",①最终也许还有其他更好的数字货币适用于小微销售。② 但是在电子商务真正发挥重要作用之前,随着有形产品的销售,还需要更好的交付系统。

然而,使用电子商务增长最快的行业肯定是电子产品行业,互联网(或者有线电视网络)被用作传输工具,也被用作通信系统。显而易见的例子是音乐文件、地图、报纸和在线数据库等产品,没有电子商务商家就不可能提供这些产品。此外,也有不太明显的例子,例如,机票实际上只包含信息,酒店预订通常是通过电子方式发送的。即使在需要付款证明的情况下,如长途汽车票,只要提供一个代码给司机看就足够了。当然,这也可以通过电子方式完成。

韩国最近实现了多媒体在线游戏(multi-media online gaming, MMOG)的繁荣,这是由世界上最高的宽带占用率推动的,这无疑将被其他地方效仿。③ 有些奇怪的是,在线上游戏中获得的武器和其他类似属性的商品可以在现实世界中交易,如在 eBay 上进行电子交易,以便购买者在游戏世界中又一次使用。这不仅仅是动作游戏中使用的武器:

> 宽带的广泛使用显然使韩国公司更容易吸引更多的游戏玩家。年轻男性是一个很大的受众群体,但韩国公司也吸引了女性,她们似乎特别喜欢虚拟变装。一家名为普

---

① http://pages.ebay.co.uk/paypal/index.html?ssPageName=Paypalx31. 虽然 PayPal 比传统的信用卡或借记卡支付方式更灵活、更方便,但从卖家的角度来看,它仍然是以信用卡或借记卡为基础的。因此,交易成本仍然相当高,买家免费,但大批量交易的卖家支付交易价值的 2.7% 加 0.2 英镑,其他卖家支付交易价值的 3.4% 加 0.2 英镑。eBay 是一个著名的在线拍卖网站。

② See generally section 11.7.

③ See, e. g., www.findarticles.com/cf_dls/m0PJQ/18_1/111363304/p1/article.jhtml.

伦纽斯（Plenus）的在线公司运营着一个名为网石游戏（NetMarble）的流行门户网站，该网站的业务非常好，销售的商品从虚拟帽子和手提包到电脑头像的虚拟整形手术，应有尽有。[1]

因此，消费者主导的电子商务的可能性远不止乐购在线的杂货店或亚马逊的图书，还包括完全新颖的产品。最终现实和幻想的界限可能会变得完全模糊！

我们希望看到电子商务的其他发展，包括支付系统更适合小规模交易的付费观看，[2]手机和"即时"短讯服务以及使用有线电视频道的电子商务。

因此，认为当前结构的任何部分是一成不变的想法无疑是错误的，特别是有线电视和手机似乎将对互联网的通信方式产生重大影响。其还将产生连锁反应的法律后果，特别是手机在引入合同条款时会产生问题，这是本书第九章第四节中将会讨论的问题。

---

[1] From "*Invaders from the Land of Broadband*", www.economist.com/business/displayStory.cfm? story_id =2287063.

[2] See, e.g., the discussion of digital cash in section 11.7.

第二部分

知识产权及相关问题

第二章 建立网络状态

第一节 互联网地址和争议性质的变化

这一章最初的标题是"域名分配",但技术是不断向前发展的。域名的重要性仍会持续,但不及四五年前。除域名外,企业还可通过其他方法在万维网上建立业务。但从法律角度看,其所产生的纠纷的性质与域名纠纷相似。因此,将所有因公司试图在网络上建立业务而引起的争议归为一类似乎是明智的。本章介绍了系统如何运作以及各方之间的关系。第三章和第四章介绍由此产生的知识产权问题。

任何公司,甚至个人,建立一个网站都是非常容易的。除非能够说服人们去浏览它,否则设立一个网站是毫无意义的。然而,在海量的网站中,再增加一个也只是像往大海里丢一根针一样。有人可能会找到它,但其不太可能会引起关注。该网站必须进行宣传。拥有一个有吸引力的域名是一种方法,另一个方法是让网站在搜索引擎上更容易被看到,如谷歌,这些搜索引擎正越来越多地被用来在万维网上定位页面。

一、域名

万维网的用户从服务器请求一个网页,①然后服务器将该网页发送回用户的计算机上。这一流程要求服务器和用户的计算机都具有唯一的可识别性,并且具有唯一的地址。显然,用户需要知道服务器的地址,服务器需要知道将网页发送到哪台计算机上。实际上,服务器的地址可能是相对永久的,但用户的地址可能只是由互联网服务供应商为会话临时设置的。② 尽管如此,两台计算机都还是会有一个独一无二的分配地址。这些地址是系统运作所必需的。

传输控制协议/网络通讯协定中的网络通讯协定部分负责处理地址。网络通讯协定为认证每台连接到互联网的计算机而为其分配专属编号。这些数字采用四个八位字节的形式,并用句号隔开。③因为这些数字很难被记住,所以域名被映射到它们上面,这使它们相对容易被记住。④ 这最初是由互联网分配号码管理局(Internet Assigned Numbers Authority,IANA)完成的,⑤后来是由成立于1998年的互联网名称与数字地址分配机构(Internet Corporation for Assigned Names and Numbers,ICANN)完成的,然后再分包给各个

---

① 正如我们在第一章第二节第二小节中所看到的,其可以由许多站点的内容组成。

② 连接到工作场所局域网的计算机(如我大学办公室的计算机)通常会分配永久网络协议地址,但当我从家通过互联网服务供应商连接到互联网时,互联网服务供应商会为会话临时分配一个地址,这减少了需要分配的地址数。

③ 例如,137.44.42.18(这实际上是我从万维网上访问大学邮件服务器的地址)。一个八位字节是一个范围在 0~255 的数字,有28个这样的数字(因此称为八位字节)。如果您键入号码,浏览器将找到该网站,您不需要域名。

④ 例如,http://exchange.swansea.ac.uk,该名称被映射到前一个脚注中的 IP 地址。

⑤ At www.iana.org; this was an arm of the US Government.

国家的域名分配部门。英国域名注册管理机构"诺米特公司"［Nominet(UK)］的域名注册于英国。①

关于域名，有两点很重要。第一点是，尽管万维网进行运作必然需要某种形式的唯一标识，但域名只是提供了一个便利形式，这对万维网的自由运作来说不是必需的。② 在下面探讨的皮特曼培训公司诉英国域名注册管理机构案［Pitman Training Ltd. v. Nominet (UK)，以下简称皮特曼案］中，③大法官理查德·斯科特爵士（Sir Richard Scott）用以下描述开始其判决：

> 互联网是由计算机网络组成的网络。连接到适配网络的计算机可以使用适配的软件与网络上的任何其他计算机快速通信和交换信息。为了在互联网上接收或提供信息，域名是必要的。域名可以比作地址，标识了特定的互联网站点。一个特定的域名将只能分配给一个公司或个人。它代表了该公司的计算机站点，是该公司的客户可以在互联网上找到它的手段。电子信息（电子邮件）可以在因特网上传送和接收。这些消息被定向到电子邮件地址，其中将包括收件人的域名。网站地址也将包括网站所有者的名称。网站是连接互联网计算机上的所有人通过互联网相互访问的一系列文件。

因此，为了在互联网上接收电子邮件和建立网站，显然需要域名。域名显示为单词。例如，本案中涉及的名称

---

① Edwards L. & Waelde C. eds., *Law and the Internet*, 2nd ed., Hart, 2000, 在本书第六章中有详细的描述。另见下文。
② 如果您在上面的万维网中输入 IP 号码，它将连接到邮件服务器，就像域名一样。
③ 完整案例载于诺米特公司网站 www. nic. uk/ReferenceDocuments/CaseLaw/The PitmanCase. html。这一案例在本书第二章第一节第四小节中进一步讨论。

是"皮特曼·公司·英国"(pitman.co.uk)。然而在互联网使用域名时,它会被转换成 IP 号码。转换是由一系列被称为域名服务器的计算机软件包进行的。发送和接收电子邮件都需要 IP 号码。除了将域名翻译成 IP 号码外,域名服务器还为客户端计算机上的软件提供服务。

虽然这是对域名系统在英国运行方式的准确描述,①但事实上,对于电子邮件和万维网的运行来说,只有号码是必不可少的,域名并不是。

第二点是,没有必要由任何特定机构指定域名。理论上,可以设立相互竞争的域名系统(domain name system, DNS)。域名系统的工作原理是互联网名称与数字地址分配机构和附属机构有权访问维护地址数据库的根服务器。理论上,这些信息是可以复制的,也存在替代寄存器。②

尽管如此,商业现实却是集中分配域名。通用顶级域名(generic top-level domain, gTLD)由互联网名称与数字地址分配机构分配,如 thecoveted.com。③ 互联网名称与数字地址分配机构作为一个非营利组织于 1998 年成立。国家代码顶级域名(country code top-level domain, ccTLD),如 .co.uk,与特定国家的组织签订

---

① 判决书随后描述了负责分配域名的机构,但这一规定现在已经过时。详见本书第二章第一节第三小节。

② 如 www.opennic.unrated.net/andwww.igoldrush.com/links2 - 2.htm。然而,诺米特公司对域名注册服务有限公司提起诉讼(最终和解),指控其自称为诺米特公司:www.nominet,其网址为:org.uk/drs-statement.html。这个故事也被报道在 http://news.zdnet.co.uk/0,3902033039117247,00.htm。

③ 互联网名称与数字地址分配机构,其网站为:www.icann.org/index.html。

合同,如英国域名注册管理机构。① 通用顶级域名和国家代码顶级域名争夺激烈,并引发了许多法律纠纷。

然而,也有人认为这些争议的性质正在发生变化。越来越多的网民使用谷歌等搜索引擎,②而不是简单地输入域名。人们认为有一些方法可以提高网站在搜索引擎中的排名,可以使用除搜索引擎外不可见的元标记,还可以与搜索引擎提供商进行沟通,以在相应的搜索词条上提供醒目的广告。因此有人认为,争端的中心将不再是域名分配,而是搜索引擎优化技术。③

二、域名争议类型

用户在互联网上寻找公司的一种常见的方法是输入可能的域名。因此,公司更倾向于注册可能由寻找该网站的用户偶然输入的域名也就不足为奇了。例如,微软公司(Microsoft)的域名为 www.microsoft.com,而玛莎百货(Marks & Spencer)的域名为 www.marksandspencer.com。

但是,由于域名必须是唯一的,并且顶级域名的范围是有限的,所以可能会发生对域名的争夺。争议类型可以归类为以下几种:

- 域名劫持;
- 反向域名劫持;
- 域名抢注;
- 域名误植;

---

① www.nominet.org.uk/index.html. 诺米特公司(英国)成立于 1996 年,与 ICANN 一样,是一个非营利性组织。

② www.google.com。

③ 例如,Murray A.,见 www.bileta.ac.uk/00papers/murray.html。关于由此产生的一些法律问题,也见本书第三章第九节。

- 戏仿；
- 恶搞网站（sucks.com）纠纷。①

域名争夺是指两个或多个拥有相似名称的公司争夺同一个域名。这并不奇怪，如 www.aa.com 被汽车协会和匿名酗酒者协会垂涎，但事实上它是美国航空公司的网站。② 同样，www.times.com 和 www.times.co.uk 都不是《泰晤士报》的网站，而是《纽约时报》和姓名商店（Name-Shop）（有点奇怪）的网站。③ 域名劫持是指使用涉及另一家公司名称且具有吸引力的域名来吸引访问者的行为。反向域名劫持是指一家商业公司买下它可能想要的所有域名，包括其主要位置国家以外的顶级国家域名。域名抢注是一项主要发生在万维网早期的活动，有远见的人注册与大公司相似的域名，以便在需要时将其出售给这些公司。域名误植与域名劫持类似，但与域名拼错有关，同样是为了吸引网站的用户。戏仿、恶搞网站不是公司的官方网站，而是由个人经营的网站，目的是模仿或诋毁有关公司。

从这些活动形式可能引起的法律纠纷的角度来看，前三种可能涉及在开展业务过程中使用与某一公司商标相同的域名。抢注域名会涉及相同或相似的名称，但可能不涉及使用。后三种可能涉及使用，但不一定是在商业贸易过程中使用，且域名通常会与商标不同。在最后两种情况下，通常也不会出现混淆的风险。

---

① 这些只是一般的描述，而不是法律上的艺术术语。例如，Colston C., *Passing off: The Right Solution to Domain Name Disputes*, [2000] LMCLQ 523, p.526。

② www.aa.co.uk 未被分配。其他两个地址分别是 www.theaa.com 和 www.alcoholics-anonymous.org。

③ 但是，Name-Shop 是英国互联网名称组织诺米特公司的成员。《泰晤士报》有 www.the-times.co.uk 和 www.timesonline.co.uk 两个域名。

三、域名分配系统

互联网是一个由网络组成的网络,在早期,连接这些网络的主干网是由美国政府出资建造的。① 当时用户相对较少,IP 号码和域名都可以由个人或其他实体临时分配,而无须任何特定的法律程序或承担相应的法律责任。即使互联网在 20 世纪 90 年代开始扩张,在 1992 年对商业群体开放之后,其分配仍然由美国政府的部门来最终执行。到 20 世纪 90 年代中期,IP 地址的分配开始由互联网地址编码分配机构完成。根据与美国国家科学基金会签订的合同,域名注册是网络解决方案公司(Network Solutions Inc.,NSI)的管辖范围,而美国国家科学基金会当时拥有法定权限来维护和管理与其他网络相连的"主干网"。国家内部的域名是由不同的机构分配的,分配行为既要有相关政府的授权,也要有相关政府的默许。在英国,这一职能由国家命名的委员会执行,② 其在 1996 年演变为英国域名注册管理机构。当时根本没有正式的规则,在实践中采用的是先到先得的原则。

直到 1998 年,美国政府决定退出其在域名分配中的角色,并面临着必须改变的压力,如:③

* 域名注册缺乏竞争引起了广泛的不满。
* 商标持有人和域名持有人之间的冲突越来越普遍,而解决

---

① 最初是美国国防部高级研究计划局。
② 英国教育和研究网络协会(the United Kingdom Education and Research Networking Association,UKERNA),该协会经互联网地址编码分配机构授权,在".uk"顶级域名下管理英国的域名系统。
③ 美国商务部关于"互联网名称和地址的管理"的政策声明,可见 www.ntia.doc.gov/ntiahome/domainname/6_5_98dns.htm。

这些冲突的机制既昂贵又烦琐。

　　＊ 许多商业集团把自己的未来寄托在互联网的成功发展上，他们呼吁建立一个更加正式和健全的管理结构。

　　＊ 越来越多的互联网用户居住在美国境外，这些利益相关者希望参与互联网协作。

　　＊ 随着互联网名称越来越具有商业价值，不正式向互联网社区负责的实体或个人不能临时决定添加新的顶级域名。

　　＊ 随着互联网商业化，美国研究机构指导和资助的这些职能变得不太适宜。

　　因此，在1998年，互联网名称和编号分配公司获得了域名分配权，这是一家在美国注册成立的非营利性公司，其注册形式比以前更加正式，保留了先到先得的原则作为基础，对于有些公司有权使用的某个特定的域名也给予了承认，即使其他公司已经先行注册了该域名。因此，有了重新分配域名的规定，也有了争议解决程序。①

　　除美国外，其他国家的域名继续按照以前的方式分配，如英国的域名继续由英国域名注册管理机构分配。这种分配已正式进行，但是，也有争议的产生。争议解决程序受到有关国家商标和相关法律的影响，对于互联网名称与数字地址分配机构和英国域名注册管理机构来说，除可能抢注域名的案件外，②商标所有人通常没有受到法院的有力保护。

四、双方关系

　　当一方希望另一方停止使用域名，或者域名提供商对删除域名

---

① See section 2.2.
② 在第三章第七节第四小节中考虑了通过法院起诉抢注者的一些法律困难。

提出异议时，很可能会出现有关域名的争议。显然，没有请求权基础就没有救济，但并非所有域名纠纷都涉及知识产权问题。毕竟，是互联网名称与数字地址分配机构实际分配顶级域名，在英国，国家代码顶级域名是由英国域名注册管理机构分配的，在很多情况下，它们是争议解决方。域名申请通常也会通过互联网服务供应商提出，因此，重要的是要查证域名申请人、网络服务供应商和（至少在英国）英国域名注册管理机构。

当然，通常情况下申请人和互联网服务提供商之间会有一个合同。然后，网络服务提供商将与互联网名称与数字地址分配机构或英国的域名注册管理机构达成协议。在前互联网名称与数字地址分配机构时代，当顶级域名由互联网分配号码管理局分配时，申请人和英国域名注册管理机构的前身（英国命名委员会）之间可能没有合同。在戴安·瑞思诉英国域名注册管理机构案①（Diane Wraith v. Nominet UK）中，英国域名注册管理机构暂停了由戴安·瑞思的公司为平方网络（英国）有限责任公司（Psinet Ltd.）注册的域名psinet.co.uk，而此前平方网络（英国）有限责任公司曾投诉戴安·瑞思侵权。然而，这个域名不是由英国域名注册管理机构批准注册的，而是在1995年由其前身英国命名委员会批准注册的。在杜斯伯里郡法院，名誉法官希金巴顿裁定：瑞思女士没有请求权基础，命名委员会在不收取任何费用的情况下完成了域名注册，瑞思女士没有因此转移任何对价；因此，瑞思女士和命名委员会之间没有合同。所以，瑞思女士和英国域名注册管理机构之间也没有合同。她与网络服务提供商（Demon）签订了托管服务合同，因为她在注册时支付了200英镑的费用，但这没有成为她作为第三方对命名委员会提起

---

① 这是县法院的一个案件，没有完整的报告，但其被总结在 www.nic.uk/ReferenceDocuments/CaseLaw/DianeWraith-v-NominetUk.html 中。

诉讼的理由。

  理论上,申请人和网络服务提供商之间的合同也会影响英国域名注册管理机构的域名批准,但实际上不太可能。在皮特曼案①中,I-Way(一个互联网服务提供商)与第二原告 PTC 牛津有限责任公司(PTC)签订了合同,并(显然是通过英国命名委员会的监督)获得了域名 pitman.co.uk。皮特曼出版公司(Pitman Publishing,PP)之前注册过 pitman.co.uk,但那时,因为英国域名注册管理机构已经接管了英国命名委员会分配英国域名的责任,如果域名没有被重新交还给他,其将针对该机构提起法律诉讼。因此,该域名被英国域名注册管理机构重新转让给皮特曼出版公司,PTC 起诉皮特曼出版公司干扰合同(PTC 和 I-Way 签订的合同)等。PTC 为了胜诉,他们必须证明 PTC 和 I-Way 之间的合同中有一项条款,且该条款因皮特曼出版公司再次转让而被打破。然而,虽然没有违反任何法律明文规定,但法院拒绝暗示这项条款:"一旦授权给 PTC 域名'pitman.co.uk',未经 PTC 同意,该域名不得退出 PTC 或转让给另一方",从中可以看出:

>   域名的控制权不在 I-Way 手中,而在英国域名注册管理机构手中,以前是在英国命名委员会手中。实际上,对于 I-Way 来说,向客户保证命名委员会(或现在的英国域名注册管理机构)会或不会对某个特定域名做什么,在我看来,这是 I-Way 不可能承担的义务。我看不出 PTC 和 I-Way 之间的协议可以作为默示条款引入这种义务的依据。这不是所谓协议的商业效力所必需的条款。这显然不是

---

  ① 全文见诺米特公司的网站:www.nominet.org.uk/ReferenceDocuments/CaseLaw/ePitmanCase.html。这个案例提出了几个问题,本书在第三章第八节中对其进行了讨论。

一个条款,如果被一个多管闲事的旁观者问道,协议双方会给出一个暴躁的回答,"当然"。

因此,在没有明确条款的情况下,皮特曼出版公司干涉 PTC 和 I-Way 之间的合同的任何论点都没有根据。我们甚至可以说,PTC 在任何情况下都有正当的抗辩理由。以下情况不构成侵权:

> 皮特曼出版公司在整个域名首先分配给他之后,为了自己的利益和合法的交易应作出陈述,以便为恢复自己被错误剥夺的域名……

皮特曼出版公司只是在追求自己的合法利益,这并不侵权。①

尽管皮特曼出版公司由于对合同的干涉被起诉,但这也可能是针对英国域名注册管理机构的。该项诉讼本来就会失败,因为法院从一开始就认为 PTC 和 I-Way 之间没有违反合同。

最终,PTC 因缺乏诉讼事由而败诉(他们也败诉于虚假诉讼和滥用诉讼程序)。在皮特曼案中,法院并没有判决他们是否可以恢复域名。事实上,这是一个悬而未决的问题,同样也很难看出会有什么起诉理由。

如下文所示,互联网名称与数字地址分配机构和英国域名注册管理机构的地位现在已经建立在了合同的基础上,但皮特曼案仍然是网络服务提供商与其客户之间关系认定的权威。显然 I-Way 对 PTC 也承担了一些义务。毕竟,互联网服务提供商通常对他们的服

---

① 上议院对斯特拉特福德父子有限公司诉林德利案([1965]AC269)的判决之所以与众不同,是因为"该案的事实与本案的事实相去甚远"。然而,在早些时候的案件中,如果被告是工会官员,则其不能依靠合法利益的辩护,因为这实际上是一个工会在与另一个工会竞争。

务收费。一般来说,这也只是使程序开始运转,或者是尽力而为,而不是保证任何特定的结果。

虽然在互联网商业化之前,域名按先到先得的原则分配且双方没有合同保护是可以接受的,但由于美国政府在 1998 年对域名分配进行了有效的私有化改革,所以为域名分配建立一个更有规则的基础变得十分必要。因为互联网名称与数字地址分配机构和英国域名注册管理机构现在对他们的服务收取费用,①所以这就需要他们和域名申请人之间签订合同。在任何情况下,他们都是非营利性组织,为了保护自身权益,他们希望通过合同来限制他们的责任,②同时将争议解决程序置于契约基础之上。像皮特曼案的纠纷在如今可能会通过争议解决程序得到解决(解决结果是一样的,因为皮特曼出版公司域名的初始注册不是滥用注册,我们都知道这一前提在域名转让之前是必需的)。

第二节 域名争议的解决

对互联网名称与数字地址分配机构和英国域名注册管理机构来说,合同中包含了争议解决程序,对注册域名的所有权人具有约束力。互联网名称与数字地址分配机构的争议解决程序是统一域

---

① 诺米特公司收取一年两次的费用,80 英镑加增值税,详见 www. nominet. org. uk/RegisteringYour DomainName/RegistrationFees。

② 例如,诺米特法则,特别是第 4.1 条和第 4.5 条:4.1 诺米特不对你是否有权注册域名或对域名拥有任何权利进行任何调查。通过注册域名,我们不承认你对域名所包含的名称有任何权利,我们也不授权你在贸易过程中使用该域名。……4.5 无论是根据这些条款和条件还是其他方式或其他原因(包括疏忽的责任),我们对您的总责任不得超过 5000 英镑。详见 www. nominet. org. uk/ReferenceDocuments/TermsAnd Conditions/TermsAndConditions. html。

名争议解决政策(Uniform Domain Name Dispute Resolution Policy, UDRP),英国域名注册管理机构的争议解决程序是争议解决服务政策(Dispute Resolution Service Policy,DRS)。

一、争议解决政策与法院诉讼之间的关系

我们已经注意到,现在注册申请人与英国域名注册管理机构或互联网名称与数字地址分配机构之间的关系处于合同基础上,而且现在可以根据该合同的规定强制解决争议。① 与商业仲裁不同,这对申请人来说不是强制性的,如果有必要,申请人可以根据偏好自由地采取诉讼方式。例如,《互联网名称与数字地址分配机构的统一域名争议解决政策》第4条第1款(k)项指出:

> 第4条规定的强制性行政程序要求不得妨碍您或申诉人在此类强制性行政程序开始之前或结束之后,将争议提交有管辖权的法院独立解决。②

英国域名注册管理机构在争议解决服务政策的简介中提到:③

> 尽管争议解决服务政策并不能取代法院的角色;但它仍然对所有人开放,而且裁决对有关各方具有约束力。由于争议解决服务政策的决定,英国域名注册管理机构有权转让、取消或暂停域名注册。

---

① 例如,ICANN UDRP,第1条;诺米特公司条款与条件,第7条。
② http://odr.org.cn/web/domain Dispute.action? mz07.infoType =5& mz07.text Type =2& mz07. CNEN =1.
③ www.nominet.org.uk/ref/drs.html.

该机构修订的程序第10条第1款(d)项规定：

  争议解决服务政策的运作并不妨碍申诉人或被申诉人将争议提交给有管辖权的法院。

  由于人们认识到，申请人可能更愿意采取诉讼方式解决争议，因此有必要保护互联网名称与数字地址分配机构和英国域名注册管理机构免受此类诉讼影响。因此，《互联网名称与数字地址分配机构的统一域名争议解决政策》第2条对申请人注册时的陈述提出了要求，并规定："您有义务确定您的域名注册是否侵犯或妨碍他人的权利。"其第3条第1款(b)项还规定，"在每一个有管辖权的案件中，当法院或仲裁庭的裁决要求取消域名时，我们要遵守"。这样一来，他们只需执行法院的命令即可，从而保护互联网名称与数字地址分配机构免受合同中的任何诉讼。

  在该政策的第3条中还有"或其他法律要求"的补充。英国域名注册管理机构通过在其条款和条件中免除其赔偿"域名注册或使用带来的损失（无论出于何种原因，无论是暂时的还是其他原因）"的责任来保护自己。[①]

  英国域名注册管理机构的争议解决程序受英国《商标法》的影响（但可能不受明显影响），第三章对此进行了详细论述。尽管如此，争议解决程序并不是简单地允许商标所有权人主张其合法权利的快速方式，尤其是互联网名称与数字地址分配机构的争议解决程序，保护商标所有权人的范围比法律要窄。

---

  ① 然而，请注意，该政策第4条并不适用于消费者，鉴于这一特定条款的宽泛性，它是否可以强制执行肯定值得怀疑。

二、争议解决的利弊

争议解决程序是一种快速、方便和低成本的重新分配域名的方法,[1]但通常仅适用于通信重新分配,并且有独立于当事人双方的管辖权,因此外国被告想要依此主张管辖权可能很困难。[2] 此外,商标法具有管辖权,而且在不同的司法管辖区有所不同。这两者都不适用于争议解决程序。

所以,再分配是解决争议的唯一的补救措施。例如,如果申诉人想要得到损害赔偿,他需要向法院寻求帮助。因此,《互联网名称与数字地址分配机构的统一域名争议解决政策》第 4 条第 1 款(i)项规定:"对管理组提起的任何要求取消您的域名或将您的域名注册转移给申诉人的限制措施,在程序上都有对申诉人的补救措施。"从英国域名注册管理机构的简介来看,机构拥有"转让、取消或暂停域名注册"的权力,但其是否拥有其他权力并未被提及。

三、互联网名称与数字地址分配机构的政策

对于以.com、.net 和.org 结尾的域名,《互联网名称与数字地址分配机构的统一域名争议解决政策》已被所有经认证的域名注册

---

[1] 根据 ICANN 的规定,这是实际转让,而不是简单地阻止使用,是新的域名。
[2] 但是,在 REM 域名抢注中,1999 年的美国《反垄断消费者保护法》规定了管辖权。

机构采用。① 它还被某些国家代码顶级域名的管理者采用(例如.nu、tv、ws)。这些规定主要针对域名抢注,以及涉嫌用于非法商业用途的行为。该政策第4条第1款(a)项规定:

  a. 适用争议。如果第三方("申诉人")根据程序规则向对应提供者投诉,您必须履行强制性行政程序:
  (i) 您的域名与申诉人有权使用的商标或服务商标相同或极度相似;以及
  (ii) 您对该域名没有任何权利或者合法权益;以及
  (iii) 您的域名已经注册并被恶意使用。

  在强制性行政程序中,申诉人必须证明这三个要素都存在。
  这仅限于商标或服务商标,不包括个人(如名人)。在美国,个人受到1999年《反垄断消费者保护法》的保护。
  "混淆相似"[该政策第4条第1款(a)项(i)目]被添加到早期的美国NSI公司《域名争议政策》理由中,该理由仅适用于相同的商标,但该政策第4条第1款(a)项(iii)目中的"恶意使用"限制了该程序的适用,有效防止了蓄意劫持、抢注域名、②误植域名和(可能的)恶搞网站纠纷的发生。还要注意的是,其适用有一个要求(不清楚这是否包括抢注域名者的使用威胁)。尽管美国商标立法

---

  ① ICANN 的规则在 www.icann.org/dndr/udrp/uniform-rules.htm,而实质性的 UDRP 则在 www.icann.org/dndr/udrp/policy.htm。关于 ICANN 的解决政策的最新描述,见 http://www2.warwick.ac.uk/fac/soc/law/elj/jilt/2002_2/mcmahon。另请参见 www.internic.net/faqs/udrp.html。Abby R. Michels 在 [2002] Ent L Rev 8 中对 ICANN 的 UDRP 进行了评论,其中也提出了改革建议。另见 Colston C., *Passing off: The Right Solution to Domain Name Disputes*, op. cit. fn. 15, p. 533 及以下。
  ② 还要注意,有使用要求,但这可能包括威胁。就像商标法一样,这个程序不保护个人。

对此作了规定,但并未对弱化商标作出规定,争议双方无须证明混淆的相似性。① 然而,麦克·马洪认为,在《互联网名称与数字地址分配机构的统一域名争议解决政策》的实际操作中,认定混淆的门槛并不高。②

该政策第4条第1款(b)项列出了一份非穷尽的能够证明主观恶意的证据清单,包括:③

(i)表明您注册或获取域名的主要目的是将域名注册出售、出租或以其他方式转让给商标或服务标识所有权人的申诉人或申诉人的竞争对手,您对于与域名直接相关的超出档案记录的对价部分自付费用;或

(ii)您注册域名是为了防止商标或服务商标的所有权人在相应的域名中显露该商标或服务商标,但前提是您从事了此类行为;或

(iii)您注册域名主要是为了干扰竞争对手的业务;或

(iv)您为了商业利益,通过使用域名,故意试图吸引互联网用户访问您的网站或其他网上位置,造成与申诉人在您的网站或位置,或与您的网站上的产品或服务的来源、赞助、从属关系或背书上的标记相混淆的可能性地点或位置。

其中该政策第4条第1款(b)项(i)目和第4条第1款(b)项(ii)目针对的是抢注域名;该政策第4条第1款(b)项(iii)目和第4条第1款(b)项(iv)目针对的是域名劫持。

---

① See section 3.6.
② http://www2.warwick.ac.uk/fac/soc/law/elj/jilt/2002_2/mcmahon.
③ https://www.icann.org/resources/pages/policy-2012-02-25-zh.

该政策第4条第1款(c)项也列出了另一个未穷尽的清单,这次列出了注册域名的权利和合法权益:

(i)在向您发出任何争议通知之前,您使用,或可证明的准备使用域名,或与该域名对应的与合法提供商品或服务有关的名称;或

(ii)您(作为个人、企业或其他组织)已被该域名使用者大致知悉,即使您未获得任何商标或服务标识权;或

(iii)您正在对域名进行合法的非商业性的或合理的使用,而无意获取商业利益来误导消费者,或损害有争议的商标或服务标识。

四、英国域名注册管理机构的政策

英国域名注册管理机构有自己的争议解决政策(争议解决服务政策),还有相关的程序规则。[①] 该政策规定了提起异议的理由。显然,它受到英国《商标法》的影响,因此,英国域名注册管理机构规则的范围比互联网名称与数字地址分配机构规则的范围更广泛。该政策的第2条规定:[②]

a. 如果申诉人根据程序向我们申述,被申诉人必须根据争议解决服务政策进行回应;

[①] 诺米特公司的争议解决政策描述于 www. nominet. org. uk/ref/drs. html。详细条款载于 www. nominet. org. uk/DisputeResolution/DrsPolicy/DrsPolicy. html;相关程序载于 www. nominet. org. uk/DisputeResolution/DrsProcedure/DrsProcedure. html。

[②] 最近对该政策的细节进行了修订,新版本适用于2004年10月25日以后的所有争端。

i. 申诉人对与域名相同或相似的名称或标记享有权利;和
  ii. 特定域名,对于被申诉人一方,是一种滥用式注册。
  b. 申诉人必须向专家证明这两个因素都满足高度盖然性标准。

"滥用注册"的定义见其第1条。

  "滥用注册"是指下列域名:
  a. 以登记或其他方式取得的,在登记或取得时不公平地利用或不公平地损害申诉人的权利;或
  b. 以不公平地利用或不公平地损害申诉人权利的方式使用。

该政策的措辞明显受到1994年英国《商标法》第10条第3款的影响,第三章将对其进行讨论,内容可能涉及弱化、模糊化和丑化。① 因此,和互联网名称与数字地址分配机构不同,英国域名注册管理机构的规则不存在混淆相似性的要求。与1994年英国《商标法》不同,争议解决服务政策不要求其在英国享有声誉。然而,该政策第2条第1款(a)项(i)目要求申诉人对商标享有权利。

和互联网名称与数字地址分配机构一样,英国域名注册管理机构的规则也列出了未穷尽的善意和恶意证据清单。但这些与互联网名称与数字地址分配机构的不完全相同,该规则同样明显受到英国《商标法》的影响。

---

① Section 3.6.

该政策第3条(滥用注册的证据)规定：

a. 可以证明域名是滥用注册的非详尽因素清单如下：
　i. 表明被申诉人已注册或者以其他方式取得域名的情形主要有：
　　A. 将域名出售、出租或以其他方式转让给申诉人或申诉人的竞争对手，已超出被申诉人在档案中记录的获取或使用域名直接相关的现金成本的对价；
　　B. 针对申诉人有权使用的名称或标记的阻止注册；或
　　C. 为了不公平地扰乱申诉人的业务；
　ii. 情况表明被申诉人使用域名的方式使人们或企业误认为该域名是申诉人注册、运营或授权的，或与申诉人有其他联系的；
　iii. 申诉人可以证明，在被申诉人的域名注册选词中，被申诉人是域名(以".uk"或其他结尾)的注册人，被申诉人明显没有与该域名对应的著名名称或驰名商标的相关权利，并且该域名是该注册选词的一部分；
　iv. 经独立核实，被申诉人向我方提供虚假联系方式；或
　v. 域名注册是由于申诉人和被申诉人之间的关系，且申诉人：
　　A. 一直以独占方式使用域名注册；以及
　　B. 支付注册费和/或域名注册续期费。
b. 被申诉人未能将域名用于电子邮件或网站目的本

身并不表示该域名是滥用注册。

c. 如果投诉人证明被投诉人在被投诉的前两年内在三个或三个以上的争议解决服务案件中被发现滥用登记,则应推定其为滥用登记。这一推定可以被推翻[见第4条第1款(c)项]。

该政策第4条第1款(c)项(i)目主要针对抢注域名和(可能)劫持。其第4条第1款(c)项(ii)目类似于1994年英国《商标法》第10条第2款,其在第三章中进行探讨。① 该条由于没有明确的关于弱化、模糊化、丑化等的描述,这当然是一个不详尽的清单。

相反,该政策第4条("被申诉人如何在其答辩中证明域名不是滥用注册")规定:

a. 一份非详尽的要素清单可能是证明被申诉人注册域名不是滥用注册的证据,如下所示:
 i. 在知道申诉人的申诉理由(不一定是争议解决服务政策下的"申述")之前,被申诉人已经:
  A. 在真实提供商品或服务时使用或作出可证实的准备使用该域名或与该域名类似的域名;
  B. 以域名广为人知或者与域名相同或者近似的标识有合法联系的;
  C. 合法、非商业或合理使用域名;或
 ii. 项目域名是非商标的或者描述性的,被申诉人的使用是合理的;
 iii. 关于第3条第1款(a)项(v)目;注册人持有的

---

① Section 3.5.

域名与双方签订的书面协议的明确条款一致;或

ⅳ.关于第3条第1款(a)项(ⅲ)目和/或第3条第1款(c)项;该域名不是更宽泛的注册选词或一系列注册的一部分,因为该域名与被申诉人注册的其他域名具有明显不同的类型或字符。

b.合理使用可能包括仅为赞扬或批评个人或企业而经营的网站。

c.如果第3条第1款(c)项适用,则被申诉人必须在答辩中证明域名注册不是滥用注册,以此反驳该推定。

可以公正地说,虽然这些规定受到商标法的影响,但它们的目的基本上是保留先到先得原则,只要注册不是在"恶意"情况下进行的,均可保留,"恶意"一般是根据合法的商业惯例来定义的。正如在第三章中所讨论的,英国域名注册管理机构的争议解决管辖权比多数国家的商标法要狭窄。

第三章　商标和假冒

第二章描述的程序可以解决大部分有关域名的争议,但互联网名称与数字地址分配机构的争议解决程序并未体现阻止各方诉讼的内容。大多数关于域名的案件都是对商标侵权或仿冒的指控。本章的后半部分将详细讨论冒名顶替,[1]但是关于域名的争议似乎正在减少,并且有关元标记和其他形式的搜索引擎优化的争议已取代了域名争议。这些将在本章的后文中进行详细讨论。[2]

第一节　商标简介及通过

长期以来,企业通过假冒他人来欺骗客户的行为一直被认定为侵权。域名选择可能演变为假冒行为,而假冒侵权行为的认定完全基于普通法。

域名的使用也可能构成商标侵权。与假冒相比,商标管辖权的确定完全是基于法律规定。但是,其起源实际上是作为保护独特商标所有人的注册系统。即使没有商标保护,他们仍然可以作为商标

---

[1] Section 3.7.
[2] Section 3.9.

所有人来阻止其他商人使用其独特的商标。但是,他们将不得不采取多种行动,并且必须提供类似的证据来证明每项主张。他们还必须在每项诉讼中表明已建立的声誉,使商标可以在建立声誉之前得到保护。① 为避免这种情况,商标管辖权于 19 世纪在英国得以发展。原告仅需证明被告以未经授权的方式使用商标,即可表明其侵犯了商标所有人的权利。在商标被注册为在特定的类型中使用时,有必要在注册时提供特定领域的相关材料。因长期不使用商标而对其注册提出异议也是有可能的。②

由于商标法是从规制假冒商标行为发展而来的,因此传统上英国《商标法》具有以下特征:

(a)基于(或至少基于)混淆其他贸易方和消费者的想法;

(b)因此,它要求被告将其适用于贸易领域,并且仅保护贸易商,不保护名人。

仿冒是侵权行为,因此其是基于被告的行为,而不是基于原告对财产权的任何想法而产生的。传统上,英国《商标法》与这一思想保持着密切联系,并且一直不愿意将商标的概念发展为财产权。英国法官一直不愿扩大对商标所有人的垄断,并且一直允许贸易商使用商标所有人的名称,如以合理的方式描述其产品,即使这样做涉嫌使用他人商标。无论跨国食品公司对以同样的名字进行交易的看法是怎么样的,麦当劳先生都可以(或至少能够)在阿伯丁以自己的名字作为商号进行交易。

但是,欧盟要求成员方执行欧共体于 1988 年 12 月 21 日发布的理事会指令(Council Directive)89/104,即《欧洲共同体理事会第

---

① 雅各布法官(Jacob LJ)在里德执行公司诉里德商业资讯有限公司案(Reed Executive plc. v. Reed Business Information Ltd.)(以下简称里德案),[2004] RPC 40 中提出的观点。本章后面将广泛讨论该案。

② 1994 年英国《商标法》第 46 条。

一号指令》(the Directive,以下简称《欧共体指令》),其目的是:①

……类似于成员方的商标法,以消除可能阻碍商品自由流通和提供服务的自由或扭曲共同市场内竞争的差异;但是,欧共体立法机构的干预并非旨在全面逼近这些法律,而仍限于与通过注册获得的商标有关的某些方面。

1994年,《欧共体指令》在英国《商标法》中得以体现,这是针对当时现状进行的立法。其指导意见致力于协调偏差:②

他限制了通过注册登记获得的商标运作……在某种程度而言,这是一种最低限度的供给,在特定情形下,这并非禁止成员方给予相比于欧共体所能提供的更多的广泛性保护。

然而,任何一种关于法律统一适用的潜在性问题都在于将各不相同的传统、惯例整合为一体。在欧洲的其他国家,商标保护一直以来都没有英国法律那么严苛。此外,欧洲其他国家的法院对于商标的态度相较于颇为传统的英国法院而言也更为前卫。在很大程度上,商标本身就有权得到保护,人们很难强调权利状态的不确定性。

---

① Sieckmann v. Deutsches Patent-und Markenamt (Case C – 273/00), [2003] 3 WLR 424, para. 3, also cited in Arsenal Football Club plc. v. Reed, [2003] Ch. 454, p. 457, para. 13, both in the speech of the Advocate General. 该指令的文本可见 http://europa. eu. int/smartapi/cgi/sga _ doc? smartapi! celexapi! prod! CELEXnumdoc&lg = EN&numdoc = 31989L010 4&model = guichet, PDF 文件可见 http://europa. eu. int/eur-lex/en/consleg/pdf/1989/en_1989L0104_do_001. pdf。

② Arsenal Football Club plc. v. Reed, [2003] Ch 454, para. 21.

因此，就不必讶异于最新的英国法律，这部于1994年生效的意在落实《欧共体指令》的《商标法》，扩大了由商标注册者所负担的保护范围。这部最新的立法见证了英国《商标法》重心的改变，它将不再局限于惩治假冒的理念。例如，该指令第10条第3款中规定的新淡化救济，这是不依赖于混乱的观念，有力保护产权本身的条款。此外，还有对商标定义的放宽（参见下文，主要在第三章第六节中进行讨论）。

与此同时，正如我们所见，对假冒界定的边界也已经扩大。① 关于假冒的更多信息我们将会在第三章第七节中有更多介绍，但可以指出的是，假冒定义的宽泛化与商标法的扩展相结合大大增加了对商标所有人的保护，尤其是对知名商标的保护，也就是对大企业的保护。对于同一标志而言，知识产权法在商业活动中有着比以往更大的控制权，在当前前景下，还有着对域名分配和其他与网络相关的活动的支配权。

第二节 相关商标法之概括

商标侵权行为在《欧共体指令》第五章中有所界定，而在第六章中对其有排除性条款。这些转化至英国法的条款分别是1994年英国《商标法》中第10条和第11条的内容。② 在布拉瓦多商品服务有限公司诉爱丁堡主流出版有限公司案 [Bravado Merchandise Services Ltd. v. Mainstream Publishing (Edinburgh) Ltd.]（以下简称

---

① See, e.g., the Advocaat and One in a Million cases, respectively at [1979] AC 731 and [1999] 1 WLR 903. 下文将详细讨论。

② 全文可见 www.opsi.gov.uk/acts/acts1994/Ukpga_19940026_en_1.htm。

布拉瓦多案)中,洛德·麦克拉斯基(Lord McCluskey)法官认为:①

从其长标题和条款用词可以看出,制定法案的直接目的是通过为注册商标制定新的法律条文而改变现存法律,特定的法律变动源于《欧共体指令》的协调。

正如我们所看见的,1994 年英国《商标法》颁布的目的是落实1988 年《欧共体指令》的第 89 条和第 104 条,去契合会员国的相关商标法。

商标侵权行为在 1994 年英国《商标法》第 10 条中有所体现,②其第 10 条第 1 款至第 3 款提出:

(1)如果一个人在贸易过程中使用一个与某注册商标相同的标记,并且其商品或服务与注册商标所涉及的商品或服务相同,则此人对该注册商标构成侵权。

(2)一个人侵犯了某注册商标,如果他在贸易过程中使用了一个标记,且

 (a)这一标记与该注册商标相同,并且使用的相关商品或服务与该注册商标的商品或服务近似,或

 (b)这一标记与该注册商标近似,并且使用的相

---

① [1996] FSR 205, p. 212.
② 英国《商标法》第 9 条第 1 款规定:在未获得注册商标的所有人同意的情况下在英国使用该商标,侵犯该商标的专有权。如果未经所有人同意,则构成第 10 节中规定的侵权行为。但是,有两个案例的裁决认为这只是一个简短的介绍,没有增加任何内容,参见 British Sugar plc. v. James Robertson & Sons Ltd. [1996] RPC 281, p. 291; Euromarket Designs Inc. v. Peters and Crate & Barrel Ltd. [2001] FSR 20, para. 18。

关商品或服务与该注册商标的商品或服务相同或类似，

因而存在引起公众混淆的可能性，包括与该商标相联系的可能性。

(3)一个人侵犯了某注册商标，如果他在贸易过程中在相关的商品或服务上使用了一个标记，该标记

(a)与该注册商标相同或近似，并且

(b)用于商品或服务与该注册商标的商品或服务不近似，

而且，该商标在英国享有一定声誉，如没有正当理由，该标记的使用会不公平地利用该商标的显著性或声誉，或对该显著性或声誉产生有害的影响。

英国《商标法》第10条第1款和第2款与《欧共体指令》第5条第1款(a)项和(b)项，以及其第10条第3款与《欧共体指令》第5条第2款相对应。总之，在英国《商标法》第10条中体现的这三种侵权形式在本质上分别如下：

英国《商标法》第10条第1款：在相关商品或服务中，使用相同注册商标。

英国《商标法》第10条第2款：在相似商品或服务中使用相同注册商标，或在相同或相似商品或服务中使用相似注册商标。然而，现在这种相似程度要务必达到足以使公众(包括团体在内)混淆。

英国《商标法》第10条第3款：在不同商品或服务中使用相同或相似的注册商标，使用该种商标以获取不正当利益或损害相关注册商标的特征或名声。

其中，英国《商标法》第10条第1款和第2款涉及混淆。第10条第2款是明确的要求，但在其前款中已有所假设，因此不再

罗列混淆要件。① 第 10 条第 3 款于 1994 年增设,其不依据于混淆,而是因为知名商标提供恰当保护而设。② 在英国一流品牌有限公司诉欧洲台风有限公司案(Premier Brands UK Ltd. v. Typhoon Europe Ltd.)中,纽博格法官(Neuberger J.)认为:③

> 根据《欧共体指令》第 9 条,英国《商标法》第 5 条第 2 款意在为享有声誉的注册商标提供广泛保护,而这种保护很明显旨在使其可用性方面超越那些没有声誉的商标。正如所提及的,英国《商标法》第 10 条第 3 款代表了迄今为止在英国对注册商标所有人保护的重大拓展。

商标的主要保护措施就是抵制那些不时被描述为淡化或玷污驰名商标的内容。《欧共体指令》第 10 条第 3 款作为最有可能影响"模仿网站"和域名抢注者的法律条文,将在本章稍后阐述。④

有大量广泛为人接受的观点值得注意。商标是司法的产物,因此英国商标只能在英国境内被保护。⑤ 它们也被许可在特定种类的商品和服务上使用,这 45 种源自《尼斯协定》(第 8 版)(the eighth edition of the Nice Agreement)的类别,通过 2001 年英国《商标法

---

① See, e. g. , Reed Executive plc. v. Reed Business Information Ltd. [2004] RPC 40, [2004] EWCA Civ 159 CA, para. 28 (www. bailii. org/ew/cases/EWCA/Civ/2004/159. html), and at first instance, [2002] EWHC 2772 (Ch.), para. 132 (www. bailii. org/ew/cases/EWHC/Ch/2002/2772. html).

② See, e. g. , Arsenal Football Club plc. v. Reed, [2003] Ch. 454, p. 461, para. 33.

③ [2000] FSR 767, p. 786.

④ Section 3. 6.

⑤ 另有一个共同体商标,可以在整个欧盟范围内受到保护。相关条款是 1993 年 12 月 20 日针对欧共体商标颁发的《理事会法规》(Council Regulation, EC) 40/94,由英国《商标法》(1994 年)第二部分实施。侵权的定义与英国商标的定义相似。

(修正案)》[the Trade Marks (Amendment) Rules]在英国生效。2001年英国《商标法(修正案)》附件4罗列了特定种类物,①该内容与判断商品或服务之间是否相同的问题有关。② 1994年英国《商标法》对商标使用的规定在第10条第4款中:③

(4)本条所述的标记的使用,尤其是指某人
　(a)把它粘贴在商品或其包装上;④
　(b)提供或陈列在供销售的带有标记的商品上,并将其投放市场或为此目的将其储存,或用此标记提供服务;
　(c)进口或出口带有此标记的商品;或
　(d)在商务文书中或在广告中使用此标记。

所有被控侵权的商标使用必须是在贸易过程中。(在对域名的阐述中,认定假冒网站可能会有些棘手,因为这也许不是在贸易过程中,而是在某些域名抢注纠纷中。后者不会出现对商标的使用。)

英国《商标法》第11条中也有相应的抗辩,最重要的是在第2款中列明了不构成商标侵权的行为:⑤

---

① 全文可参见 www.opsi.gov.uk/si/si2001/20013832.htm。
② 然而,在英国糖业公共有限公司诉詹姆斯·罗伯逊父子有限公司案(British Sugar plc. v. James Robertson & Sons Ltd.)(以下简称英国糖业公司案)中,雅各布法官在第289页中观察到"该类的主要目的是使商标检索能够进行"。换句话说,这些类别不一定旨在确定同一性。
③ https://www.legislation.gov.uk/ukpga/1994/26/section/10.
④ 见本书第三章第四节中关于布拉瓦多案的讨论。
⑤ https://www.legislation.gov.uk/ukpga/1994/26/section/11.

(2) 下列行为未构成对注册商标的侵权:
　　(a) 一个人使用自己的名字或地址,
　　(b) 使用关于种类、质量、数量、用途、价值、地理来源、商品生产或服务提供日期、或商品或服务的其他特点的说明,或
　　(c) 当有必要说明某一产品或服务的用途(尤其是附件和备用件)时,
条件是这种使用是根据工商事务中的诚实原则进行的。

其中,上述(a)项更可能应用于本章所讨论的互联网域名纠纷中,然而上述任何一种非侵权行为都可能与元标记使用和在本章第九节中讨论的其他事项相关。不属于侵权行为的认定总体上将会在本章第十节中解决。

许多案例都存在条款选择上的争议,如英国《商标法》第10条第1款、第2款或者第10条第2款、第3款之间的竞合,假冒认定也存在这种争议。二者在一定程度上有所重合,并且控诉方很明显会先行提出看似合理的论据。①

第三节　域名和商标

域名和商标之间的关联性并不那么明显。它们只是网址,并不过多地透露超过一个网址本应说明的关于商品或服务来源的

---

①　然而,过去通常认为英国《商标法》第10条第2款和第3款是互斥的,因为第10条第2款需要商品或服务的相似性,而第10条第3款需要商品或服务的相异性。但是,欧洲法院现在使用这种推理是不正确的,请参见第三章第六节第二小节的内容。

信息。① 如果我把我的房屋(或者确切地讲,经营场所)在没有任何混淆视听的目的下称作"微软之家",我是不反对的。诚然,不像命名一座房子,域名是独一无二的,如果我打算给我的车买一个微软网络服务号的个人车牌,我确信同样适用。人们通常不会为了手机号码而走进法院,但企业一直在有关域名分配的审判活动中十分活跃。

几年前,对人们来说仅仅通过输入一个大致可能的域名(如 www.microsoft.com)就可以搜索到该企业这一现象还是挺常见的,但这总归是个碰运气的事,况且很难判定那些使用者是否真的会因访问的网站并非他们所期待的而感到困惑。人人都知道域名是独一无二的,然而公司名称却并非如此。如果我希望得到一系列水果供应商的清单而输入 www.apple.com,我会因为访问了这个知名的计算机公司而感到失望,但这确实不能算是困惑。

也许纠纷产生的原因与互联网用户的困惑与否并无干系。任何一家公司都希望自己网站的点击量最大化,如果能拥有一个能实现这样一个愿景的公司相似的域名,那他们必然为之争取。② 当网络用户和搜索引擎变得越来越复杂,而域名发挥的作用却看似更小了,这时我们就可以期待纠纷本质的转变了。这将会在本章第九节中进行阐述。③

---

① IM Azmi, *Domain Names and Cyberspace: The Application of Old Norms to New Problems*, International Journal of Law and Information Technology [2000] 8(2) 193, p.194. 全文(PDF 格式)可在 www3.oup.co.uk/inttec/hdb/Volume_08/Issue_02/pdf/080193.pdf 查阅。

② 正如雅各布法官在艾维特公司诉爱索艾有限公司案(Avnet Inc. v. Isoact Ltd., [1998] FSR 16)中明确承认的那样,详见第三章第五节第三小节的内容。

③ 与域名相比,英国对电话号码的争论相对较少,大概是因为目录或目录服务得到了普遍使用。下文第三章第四节第三小节中的 800 朵花商标案(800 Flowers Trade Mark)可能是非典型的,并且在任何情况下都可能出现,因为在发生争执时(1993 年),美国的电话听筒技术比英国更先进。

然而，正如我们看到的，法院裁判一直都将域名的相似性视为侵犯公司商标权，但恰恰因为每个域名都是独一无二的，因此在域名选择方面的问题比在公司名称选择上的问题更严重了。就比如说在45种认证的商品和服务分类中，为什么在没有理由的前提下，至少是在原则上，就不允许有着相同名称的公司在不具相似性的商品或服务种类中参与竞争，且在具有相同名称的公司中，只能有一个公司在其域名中使用这个公司名称？此外，无论商标在本质上是否还是司法权的产物，都只有一家公司可以使用自己的名称，正如much-coveted.com一样。

第四节　域名和英国《商标法》第10条第1款

使用一个注册在相同商品或服务上的相同商标作为域名的标识，根据1994年英国《商标法》第11条的侵权阻却性条款，仍然会构成侵权，无论其是否存在使公众产生困惑的可能性（根据第10条第2款），或者没有特定缘由的被告人行为获取不正当利益与否，或者是否损害商标的独特性或其声誉（根据第10条第3款），①也都会被认定为侵权。所以，这就很明显有利于原告，那么在他可能的情况下，就会根据《商标法》第10条第1款进行主张。

尽管如此，一个域名是否与注册商标具有相同性还是不那么明显，因为无论是域名还是商标，在这里都仅限于文本而非形状、标识符号等，甚至大小写字母都失去了意义：②

---

① 关于法院对这些要求的解释，见本书第三章第六节。
② McMahon, http://www2.warwick.ac.uk/fac/soc/law/elj/jilt/2002_2/mcmahon.

> 域名不允许有辨别性,因此"品牌耐克(Nike)不能添上它的钩子,可口可乐(Coca-Cola)也失去了它的标志性字体,健力氏黑啤(Guinness)也没了它的竖琴"。

然而,法院却似乎做好了将 www.nike.com 和 www.guinness.com 视为其各自相应的"Nike"和"Guinness"标志的同等物的准备:①

> 域名管理系统不支持商标的辨别性特征,如大写字母,有艺术效果的字体或者图像设计那些经常在现实世界中采用的商标特征。正因如此,我们注意到法院已经适应了通常的商标规则并只考虑文本本身。

在布拉瓦多案②中,双方的争议焦点就在于文本本身能否被视为与率先在非互联网世界中出现的图像标识相同。原告是知名乐队"湿湿湿乐队"(Wet Wet Wet)注册商标的拥有者。被告出版了一本名为《一个甜甜的小秘密——湿湿湿——一个私密的故事》的图书,而书名中的"湿湿湿"与该注册商标中的字体完全一致,但与该注册商标中的图像表现形式不尽相同。这本书似乎讲述的是该乐队的故事,所以乐队的名字出现在了书的标题上,但该书未经授权。苏格兰最高法院认为,根据《商标法》第 10 条第 4 款(a)项,将标识附着在物品上大体构成违法行为,该字体在被判断与商标是否

---

① Azmi, *Domain Names and Cyberspace: The Application of Old Norms to New Problems*, op. cit. fn.20, p.200.

② [1996] FSR 205,苏格兰会议法院。关于布拉瓦多案的评论(由商标注册处提供),以及这里所考虑的一些其他案例,详见 www.info.gov.hk/ipd/eng/newtrade/work_manual/pdf/Relative%20grounds%20for%20refusal.PDF。

相同时被视为具有一致性。但判决书中没有说明的是,正如上诉人所请求的,这本书将根据原有的法律判决,①但本案却毫无疑问地引用了措辞修改后的1994年英国《商标法》:②

旧法中商标的特征是:你可以仅通过简单地看看就能辨别出一个商标,也就是说,它有图像标识作用。1994年英国《商标法》的一个效果就是将其改变。现在对商标的定义被写进了1994年英国《商标法》第1条第1款:

"在本法中,商标指任何能够以图示表示的、能够将某一企业的商品或服务与其他企业的商品或服务区分开来的标记。

商标可以由文字(包括人名)、图形、字母、数字或商品形状或商品包装构成。"

这个新的定义阐明了"标识"的概念,并说明了"能够以图形表示"的程度;因此,尽管一个商标通过看一眼就可以辨认,但其本身是否是一种图像表现形式并无必要,因为它可能以电子或数字的形式而非图像表现出来。1994年英国《商标法》第103条第2款提出,关于"使用"包括使用不同于图像的表现形式。

所以相应地,即使没有使用某商标的图像表现形式仍有可能构成侵权。

因此,标识仅需能够用图形表示即可。这就可以把其运用扩大

---

① [1996] FSR 205,苏格兰会议法院。关于布拉瓦多案的评论(由商标注册处提供),以及这里所考虑的一些其他案例,详见 www.info.gov.hk/ipd/eng/newtrade/work_manual/pdf/Relative%20grounds%20for%20refusal.PDF, p.209。

② Ibid., p.208.

到数码图像或以此类推到域名的纯文本表现形式。

然而这个案例本身在英国《商标法》第 11 条第 2 款(b)项中有阻却性事由,即该标识仅仅被用来描述这本书的特色。① 但是该案例当前的重要性在于,用以此类推的方法,布拉瓦多商品服务有限公司在域名中的文本使用可以依据英国《商标法》第 10 条第 1 款被认定为构成侵权,②尽管被侵权的注册商标是以图像为特征的。③

一、什么是相同标志?

对于涉及英国《商标法》第 10 条第 1 款的案件,在域名和商标标识相同且该域名在与之相同的商品或服务进行贸易的情形下,这种对域名的使用一度被认为是侵犯注册商标的行为。这种域名纠纷自然而然会在同一种贸易活动中牵涉相同标识的问题,但(根据本章第四节中叙述的关于全球化的问题)域名与商标标识的相同算作侵权确定不需要在相同的商品或服务中考虑吗? 当然,可能有这么两家公司"薛西斯"(Xerxes),他们都从事同样的商业活动,其中一家公司享有该名称的域名 www.xerxes.com,而另一家公司想拥有该名称的注册商标权。里德案④最终被很不恰当地认定为英国《商标法》第 10 条第 1 款的相关案例,尽管这是一起涉及网站使用的电子商务案,但其却没有任何法律问题与域名相关,且这起案件完全可以以非互联网相关案件的形式提出。所以,除非采用一种宏

---

① 本书第三章第十节将进一步考虑这些抗辩措施。
② 毫无疑问,它的用法"与商品或服务有关",并贴在商品上,以满足英国《商标法》第 10 条第 4 款的要求,就像封面标题是"布拉瓦多案"本身一样。
③ 类似的(与互联网有关的)美国判决,见 Jews for Jesus v. Brodsky, DC NJ Civil Action No. 98 -274 (AJL) 3/6/98,也可见 Edwards L. & Waelde C. eds., *Law and the Internet*, 2nd ed., Hart, 2000, p. 139。
④ Reed Executive Plc. v. Reed Business Information Ltd. [2004] RPC 40.

观视野应用于相同商品或服务上,否则英国《商标法》第 10 条第 1 款似乎不大可能会经常应用于此类域名纠纷案中。

域名抢注通常是将相同的标识申请注册在商标中。然而域名抢注却不必然涉及贸易领域,即使他们这么做了,①域名抢注在正常情况下也不会出现在相似的商品或服务中,因此即便商户使用相同的标识在商标上,也不会被英国《商标法》第 10 条第 1 款所制裁。恶搞网站和模仿网站一般也不会进行交易,所以在任何情况下域名都不会与商标精确相同。在它们的注册商标上粉丝团也许会选择和域名一模一样的名字,但其交易(如果可能进行)通常在不相似的商品或服务中进行。②误植域名也许会在相同的商品或服务范围内进行交易,尤其是当他们的目的在于将注册商标的拥有者赶出该商贸活动的竞争时,③尽管如此,域名与商标还是不会完全相同。所以这种情况下的问题就在于,在什么情况下才可以认定域名上的名称与注册商标完全一致?

对于什么可以视为是与商标完全一致的文本的问题,在早期的鲜美实验室有限公司诉福来德科技有限公司案(Decon Laboratories Ltd. v. Fred Baker Scientific Ltd.)(以下简称鲜美实验室案)和里德案一审判决中,人们持相对广泛的观点。④ 这些判决必然会对"模仿网站和恶搞网站纠纷"产生严肃影响。在鲜美实验室案中,庞弗里法官(Pumfrey J.)认为原告是根据英国《商标法》第 10 条第 1 款

---

① 见本书第三章第七节第四小节,其中讨论了在这种情况下成功的可能性(非决定性)。
② 但是,商标所有者本身不一定可以销售促销品,如在阿森纳足球俱乐部公共有限公司诉里德案(Arsenal Football Club plc. v. Reed [2003] Ch. 454)中,足球俱乐部也出售服装。
③ 比较"雅虎印度"案(Yahooindia),在本书第三章第七节第四小节有论述,有人认为这是假冒,因为印度的商标保护不涉及服务。
④ [2001] RPC 17 and [2003] RPC 12, [2002] EWHC1015 (Ch.).

而胜诉的[假使他真的错误地理解了英国《商标法》第10条第1款，但他认为案件(原告)无论如何都会以第10条第2款而胜诉]。这个案子的争议焦点在于，在双方当事人都生产清洗液的情况下，对单词"Decon"后缀上不同字母的变体有所争议。① 在该案判决书的第8段，庞弗里法官写道：

> 附加在被告使用的标志上的东西将大打折扣。这个被广泛使用的原则不是绝对的，而是必须在案件事实的基础上裁判。就比如说，一个单词商标被被告添加几个别的单词来粉饰使其成为自己的标识以致在雅各布法官所给的这组单词中，只有填字游戏狂热分子才会发现被告使用的这个标识根本不包含该注册商标。在英国糖业公司案中，②雅各布法官举出了这个词在短语"剧院气氛"中出现的例子。

庞弗里法官在其判决的另一个案件——里德案中，最初采用的判断标准是被告使用的仅仅附加上不能起到本质区别作用的标识是否不同于原告的注册商标。③ 换句话说，庞弗里法官认为，一个对注册商标再创造或者仅增添了部分文本之于其上的标识将在多数情况下被视为与注册商标相同，④所以在里德案中[同样应用于网站中的部分相同文本"里德·艾斯维尔"(Reed Elsevier)和"里德商业资讯有限公司"(Reed Business Information)标识]，他主张被告的

---

① E.g., "Decon-Ahol".
② British Sugar plc. v. James Robertson & Sons Ltd. [1996] RPC 281.
③ [2003] RPC 12, para.99.
④ 但是，在英国《商标法》第101段中，也有人建议"将类型更改为与已注册的商标明显不同，将足以致使仅商标和标识构成相似，正如另一个名字的添附"。

标识与原告注册商标相同,两者都含有"Reed"一词。

然而,鉴于对英国《商标法》第10条第1款的成功适用减轻了注册商标拥有者举证的令人产生困惑的相似性的负担,因此当有一个案子涉及更狭义的用词标准时,法院确实更不愿判决其具有相似性。欧洲法院在有限散射公司诉萨达斯·福保德案(LTf Diffusion v. Sadas Vertbaudet)[①]中,关于相同性问题的总结如下:[②]

> ……《欧共体指令》第5条第1款(a)项[③]必须被理解为在没有任何改良或增加,标识中所有元素都是注册商标的组成部分的情况下,或者在被视为一个整体时,标识所包含的不同之处微弱到不能被普通消费者所注意的情况下,这个标识与注册商标就被视为是相同的。

欧洲法院的标准被英国上诉法院应用在里德案[④]中。该案虽与互联网相关,但与域名纠纷无关,而是一个关于网站内容的案件。"Reed"被"里德执行公司"注册为商标,后续"里德执行公司"起诉"里德商业资讯有限公司"和"里德·艾斯维尔"在其网站上使用"里德"作为标识。上诉法院认为,根据英国《商标法》第10条第1款的规定,被告不涉及侵权,因为有附加后缀。尽管雅各布法官将欧洲法院的指导描述为是"难理解的",但他认为欧洲法院不打算弱化严格的相同性认定标准。此外,欧洲法院以该标准作为开场白:"商标和标识认定具有相同性的标准必须被严格适用。这个确

---

① Case C-291/00,[2003] ECR I-2799.
② Ibid., para.54.
③ 这与1994年英国《商标法》的第10条第1款(a)项相同。
④ [2004] RPC 40;[2004] EWCA Civ 159; also at www.bailii.org/ew/cases/EWCA/Civ/2004/159.html, paras.20 et seq.

切的相同性定义意味着在相比较之下,两个元素应当在各个方面都相同"。这显然是相同性的狭义标准,雅各布法官改判了庞弗里法官的判决,其认为无论是"里德商业资讯有限公司"还是"里德·艾斯维尔"都不与注册商标"里德"相同。

然而在鲜美实验室案①中,庞弗里法官的判决毫无疑问地受到里德案的影响,注册了"Decon"商标的当事人成功运用英国《商标法》第10条第1款将一个曾使用"鲜美酒"(Decon-Ahol)和各种其他由"鲜美"开头的标识的公司起诉并胜诉。因为后缀成分确实没有什么实质性含义,因此可以很负责任地说附加成分并未改变该标识同注册商标相同的事实。雅各布法官在里德案中认为"棕榄皂"(Palmolive Soap)不必加一些重要的内容在"棕榄"上。法律认定的事实决定了这个标识是如何被使用的,纯粹描述性的添附很少有可能重要于那些事实上的新名称:②

> 就在里德商业资讯公司与里德执行公司开战的时候,双方商标构成成分并不完全相同,举例来说,在一个句子中使用"里德":"从里德中得到商业资讯。"在后者的案件中,只有注册商标的里德。而在前者中,这个名称是作为整体出现的"里德商业信息"。对于大写字母的使用也是在视觉上区分二者的关键——它可以将"商业信息"作为名称的一部分传递给普通消费者。如果被增加的词汇是完全具体地描述性词语时,就真的没有什么必要了(就比如说"棕榄皂"之于"棕榄")。但是"商业信息"并不是那么具有描述性,相比之下它更为宏观。

---

① [2001] RPC 17. 然而,公平地说,这两项决定都没有得到明确批准。
② [2004] RPC 40,para.37. 里德案中的另一个问题是,索赔人和被告提供的服务是否相同(上诉法院再次推翻庞弗里法官的判决,认为不相同)。

一个狭义的标准同样被莱迪法官(Laddie J.)在指南针出版社诉指南针物流案(Compass Publishing v. Compass Logistics)中指出:①

> 对我来说《欧共体指令》第9条第1款(a)项对于注册商标业主的益处在于免除了业主不得不举证证明能够产生困惑的相似性的负担。这个益处只有在商标和标识相似到二者可以互相替换的这类案件中才能得到保障。无论如何,一致性仍存在于用非专家的眼睛或耳朵感知到的标记的外观和声音。普通公众无法注意到的差别可能被忽略,要通过并排比较或者20世纪40年代的英国广播公司新闻主播的发音才能够识别。这些细小差别存在之处在市场中可以认定注册商标和标识相一致。

这一定是如此的相似以至于不再有必要去证明足以令公众产生困惑。雅各布法官认为"指南针物流"不同于"指南针"(尽管在这起事件中,指南针出版社根据英国《商标法》第10条第2款索赔成功)。

然而,正如我们在里德案中所见到的,纯粹描述性附加词多数情况下产生的作用都影响甚微。因此在域名纠纷中,错别字、模仿网站以及恶搞网站也许都会被视为使用同注册商标相同的标识。根据上述标准,"徽软"和"微软恶搞"或许都会被认定为与"微软"相同的标识。故意利用错别字混淆视听的行为通常也会符合《商标法》第10条第1款的其他构成要件。模仿网站和恶搞网站通常情

---

① [2004] EWHC 520 (Ch.), www.bailii.org/ew/cases/EWHC/Ch/2004/520.html, para.20.

况下不会从事交易行为,而且就算他们真的从事该行为,比如说销售"微软恶搞"牌短袖或者马克杯,这也不算是从事与被模仿品牌相同的商业业务。① 因此《商标法》第 10 条第 1 款在实践中可能就会被限定使用在域名不正当竞争和错别字混淆视听纠纷中(根据本书第三章第四节第二小节所述)。

二、什么叫作相同的商品或服务?

英国《商标法》第 10 条第 1 款不仅要求标识和注册商标具有一致性,还要求其使用范围限于相同的商品或服务中。相似的商品或服务不在讨论范围内(在英国《商标法》第 10 条第 2 款中会有所规定)。

艾维特公司诉爱索艾有限公司案(Avnet Inc. v. Isoact Ltd.)(以下简称艾维特案)是一个关于"avnet.co.uk"域名纠纷的案件。② 原告选择只依据英国《商标法》第 10 条第 1 款作为请求权基础。虽然域名中的标识和注册商标相同,但其提供的服务不同于注册商标所列范围。作为原告的这家美国公司,是一个通过产品目录销售货物的商家,并且在英国注册了"AVNET"商标使用于"广告、促销服务等包括在第 35 等级的内容"。除了具体的产品目录,他们还有服务于自己目录业务的网页,目录包含了不同供应商的货物,而给供应商的要价就是基于此而定的。

被告方是一家互联网服务供应商,主营航空业务。他们称自己为航空网络或航空网,并以航空网的名称注册了"avnet.co.uk"的域名。该网页用于在他们的广告上陈列他们可提供的包括允许其

---

① 他们也不大可能满足英国《商标法》第 10 条第 2 款的混淆要求,但可能违反第 10 条第 3 款的规定,请参见本书第三章第六节的内容。

② [1998] FSR 16, also described in Edwards & Waelde, *Law and the Internet*, op. cit. fn. 31, p. 138.

客户在本公司网页上进行广告宣传的空间使用条款。然而，他们不提供任何建议或者剪辑设备。

原告的侵权诉讼败诉了，被告仍保有原域名。① 虽然在本案中，使用的域名和注册商标完全一致，但被告所经营的服务范围与注册商标所列内容却不一致。雅各布法官作出判决的部分原因在于对服务范围的直接比较。被告方进行的间接广告宣传仅是让他们的顾客在自己的网站上发布任何顾客想要发布的内容而已，这与"一个提供给别人设备去建造图书馆的人自己不是图书管理员"的道理一致。被告方同样没有像广告代理商一样协助他们的客户去编写他们的话术；也没有在如何打广告方面提供任何建议，比如在哪里张贴广告，在给定的价格下，在哪部分做文章更好；当然，被告更没有要求或者预见到他们的客户使用他们的网站来打广告。雅各布法官也认为，在被告注册时的商标注册惯例下，其相关服务行为可以被认为与服务项目第 42 等级②而非第 35 等级相关。③ 因此，法官认为商标注册惯例与这起案件相关。

雅各布法官以不得不采取一种更为宽泛的视野来看待经营服务领域的相似性，并将其作为前言来阐述自己的观点：

> 在我看来，服务的说明书应当被仔细审查，而不是仅给出覆盖众多活动内容的宽泛架构。说明书应当限于实质，像它原本一样，可能是这个相当笼统的短语的含义的核心。

---

① 该站点仍然存在，显然其仍然属于被告，现在被称为飞行员网络。请注意，这是用于进行简要判断的应用程序，因此最终未解决问题。
② "科学技术服务及相关研究设计；工业分析和研究服务；设计和开发计算机硬件和软件；法律服务。"
③ 考虑到商标注册的实践，他遵循通用电气商标案的思路，[1969] RPC 414。

像上诉法院法官雅各布,他就是在里德案中采用了相同的视角。① 原告方"里德招聘"在就业机构服务领域注册了"里德"作为商标。他们在实际上是一个有着自己网站的职业介绍所。被告方从事杂志销售工作,多数杂志内容都与介绍工作有关,后来又设立了一家自己的网站,叫作"工作一网打尽"(totaljobs.com),一个在本书写作时仍存在的网站。被告并没有在域名中使用"里德"这个名称,而是在其商标中使用,并想在其网站的主体部分用以版权声明。正如我们所见,上诉法院认为,被告标识不同于原告的注册商标,而且就算他们的标识一致,他们也并没有在相同的领域使用。在雅各布法官看来,被审查对象关键在于原告,而非被告,而且原告只提供给雇主那些他们认为适合的人选:②

　　……这里的核心要素在于由代理商对人选适合与否的审核,而这一点不同于"工作一网打尽"。

被告方只提供发布服务,并不是一个行为代理人。显然,被告对于求职者而言并非一个中介公司。③

在里德案中,商标注册惯例的证据没有被提及,法院基于双方提供不同服务的事实差异作出判决。法院显然也不愿对索赔人要求的活动有广泛的了解。

当一个相同的商标涉及不同的商品时不会给你带来英国《商标法》第10条第1款的效果。在与互联网无关的英国糖业公司案中,④法官雅各布认为该案与被告的货物本应该被注册在不同的类

---

① [2004] RPC 40; [2004] EWCA (Civ) 159, para.43.
② Ibid., para.61.
③ Ibid., para.62.
④ [1996] RPC 281.

别有关,原告将"Treat"一词注册在了包括甜品酱和糖浆在内的第30类品种项下。被告将他们的果酱或者涂料称作"太妃 Treat"。法官认为商品不构成相同的部分原因在于,在他看来,这不仅是甜品酱;还有部分原因在于有证据表明他们本可以在包含果冻和果酱在内的第29类品种项下注册,而非第30类。

从中可以看出,当涉及错别字混淆,少量的粉丝团案件[比如阿森纳足球俱乐部公共有限公司诉里德案,其中被告生产经营的商品完全相同于那些被商标拥有者生产出来的产品],以及将在下文讨论的域名纠纷案,①即使被告使用与原告注册商标相同的域名,根据英国《商标法》第10条第1款(a)项原告胜诉的可能性也很小。

三、全球化问题

注册商标是司法管辖权下的产物,所以薛西斯在法国经营花店生意总体来说不会对一家在英国进行花店贸易的同名为"薛西斯"的公司造成侵权。然而网站却有可能被世界范围内的各个地区所接触或者看到,所以即便是这家法国公司仅在法国服务器上使用注册为"www.xerxes.com"的域名,原则上讲也会对英国的同名公司造成侵权。这就是在互联网中产生的具有全球化性质的问题。②

然而英国法院认为,即使一个网页可以在全球范围内被接触到,法院也应该聚焦于诉讼当事人的目标市场。法院不一定非要假设它打算成为全球出版物,因此即使当事人主要针对特定管辖范围

---

① 王子诉王子案(Prince v. Prince)([1998] FSR 21)中的"王子"是另一种域名与注册商标相同,但公司在不同地区运营(针对体育用品的计算机服务)。尽管没有明确认定不存在商标侵权,但这显然表明该判决的立场。

② 见班布里奇网站, http://www2.warwick.ac.uk/fac/soc/law/elj/jilt/2003_1/bainbridge。

进行交易,那也可能侵犯到世界其他地方的商标。在800朵花商标案①中,一家名为"1~800朵花企业"的美国公司因其在美国的电话号码为"1-800-FLOWERS"而在英国申请"800-FLOWERS"作为商标。英国的电话号码经销商成功地驳回了这一申请,理由就是英国已有"0800-FLOWERS"这一号码。驳回这一申请的根据之一就在于,申请人并没有在英国使用该号码进行交易的意图,申请人的商业贸易(花卉运输业务)完完全全都在纽约州境内。雅各布法官是这么驳回申请人提到的美国商标在全网的公示必然包括英国在内的复议内容的:②

  互联网的相关性也同样适用于"1-800-FLOWERS"。这个名称(包括加上"企业"2字之后)适用于网站。霍布斯先生(Mr. Hobbs)[代表申请人]认为在任何网站上对任何商标的使用,不论这个商标用户的地址在哪,都会因无处不在的网络的使用而产生在世界任何地方被侵权的可能;同时将一个商标置于网站的行为也就意味着将一个"触角"植入了电脑用户的契约前言。我用一个例子来反驳上述主张吧,比如因为当地的物流业很难将鱼卖往全世界,甚至全国,于是一个布特尔市(Bootle)的鱼贩子将他的货物和标价放在了自己的网站上。某国的某网络浏览者如果碰巧看到了这一消息,只会说"这又不是为我准备的"并接着浏览其他内容。对于商标法来说,如果网站所有者不打算向全世界宣传,而只是向当地客户宣传,并企图任何看到这个网站的人都会理解他的本意,这将是荒谬

---

① [2001] EWCA Civ 721;[2000] ETMR 369;[2000] FSR 697.
② [2000] FSR 697,p.750.

的。因此,我认为,仅出于商标目的,就可以在世界任何地方访问网站这一事实并不意味着法律应将其视为在世界各地使用。这完全取决于环境,尤其是网站所有者的意图以及读者访问该网站时了解的内容。在其他法律领域,网站上的出版物很可能构成通用出版物,但我对此并不担心。

在欧洲市场设计公司诉彼得斯和板条桶有限公司案①(Euromarket Designs Inc v. Peters Crate & Barrel Ltd.)(以下简称板条桶案)中法官也持类似观点,雅各布法官认为,如果该网站仅针对本地市场,仅仅建立一个网站就不会在全世界开展业务。这是一家美国公司和一家爱尔兰公司产生的争执,这家美国公司在英国拥有用于家居用品和家具的"板条桶"商标,该公司在一家名为板条桶的商店注册了域名"www. crateandbarrel-ie. com",以及后来的"crateandbarrel. ie",用于自己的类似业务(也包括家庭用品和家具)。② 但是,这家爱尔兰公司并未将其广告瞄准本地市场,因此被裁定未侵犯索赔人的商标。③(实际上,两家公司在英国均没有任何实质性贸易)雅各布法官解释如下:④

  无论是通过搜索还是直接使用地址到达该网站,判定被告在英国进行货物贸易时使用"板条桶"一词是否合理?如果合理,则必须遵循被告在世界上每个其他国家使

---

① [2001] FSR 20.
② 该案仅针对根据英国《商标法》第 10 条第 1 款提出的同一商品,不依赖第 10 条第 2 款。
③ 的确,它甚至在英国未使用的基础上,成功地申请了商标撤销。
④ [2001] FSR 20, para. 24.

用该词的情况。维多利亚小姐(Miss Vitoria)[代表美国公司]说,互联网是全世界可以访问的。因此,没有任何理由怀疑用户,任何用户都会将其视为"为他服务"的网站。我在800朵花商标案中列举的布特尔鱼贩案例就是这种情况,她接受了,但仅此而已。我认为这不是那么简单。在800朵花商标案中,我拒绝了网站所有者应被视为将触手推到用户屏幕上的人的建议。[爱尔兰公司的]米勒先生(Mr Miller)在这里使用了另一个比喻。他说,使用互联网更像是用户将超级望远镜对准相关站点。他让我想象一下在威尔士山(Welsh Hills)上俯瞰爱尔兰海(Irish Sea)的这种望远镜。我认为在这种情况下,米勒先生的比喻是恰当的。您可以通过网络查看都柏林(Dublin)的被告商店。确实,正是这种语言和互联网传达了用户访问网站的想法。其他情况可能会有所不同,一个著名的例子是"亚马逊网站"(Amazon.com)。总部设在美国的它积极地寻求全球贸易,不仅通过在互联网上使用该名称,而且还通过在此处进行广告宣传以及向该国提供和经营真正的图书供应服务。而这些被告没有做任何与之相关的事情。

在板条桶案中,尽管被告是一家公司,并且从域名中删除了"Ltd.",但由于英国《商标法》第11条第2款,其本身的名称辩护也获得了成功。① 将自己的名称辩护应用于公司名称的做法现已被里

---

① 请注意,由于使用商标必须符合工业或商业事务的诚实惯例,因此附加条款将防止伪造新的公司名称来破坏现有商标。

德市上诉法院批准。①

雅各布法官在这两个案件中的观点(如果正确)产生的影响,结合自己的名称辩护的应用,使域名纠纷不太可能被互联网必需的全球化本质所影响。但是,从上面引用的段落中还可以清楚地看到,对 www.amazon.com(亚马逊网址)这样的网站将有所不同,该公司显然打算在这个市场上开拓全球市场。

第五节　域名和英国《商标法》第 10 条第 2 款

英国《商标法》第 10 条第 2 款既不要求域名与商标相同,也不需要在与注册商标相同的商品或服务相关的标志上使用,只要使用标志会造成"公众混淆的可能性,其中包括与商标关联的可能性",就足够了。如果域名抢注不在英国《商标法》第 10 条第 1 款之内,则其通常肯定会在第 10 条第 2 款之内,因为商品或服务很可能是相同的,混淆是域名抢注的目的。奇怪的是,尽管标志和商标之间具有相似性,但模仿网站和恶搞网站的行为通常不会低于英国《商标法》第 10 条第 2 款的标准,因为即使在交易过程中使用了标志,也不太可能是与类似的商品或服务有关的使用,不太可能引起混淆。

总体而言,法院对互联网环境下商品和服务的相似性产生混淆的观点很狭窄。就域名和商标之间的相似性而言,他们可能采取类

---

① 总体上请参见有关抗辩的本书第三章第十节的内容。奇怪的是,www.crateandbarrel-ie.com 和 crateandbarrel.ie 似乎都已恢复为美国公司。一个可能的解释是,这仅是对简易判决的申请,在全面审判中双方可能发现了不同的事实。在第 5 段中,有人暗示爱尔兰公司通过看到索赔人在美国的一家商店而了解了他们的商店[以及"板条桶"(Crate & Barrel)的名称]。但是,由此认为此案的提出是基于这一指控(在申请简易判决的申请中没有得到证明)是不正确的。另一个可能的解释是,法院在审理此案后进行了商业安排。

似的狭义观点。实务案例通常都是如此。在英国一流品牌有限公司诉欧洲台风有限公司案（Premier Brands UK Ltd. v. Typhoon Europe Ltd.）①中,纽博格法官认为,众所周知的茶叶商标"台凤"（Typhoo）与被告进行交易的商标"台风"（Typhoon）之间没有令人困惑的相似之处,尽管两者在听觉上相似。一个是字典中含有的单词,另一个是虚构的单词。并且该判决是基于缺乏混淆的证据作出,但是在纽博格法官的判断中也很难发现有任何来扩展《商标法》第10条第2款适用范围的倾向。

一、相同名称和相似商品或服务

大多数诉讼是由"域名争夺"引起的,两家公司以相同的名称和类似的商品或服务进行交易。在英国糖业公司案②中,雅各布法官说,1994年英国《商标法》第10条第2款中规定的"相似商品"类别很窄,近似于第12条第1款中对"相同描述商品"检验的规定。1938年英国《商标法》（旧法）还将商品的相似性（甜点酱与涂抹酱相比）与混乱问题分开处理。检验货物的相似性是一项客观检验,仅取决于与货物本身有关的因素,在英国糖业公司案中,由于货物不相似,因此从未出现混淆可能性的问题。雅各布法官认为,这样做是为了取消对相似性和混淆性的考验,与"弱"标记相比,"强"标记可以保护更大范围的商品。③

然而,欧洲法院采取了不同的解释,即全球评估。混淆产生的可能性不仅取决于商品的相似性,还取决于"市场上商标的识别"。

---

① [2000] FSR 767. 台风是一种厨房用品。本案在本书第三章第六节第三小节有更全面的讨论。
② [1996] RPC 281. 该案也在[1997] ETMR 118中报告（部分）。
③ Daimler Chrysler A. G. v. Javid Alavi (T/A Merc) [2001] RPC 42, para. 78.

换句话说,正是基于雅各布法官拒绝的观点,即商标越独特,可以被视为相似的商品和服务的范围就越广。① 在里德案中,雅各布法官观察到:②

> 法院已经制定了"全球评估"标准[萨贝尔第 22 段(Sabel para. 22),劳埃德第 18 段(Lloyd para. 18)]。这就要求法院考虑所有情况。

起初,庞弗里法官在总结欧洲法院判决的效果时发现,欧洲法院得出了这样的结论:③

> 与非常独特的商标混淆的可能性更大。④ 这是一个非常令人惊讶的主张(也许只是一个假设,因为这不可能是一个法律问题),因为通常较容易区分一个著名的商标和其他与之相近的商标。但是在我看来,当人们考虑使用设备标记时,它更有意义。我很难理解它如何影响商品的相似性,但这是法律的规定。

---

① 其在 Canon Kabushika Kaisha v. Metro-Goldwyn-Mayer Inc. [1999] RPC 117(在 Edwards L. & Waelde C., *Law and the Internet*, op. cit. fn. 31 p. 141)中表达得最为清楚,其推理是对先前 Sabel BV v. Puma AG [1998] RPC 199 裁决的扩展。这句话引自《欧共体指令》序言的第 10 句话,在 Canon 案中,Jacobs 检察长意见的第 39 段和判决的第 15 段都有被引用。

② [2004] RPC 40,第 79 段。提到的 Lloyd 案是 Lloyd Schuhfabrik Meyer & Co. GmbH v. Klijsen Handel BV [1999] ECR I -3819;[1999] ETMR 690。

③ 在一审中,[2002] EWCA 1015(Ch.),[2003] RPC 12,第 103 段。他的观点也被采纳,[2004] EWCA(Civ)159,第 78 段。另见 DaimlerChrysler AG v. Javid Alavi (T/A Merc)[2001] RPC 42,第 80 段。

④ 他引用了 Sabel v. Puma [1997] ECR I -6191, Canon v. MGM [1998] ECR I -5507;[1999] RPC 117 和 Lloyd v. Klijsen [1999] ECR I -3819;[1999] ETMR 690。

在上诉法院中,对于雅各布法官来说,与其说与非常独特的商标混淆的可能性更大,或者与著名商标的混淆更容易产生,不如说相反的主张更能被他接受:①

> ……尽管我同意法官对法院关于"非常独特的商标被混淆的可能性更大"这一事实主张的质疑,但与其相反的主张还是有道理的。

换句话说,标识与知名度较低的商标(大概是"里德")混淆的可能性较小。

从纯粹事实的角度来看,与著名商标的混淆更容易产生的观点难以被证实;事实上,人们可能会认为情况恰恰相反。欧洲法院针对英国《商标法》第10条第2款的引用似乎并不是建立在合理的事实推论的基础上的,②而仅仅是出于保护著名商标的愿望,其可能在很长一段时间内已经进行了大量投资。这似乎是有目的的,而不是字面意义的解释。

"里德"不是一个著名的商标。此外,在里德案中,雅各布法官观察到,人们早已认识到它与以描述性商标为主的商标混淆的可能性较小。③ 常见的姓氏也是如此,如里德。测试"普通消费者"是否存在混淆的风险与在假冒案件中所使用的混淆测试没有什么不同,并且从整体上看,雅各布法官认为在里德案中被告没有实施《商标法》第10条第2款规定的侵权行为。

---

① [2004] RPC 40, para. 83.
② 或者,更准确地说,《布鲁塞尔公约》第5条第1款b项,其措辞几乎相同,并被认为具有相同的效力。辉瑞有限公司诉欧洲食品链(英国)有限公司案[Pfizer Ltd. v. Eurofood Link (UK) Ltd.][2001] FSR 3,第20段。
③ [2004] RPC 40, paras. 83–86.

二、判定标准

在里德案①中庞弗里法官采用的下列手段被上诉法院接纳：②

如果这是 1994 年英国《商标法》第 10 条第 2 款的情况，欧洲法院在许多情况下都考虑了比较的性质和要考虑的因素。有关《电子商务指令》相应条款的案例，即第 5 条第 1 款和第 5 条第 2 款……③从这些案例中，我得出以下命题：

1) 根据第 5 条第 1 款（b）项，比较不是用于符号比较的简单标记。相反，它涉及对有关商品或服务的来源产生混淆的可能性进行全球评估。这涉及对商标的独特性的评估，并涉及对仿冒案件中许多熟悉的因素的评估（萨贝尔、劳埃德）。

2) 在考虑混淆可能性时要站在普通消费者的立场考虑，既不要太细心也不要太粗心，但要谨慎，要有足够的信息和观察力。必须考虑到消费者的回忆会存在不准确的情况，当然这会随所涉及的商品的不同而有所不同（在车站售货亭购买的费用与一生一次的 50,000 英镑会涉及不同的考虑因素）。

---

① ［2003］RPC 12, para. 103.
② ［2004］RPC 40, paras. 78-79.
③ Pumfrey J. cites Case C-251/95 Sabel v. Puma［1997］ECR I-6191, Case C-39/1997 Canon v. MGM［1998］ECR I-5507,［1999］RPC 117, Case C-342/97 Lloyd Schuhfabrik Meyer & Co GmbH v. Klijsen Handel BV［1999］ECR I-3819,［1999］ETMR 690 and Case C-425/98 Marca Mode CV v. Adidas AG［2000］2 CMLR 1061.

3)商标应被视为一个整体。必须考虑到标记和符号的某些方面将比其他方面更具特色和优势的事实,评估两者所有相关的相似性(视觉、听觉、概念上的相似性)。

4)"关联可能性"一词是对本规定所涉来源的混淆的一种解释。这与原产地的混淆(萨贝尔、佳能、马卡模式)一样,不是侵权的另一种类型。

5)很有可能会混淆非常独特的商标(萨贝尔、佳能和劳埃德)……①

6)除非在公众心目中创造商标与标志之间的关联,否则不构成侵权,除非这还带有欺骗性,即带有标志的商品的经济来源(马卡模式、佳能)。

在上诉法院中,雅各布法官观察到该测试类似于本书第三章第七节讨论的商标仿冒。

三、互联网案件中混淆的风险较低

实际上,在域名与注册商标相同但商品或服务不相同的情况下,英国法院似乎不愿适用英国《商标法》第 10 条第 2 款,原因是在互联网案件中,混淆的风险非常低。但是,这些案件必须没有涉及诸如"可口可乐"之类的真正有力标记,否则在这些标记下可能会得出不同的结果。

正如我们所见,在里德案中,被告是刊登广告的杂志的发行人。当他们通过建立网站"www.totaljobs.com"扩展业务时,其业务与索赔人(一家注册了"里德"商标的职业介绍所)的业务类似。被告

---

① 在这里,潘弗雷(Pumfrey)法官对上述"令人惊讶的命题"发表了评论。

的网站上包含"里德商业资讯有限公司"和"里德·艾斯维尔"的徽标,但正如我们所看到的,上诉法院不接受这些徽标与索赔人的商标相同,也不认为二者所提供的服务完全相同。索赔人还根据《商标法》第 10 条第 2 款主张侵权,因为该标志类似于该商标,并被用于类似服务。一开始,庞弗里法官认为:①

> ……当两个交易商的商标相似且令人困惑时,它们在彼此完全不同而又不会实质性地影响另一交易者(或出现在另一交易者的雷达上,去使用其中一位证人的隐喻)的领域内运作时,则不用说,如果其中一位证人扩展其活动,结果可能导致一种风险的产生,即以前纯粹的混乱会欺骗并损害商誉,这名交易员有积极的责任采取必要的措施将风险降至零。这就是本案的大部分内容。

庞弗里法官认定存在违反了英国《商标法》第 10 条第 2 款的侵权行为。如果这种观点是正确的,那么对于任何交易者来说,创建一个网站来扩展其活动将使他们的生活陷入困境,因为该网站的名称与另一家经营类似业务的交易商的名称相似,但是在上诉法院中,雅各布法官坚决不同意庞弗里法官的观点。② 正如我们在本书第三章第四节第二小节中所看到的,在艾维特案中,域名与商标相同,服务相似但不相同。令人惊讶的是,原告仅提出英国《商标法》第 10 条第 1 款的侵权主张,并不依赖第 10 条第 2 款,但雅各布法官对此发表了评论。考虑到搜索引擎的性质以及互联网用户的复

---

① [2003] RPC 12, para. 22.
② [2004] RPC 40,第 90 段。www.totaljobs.com 现在没有提到"Reed",包括元标签中 www.reed.co.uk,其现在是由索赔人"Reed Executive"拥有的。

杂程度,他认为实践中不会出现任何混淆:①

> 原告真正担心的不是被告将以任何方式与他们竞争。被告并未如此。他担心的是,"航空网"一词会引起混淆,搜索引擎之类的东西会产生错误的"航空网",而寻找它们的人可能会放弃或以某种方式陷入混乱。很难看到后者如何发生,因为他会立即看到他没有得到有关半导体芯片的广告,而只有与航空有关的事情。
>
> 互联网的一个普遍问题,是它只处理单词而不处理涉及商品或服务的单词。因此,无论何时只要有人搜索该单词,即使搜索者在上下文中搜索该单词,他也可能会在完全不同的上下文中找到网页或数据。
>
> 这就是原告提起诉讼的原因。当然,互联网的用户也知道这是互联网的特征,并且他们的搜索可能会产生完全错误的网页等。这可能是法院在考虑商标和类似问题时要考虑的重要问题……

这暗示司法机关不愿在这种情况下适用英国《商标法》第10条第2款,因为没有暗示被告有假冒行为,而且实际上,上诉法院在里德案中也没有发现被告侵权。无论如何,即使被告有侵权行为,也将会根据英国《商标法》第11条第2款提出抗辩理由,因为被告只不过使用了自己的名字而已。②

---

① 例如 Edwards L. & Waelde C., *Law and the Internet*, op. cit. fn. 31, p. 141。在 Prince v. Prince [1998] FSR 21 中也被认为没有产生混淆(见前文第57段)。这两起案件都是相同商标、类似商品/服务的案件。

② 里德认为,在冒充案件中通常会采用自己的名字辩护。本书第三章第十节讨论了抗辩。

由此可能得出结论,英国《商标法》第10条第2款在域名纠纷案件中会被限制使用。当然,该结论将更明确地被适用于域名抢注和"雅虎印度"案①等案件,无论是在诸如仿冒网站或是恶搞网站等意图模仿的情况下,还是在商标交易过程中(尽管这最后一项更可能属于英国《商标法》第10条第3款涉及的范围)。

第六节　域名和英国《商标法》第10条第3款

与英国《商标法》第10条第2款相同,第10条第3款(使《电子商务指令》第5条第2款生效)要求标志必须与商标相同或相似,并用于不同的商品或服务。英国法律没有明确的混淆要求,但商标必须在英国享有声誉,并且使用该标志在无正当理由的情况下不公正地利用或以不利于独特字符或商标的方式行事。第一种发生在被告不公平地使用商标来增加自己销售额的情况下;第二种方法在美国法律中被描述为商标的模糊化,要么对其进行变色(实际上是对它进行垃圾处理),要么对其进行稀释(实际上是使商标变淡)。英国《商标法》第10条第3款是在1994年增加的,属于欧洲而不是英国的商标保护传统。

制定英国《商标法》第10条第3款的部分目的似乎是确立已在美国或至少在欧盟部分地区存在了一段时间的法律。② 以下解释是从阿迪达斯—所罗门股份公司诉健身世界贸易有限公司案(Adidas-Salomon AG v. Fitnessworld Trading Ltd.)(以下简称阿迪

---

① Yahoo! Inc. v. Akash Arora [1999] FSR 931. 在第三章第七节第四小节中讨论。

② See Premier Brands UK Ltd. v. Typhoon Europe Ltd. [2000] FSR 767, p.787; 86a C -408/01 Adidas-Salomon AG v. Fitnessworld Trading Ltd. [2004] Ch. 120.

达斯—所罗门案)的辩护律师意见中得出的：

损害商标独特性的概念反映了通常称为稀释的现象。该概念最早是由弗兰克·谢克特(Frank I. Schechter)在《哈佛法律评论》(*Harvard Law Review*)第40期"商标保护的合理基础(1927年)"上明确提出的。他主张保护商标免受侵犯，商标所有人所受伤害超越了因使用相同或相似的商标而对相同或相似的商品或服务造成来源混淆的伤害。谢克特将他所关注的伤害类型描述为"逐渐减少或分散特点并保持公众意识"的某些标记。但是，他认为，只有"任意捏造或虚构商标"才能从这种保护中受益。美国法院对某些商标的所有人进行了一段时间的保护，以防止其被淡化，法院增加了很多描述商标淡化的词汇，比如，用减少、淡化、虚弱、削弱、破坏、模糊、侵蚀和阴险地蚕食来形容……在联邦法层面，1995年《联邦商标稀释法》(Federal Trade Mark Dilution Act)为稀释著名商标提供了提起联邦诉讼的理由。该法将稀释定义为"降低著名商标识别和区分商品或服务的能力……"在这种经典意义上，稀释的实质是商标独特性的模糊化，意味着它不再能够引起其与注册和使用该商标的商品的直接关联……因此，再次引用谢克特的话："……例如，如果您允许劳斯莱斯的餐厅，劳斯莱斯的自助餐厅，劳斯莱斯的裤子和劳斯莱斯的糖果，10年之内就不会再有劳斯莱斯的商标了。"

相比之下，损害商标声誉的概念(通常称为"商标的降级或失去光泽")描述了一种情况，正如比荷卢3国法院(Benelux Court of Justice)在众所周知的"克拉雷恩/克拉瑞恩"(Claeryn/Klarein)判决中所指出的那样……①使用侵权标志的商品以某种方式吸引了公众的注意，从而影响了商标的吸引力。该案涉及与荷兰杜松子酒的

---

① Case A 74/1, judgment of 1 March 1975, Jurisprudence of the Benelux Court of Justice 1975, at p.472.

标记"克拉雷恩"(Claeryn)发音相同的液体洗涤剂的"克拉瑞恩"(Klarein)标记。由于两个商标之间的相似性,消费者在饮用"克拉雷恩"杜松子酒时可能会想到清洁剂,清洁剂商家持有"克拉瑞恩"商标被认为侵犯了"克拉雷恩"商标……

与此相反,利用商标的显著特征或声誉的不公平优势的概念必须包括,"在著名商标的衣襟上有明显的剥削和搭便车或试图以其声誉进行交易的情况……"如劳斯莱斯有权阻止威士忌制造商利用劳斯莱斯商标的声誉来推广自己的品牌……

在美国,《拉纳姆法》(Lanham Act)(即《美国联邦商标法》)第145条将稀释定义为:

> ……不论有无以下情况,都会降低著名商标识别和区分商品或服务的能力:
> (1)著名商标所有人与其他当事人之间的竞争,或者
> (2)混乱,错误或欺骗的可能性。

尽管英国法院一直很愿意扩展商标污损和(在较小程度上)搭便车的概念,但他们非常不愿意接受稀释的概念。而且英国法院和欧洲法院的观点似乎存在分歧,英国法院不得不扩大对著名商标的保护。在本章的上下文中,这可能会对仿冒网站、粉丝俱乐部等产生重大影响,这些网站以与商标持有人不同的商品或服务进行交易。

一、不要求有混淆的可能性

最初,英国法院不愿适用英国《商标法》第10条第3款,[①]因为

[①] See Oasis Stores Ltd's Trade Mark Application [1998] RPC 631 and Audi-Med Trade Mark [1998] RPC 863, under the similarly worded s 5(3).

考虑到如果英国《商标法》第 10 条第 2 款需要混淆,那么鉴于商品或服务甚至都不相似,根据英国《商标法》第 10 条第 3 款认定混淆是不合逻辑的。在英国电信诉"百万分之一"有限公司案(BT v. One in a Million)(以下简称"百万分之一"案)的诉状中,担任高级法院副法官的乔纳森·桑普顿(Jonathan Sumption QC)和上诉法院都无须对这一问题作出裁决,因为双方使用内容显然已形成了混淆(该案将在本书第三章第七节第四小节详细讨论)。① 但在当时没有明确提及欧洲法院的情况下,此案悬而未决。②

如果英国《商标法》第 10 条第 3 款仅适用于与受商标保护的商品或服务不相似的地方,则英国早期裁决所采用的立场有一定的逻辑,因为这从字面上看就是英国《商标法》第 10 条第 3 款(b)项的含义。换句话说,在商品和/或服务相似的情况下,仅需要确定混淆的可能性。如果要确定它们不相同,则双方还需要满足英国《商标法》第 10 条第 3 款的附加要求。

随后欧洲法院认为,本节旨在对驰名商标提供额外的保护,无论其是否存在混淆的可能性。在萨贝尔诉彪马案(以下简称萨贝尔案)的判决中,法官引用下列条款:③

《欧共体指令》第 5 条第 2 款……[允许]驰名商标的

---

① 上诉法院裁定,根据"百万分之一"案(见本书第三章第七节第四小节)上诉法院在"百万分之一"案中裁定,根据英国《商标法》第 10 条第 3 款的规定,其内容构成混淆,但这一观点表现并不鲜明,上诉法官奥尔德斯(Aldous LJ)在第 926 页采取的立场是:"我不满意第 10 条第 3 款的确要求将其用作商标使用,也不满意其使用必须引起混淆,但是,我准备假设是这样的。"[1999]1 WLR 903.

② Sabel BV v. Puma AG[1998] RPC 199.

③ [1998] RPC 199, p. 223. 另见 Premier Brands UK Ltd. v. Typhoon Europe Ltd. [2000] FSR 767,第 785 页,但参考 Pfizer Ltd. v. Eurofood Link (UK) Ltd. [2001] FSR 3, paras.54、59,其中英国《商标法》第 10 条第 2 款和第 10 条第 3 款被认为是相互排斥的。

所有人阻止他人无正当理由使用与其商标相同或相似的标志，并且不需要提供有关混淆可能性的证据，即使商品之间没有相似之处。

但是，这只是法官的附带意见，其讨论主要针对《欧共体指令》第 5 条第 1 款(b)项，相当于英国《商标法》第 10 条第 2 款。

在"百万分之一"有限公司上诉之后，欧洲法院又回到了混淆的问题，即在通用汽车公司诉裕普隆（待批准）公司案（General Motors Corp v. Yplon SA）（以下简称雪佛兰案）①中，该法院直接用《欧共体指令》第 5 条第 2 款审议了第一起案件。欧洲法院似乎毫不犹豫地接受了被告没有混淆的必要。此案被告使用"雪佛兰"（Chevy）名称作为清洁剂，因此其几乎没有理由与"雪佛兰"（汽车和货车的注册商标）混淆。雅各布法官认为:②

> 首先应当注意到，与《欧共体指令》第 5 条第 1 款(b)项相反，《欧共体指令》第 5 条第 2 款没有要求公众混淆的可能性。有人认为，在《欧共体指令》第 5 条第 2 款中隐含了混淆的要求，因为在《欧共体指令》第 5 条第 1 款(b)项中，当相应的商品或服务相同或相似时，应该要求混淆，这似乎是自相矛盾的。根据《欧共体指令》第 5 条第 2 款的规定，混淆与异种商品或服务无关。但是，该问题已由法院在萨贝尔案③中的判决中明确指出，在就《欧共体指令》第 5 条第 1 款(b)项作出裁决时，《欧共体指令》第 5 条第

---

① [2000] RPC 572；[1999] 3 CMLR 427.
② [1999] 3 CMLR 427,第 26 段。另见[1999] All ER (EC) 865,p.870。请注意，雅各布的观点并没有出现在 RPC 的报告中。
③ Case C–251/95 Sabel v. Puma [1997] ECR I–6191.

2款不需要混淆。

后来的判决巩固了这种观点。毫无疑问,适用《商标法》第10条第3款不需要混淆的可能性。①

二、英国《商标法》第10条第3款同样适用于相似商品或服务

一旦消除了混淆的要求,也就没有合理的理由将英国《商标法》第10条第3款的适用范围限制在商品和/或服务没有相似性的情况下。请注意,在上面的关于萨贝尔案的引用中,法官使用了"甚至"而不是"仅"一词,这表明该规定为强商标(无论是否存在相似性)提供了额外的保护。但是,在商品和/或服务不相似的情况下扩大保护范围,却在二者相似时提供较少的保护是不合逻辑的。

阿迪达斯—所罗门案现在已审结了,欧洲法院总法律顾问雅各布评论了其中引用的《欧共体指令》第5条第2款:②

> 如果标志用于相同或类似的商品或服务,而不是用于非相似的商品或服务,则不能给出会导致声誉受到保护的商标的解释。

因此,至少现在已经毫无疑问地解决了这一问题。但是,就像欧洲法院对《欧共体指令》第5条第1款(b)项的解释一样,这是一

---

① Davidoff & Cie SA v. Gofkid Ltd. (Case C-292/00) [2003] 1 WLR 1714; [2003] ECR I-389; Adidas-Salomon AG v. Fitnessworld Trading Ltd. (Case C-408/01) [2004] Ch. 120.

② [2004] Ch. 120, para. 30, referring to Davidoff & Cie SA v. Gofkid Ltd. (Case C-292/00) [2003] 1 WLR 1714, 1734, para. 25.

种有目的的解释,与法律的字面含义不同。

三、英国《商标法》第 10 条第 3 款的适用范围

在雪佛兰案中,判决的主要问题在于如何确定商标是否具有声誉,为此其有效地采用了驰名商标测试:[①]

> 注册商标必须由其所涵盖的产品或服务为相当多的公众所知。

因此,无论双方是否存在令人困惑的相似性,雪佛兰案的裁决都会保护驰名商标。在本书的上下文中,众所周知的(但不是其他)商标可能会受到保护,以防模仿网站和其他形式的稀释使其失去光泽。如果贸易商打算以某种方式从该著名商标中受益,那么即使通过完全不同的交易,它们也可能受到保护,避免贸易商使用类似于该商标的域名。但是,欧洲法院在雪佛兰案中没有就"没有正当理由,不公平地利用或损害商标的独特性或声誉"作出判决,(在雪佛兰案中)特定商标的独特性和声誉越强,就越容易对其构成损害(雪佛兰案本身成功地证明了商标的淡化)。英国《商标法》第 10 条第 3 款的适用范围显然取决于法院是否愿意采纳这些要求的广泛观点。

我们将注意力转向英国,根据雪佛兰案的裁决,英国《商标法》第 10 条第 3 款已在英国法院成功适用,但仅在相当明显的污损品牌案件中适用。英国法院似乎不愿意在广泛的范围内遵守英国《商标法》第 10 条第 3 款,似乎尤其不愿意接受稀释的概念。在英国,

---

① Motors Corp v. Yplon SA [2000] RPC 572, at para. 31 of the judgment.

法院似乎已经接受了由被告承担有正当理由的举证责任,其他方面则与索赔人有关。①

在英国,CA 夏莫(马来西亚)食品药品生产商[CA Sheimer (M) Sdn Bhd]②的商标申请书和辉瑞有限公司诉欧洲食品链(英国)有限公司案都满足了英国《商标法》第10条第3款的要求。③但是,由于在任何情况下都存在英国《商标法》第10条第2款规定的侵权,被告的行为也构成假冒的认定标准。欧洲食品链(英国)有限公司试图通过称其销售的产品为"万艾可尼"(Viagrene),从辉瑞(Pfizer)的著名"万艾可"(Viagra)商标中受益,暗示该产品将增强消费者的爱情生活。"万艾可尼"网站的元标记关键字是"饮料,伟哥,阳痿,性,性兴奋剂,老年性,辉瑞,达米安娜,鸡尾酒,伏特加,杜松子酒,龙舌兰酒,百加得,斯米尔诺夫"。质检员西蒙·索雷(Simon Theorley QC)认为,"欧洲食品"(Eurofood)既利用了不公平的优势,又对索赔人的商标造成了不当的损害,④前者通过使用其商标来提高其产品的销售,⑤而后者的商标因被玷污而失去了辨识度,因为"万艾可"被视为医疗产品,而不是娱乐产品。但是,由于既有令人困惑的相似性又存在仿冒,所以英国《商标法》第10条第3款可以不给予索赔人额外的保护。

夏莫先前的决定涉及使用以安全套闻名的"维萨"(VISA)商标。这次并没有产生真正混乱的可能性,也没有确立假冒的要素,

---

①   Pfizer Ltd. v. Eurofood Link (UK) Ltd. [2001] FSR 3, paras. 31–32.

②   [2000] RPC 484. 准确地说,本案涉及措辞相似的《欧共体指令》第5条第3款,即对商标注册申请提出的异议。

③   [2001] FSR 3. 然而,法院认为,英国《商标法》第10条第2款和第10条第3款是相互排斥的,因此,由于英国《商标法》第10条第2款的要求得到了满足,就不可能有适用第10条第3款的空间。正如我们所看到的,很明显,这种解释是不正确的。

④   [2001] FSR 3, para. 59.

⑤   Ibid., para. 58.

但是其基于类似《欧共体指令》第5条第3款的主张获得了成功。①质检员杰弗里·霍布斯(Geoffrey Hobbs QC)先生发现了有损害(变质)但没有不公平的优势的利用。他对狭义的不公平优势采取了狭义的观点,认为仅仅通过"依靠早先的商标来吸引人们对其产品的关注"还不足以使夏莫受益,②其依靠的仅仅是营销优势。他通常也不愿扩大解释英国《商标法》第10条第3款:③

>……[第10条第3款]的规定,显然不具有防止任何与具有声誉的商标相同或相似的商标注册的广泛效果,也无法自动进行注册反对使用一种商标来使人想起另一种商标,因此[本节的附加要求]的重要性不应被低估。

他还不愿意使用稀释的概念,因为它:④

>这个词的含义不确定,可能会高估……《法案》*和共同体并行立法中使用的语言的目的和效果。

但是,起决定性作用的似乎是夏莫的商品的本质,因此很容易造成玷污。⑤

---

① 《欧共体指令》第5条第3款,因为这是反对商标的申请。但是,两部分的措辞是相同的。
② [2000] RPC 484, p.505.
③ Ibid.
④ Ibid., p.506.
* 指美国《拉纳姆法》。——编者注
⑤ 另见 Daimler Chrysler AG v. Javid Alavi(t/a MERC)[2001] RPC 42,第87~88段,Pumfrey J. 认为夏莫案中货物的性质是一个决定性因素,该案是一个污点:"该案可被视为涉及嘲讽的案件。"

因此,上述两个案件均未暗示英国《商标法》第 10 条第 3 款可能广泛应用于英国。相反,在英国一流品牌有限公司诉欧洲台风有限公司案①中,纽博格法官认为英国《商标法》第 10 条第 3 款的要求未得到满足。注册了"台风"标志并使其成为著名茶品牌的原告反对被告将"台风"标志用于厨具。案中没有显示出被告利用商标的不正当优势,法院认为本案不满足根据英国《商标法》第 10 条第 2 款提起诉讼所要求的混淆要件,其中,纽博格法官对英国《商标法》第 10 条第 3 款的不利要求采取了狭义的看法。他不接受仅仅稀释就足够了的观点,他认为应既不玷污也不模糊不清。与早期案例不同,此案中与"台风"产品本身的关联并没有特别不利于商标。相反,"英超"商标不得不争论其与标志本身的关联,尤其是"台风"商标的破坏力是否会使"英超"失去光泽,而这需要付出艰巨的努力。显然,失去光泽表示某种关联,它不一定与混淆相同,但是尽管如此,纽博格法官对失去光泽和模糊的定义似乎还是非常狭窄,因为实际上需要出现商标混淆的可能性,除非在这种情况下其因嘲讽而失去光泽。

在戴姆勒·克莱斯勒股份公司诉贾维德·阿拉伊案[Daimler Chrysler AG v. Javid Alavi(t/a MERC)]中,②被告以"奔驰"(MERC)的名义销售服装,戴姆勒·克莱斯勒(Daimler Chrysler)声称该商标侵犯了其"梅赛德斯奔驰"(Mercedes Benz)的商标,因为"Merc"是"Merck"的缩写。但是,没有任何混淆显示出此案件属于英国《商标法》第 10 条第 2 款管辖范畴。被告毫无疑问可以使用"Merc"名称。确实,这仅仅是:③

一个简短易记的名字,可以作为公司名称注册。

---

① [2000] FSR 767.
② [2001] RPC 42.
③ Ibid., para. 32.

"MERC"由其工作人员提供的四个国家(墨西哥、英国、俄罗斯和加拿大)的首字母组成。

因此,并不存在获得不公平优势的问题。①

我认为,为了根据《欧共体指令》第 5 条第 2 款和《商标法》第 10 条第 3 款胜诉,必须表明,相关公众的思想在他们熟悉的商标与贬低性使用之间建立了联系。因此,仅看到"MERC"这个词是不够的,请注意,这是一个人用来指代梅赛德斯汽车的词,如果"MERC"本身没有使其显得暗淡,或在"梅赛德斯"(MERCEDES)、"戴姆勒·克莱斯勒"上显得暗淡。

请注意,英国《商标法》第 10 条第 3 款也要求被侵权商标在英国享有声誉。庞弗里法官总结了英国《商标法》第 10 条第 3 款认定侵权的要求如下:②

查询如下:(1)所有业主的商标是否有声誉? 如果是这样,则(2)被告的标志是否与之足够相似,以至于公众要么认为商品与所有人相关联而被欺骗,被告使用该标志会从业主的商标中获得不公平的优势,或者他们认为要么对(a)商标声誉,要么对(b)商标的鲜明特征造成损害,或者(3)即使他们不感到困惑,使用该符号是否仍会产生这种效果,并且(4)尽管如此,被投诉的使用是否还有正当

---

① [2001] RPC 42, para.94.
② Ibid., para.88.

理由。损害的形式可以是使商标吸引力降低[使用纽博格法官的话(来自台风案),使商标失去光泽],或者使商标的特征降低(模糊)。根据这种分析,"VISA"当然是前者的情况。

在实践中,英国法院似乎更倾向于发展混淆的概念(如在维萨案中)而不是模糊化,模糊化与美国的混淆概念相似。

综上所述,在本书的上下文中,英国《商标法》第10条第3款可以清楚地适用于交易商使用与著名商标相同或相似的域名以不公平地增加销售,或者在相同性质的商品上使商标的图像被混淆。该部分可能仅限于仿冒网站,因为英国法院一直不愿发展模糊或混淆的概念。但是,该部分并不需要(至少明确地)提供混淆证明,因为对于仿冒网站,至少(本身就)存在混淆的可能性。

第七节 域名和仿冒

一、仿冒的定义

仿冒是普通法制定的一种侵权行为,没有任何法律规定或统一标准。① 毫无疑问,仿冒的原则为最初的商标立法提供了依据,但正如我们所看到的,欧盟统一标准在一定程度上具有以下特点:至少在英国,使商标法脱离了其最初的历史基础。

---

① See generally Bainbridge D. I., *Intellectual Property*, 5th ed., Longman, 2002, Chapter 23; Cornish W. R. & Llewelyn D., *Intellectual Property*, 5th ed., Sweet & Maxwell, 2003, Chapter 16.

侵权行为的本质是欺骗性的误导客户,而不是保护索赔人的商标。因此,即使没有商标侵权,仿冒也可以使用商标,并且不需要任何标识的注册。此外,这种欺骗并不一定会让客户相信被告的商品和/或服务是竞争对手的商品和/或服务(尽管这曾经是一项标准):一般而言,只要商品和/或服务的性质对公众构成欺骗就足够了。在继承沃宁克私人公司诉汤恩德父子(霍尔)有限公司案[Erven Warnink Besloten Vennootschap v. J Townend & Sons(Hull) Ltd.]①(以下简称荷兰蛋酒案)中,错误的陈述是关于制造过程的,一种被称为"基林的旧式英式蛋酒"(Keeling's Old English Advocaat)的饮料在市场上销售,其成分与多年来在荷兰生产的名为"荷兰蛋酒"(Advocaat)的酒有很大不同。在较早的博林杰诉科斯塔布拉瓦红酒有限公司案(J. Bollinger v. Costa Brava Wine Co. Ltd.)②判决中,这是用来描述香槟葡萄园的地理位置的;在法国香槟区不是由香槟酿造工艺做出的起泡酒,如果不经过自己的鉴定,就不能称为香槟。

仿冒适用于商品和服务。③ 但是,淡化不算作仿冒或模仿。至少在荷兰蛋酒案中一定会有混淆。索赔人还必须具有善意,而被告正在损害或准备损害。

关于假冒的定义很多,④但对其侵权行为的详细分析超出了本

---

① [1979] AC 731.
② [1960] Ch. 262.
③ 巴利克法官(Buckley LJ)在 HP Bulmer v. J. Bollinger [1978] RPC 79 at 93 一案中也接受了这一点(Bainbridge, *Intellectual Property*, op. cit. fn. 113, p. 640)。
④ Lord Diplock in Ervin Warnink v. Townend [1979] AC 731, p. 742; Lord Fraser, at p. 755 in the same case; see also Colston C., *Passing Off: The Right Solution to Domain Name Disputes* [2000] LMCLQ 523, p. 527; Anheuser-Busch Inc. v. Budejovicky Budvar NP [1984] FSR 413; Lord Oliver in Reckitt & Colman v. Borden [1990] 1 WLR 491, p. 499; see also Colston, op. cit. above, p. 528.

书的范围。总之,可以确定对冒名顶替行为的确认有以下要求:

(a)被告在业务过程中向潜在客户作出虚假陈述。

(b)损害(或可能损害)索赔人在英国的商业声誉和商誉。① 请注意,个人声誉不包括在内,仅限于诽谤诉讼(在第十二章中进行了讨论)。

我们还看到,从某种意义上说,仿冒并不需要混淆就意味着没有扩大的保护。但是,这不需要混淆,因为被告仿冒了他或她的商品或服务,尤其是原告的商品或服务,无论是在荷兰蛋酒案中,还是"百万分之一"案中都没有这种混淆,本书第三章第七节第四小节将对此进行讨论。②

二、不可一成不变

迪普洛克勋爵在荷兰蛋酒案中说:③

然而,议会越来越认识到商业发展需要更严格的商业诚信标准,这是法官在面对是否类推适用以前案件的原则的选择时,不应忽视的一个因素。尽管情况有所不同,但与他必须判决的案件具有某些共同点。在过去的几年中,可以看到立法的稳定趋势,这反映了历届议会对于公共利益在特定法律领域中的要求的看法,在同一领域中,普通

---

① In Anheuser-Busch Inc. v. Budejovicky Budvar NP, 原告(百威啤酒的美国制造商)未能在英国建立声誉(或至少是商誉),被告是当时的捷克斯洛伐克的同名啤酒制造商。同样,在 Daimler Chrysler AG v. Javid Alavi (t/a MERC) [2001] RPC 42 中,索赔人无法为"MERC"服装建立任何商誉。

② BT v. One in a Million [1999] 1 WLR 903.

③ Ervin Warnink v. Townend [1979] AC 731, p.743.

法的发展是并行而不是发散的过程。

这在"百万分之一"案中也许是有道理的,请参阅下文(本章第七节第四小节),因为它表明侵权行为并非一成不变,而是会随着时间发展。荷兰蛋酒案本身代表了对仿冒认定的扩展,以保护共享的商业声誉。

三、域名的禁令

损坏的实际发生并没有必要。在葛兰素公共有限公司诉葛兰素威康公司①案(Glaxo plc. v. Glaxowellcome Ltd.)中,形成了一项禁止在公司合并前进行注册的禁令。这一原则在"百万分之一"案中得到了应用。

四、在域名上下文中的仿冒

显然,对于一个商人来说,设计一个网站或在其中进行表示,并利用另一个人的善意就肯定可以像在非互联网环境下冒充类似的表示一样。除非索赔人和被告具有相同的名称(甚至在那时还相当多),否则域名劫持通常也构成假冒。② 在"雅虎印度"案③中,被告使用域名"雅虎印度"(Yahooindia),并采用雅虎(Yahoo!)的网站外观,包括其格式、内容、布局、配色方案和另一雅虎网站的源代码。④

---

① [1996] FSR 388.
② 进一步参见本章第八节中关于 Pitman v. Nominet 的讨论。另见本章第十节关于辩护的讨论。
③ [1999] FSR 931 (in the High Court of Delhi).
④ 同上,第2段。

被告显然想使他们的网站看起来像是雅虎搜索引擎。此外，他们还提供搜索引擎服务。此案是在德里市高等法院审判的，但在判决支持雅虎时，法院引用"百万分之一"案和其他英国判决进行说理，毫无疑问，假冒诉讼在英国也将获得成功。当然，如果在英国发生类似的事实，几乎可以肯定会有商标侵权。印度法律没有规定商标侵权，其商标法仅适用于商品，不适用于服务。① 无论如何，雅虎在印度没有商标（尽管正在申请中）。因此，如果雅虎要想胜诉，它必须是一个仿冒案。

"雅虎印度"案中，被告的域名与雅虎的商标不同，但足够相似，以致引起混淆。似乎已被法院接受的原告论据，是这么表述的：②

> 如果有人正在寻找具有印度特定内容的授权"Yahoo！"网站，只需键入"Yahooindia. com"（被告的域名）即可，无须访问原告的网站站点，这种情况很常见。此时该人将访问被告的互联网站点。

以此类推，域名抢注通常也等于仿冒，因为这样做的目的是以完全相同的方式造成混淆。恶搞网站通常不会引起混乱，并且其模仿通常也不会通过仿冒运作。

但是，域名抢注并不是那么明确。在"百万分之一"案③中，被告抢先注册了域名"ladbrokes. com""sainsbury. com""sainsburys.

---

① 代表被告人的一个不成功的论点是仿冒也不应适用于服务：FSR 931（in the High Court of Delhi），第7段。
② FSR 931（in the High Court of Delhi），para. 2.
③ [1999] 1 WLR 903（CA），on appeal from [1998] FSR 265, noted in [1998] EIPR 468.

com""j-sainsbury. com""marksandspencer. com""cellnet. net""bt. org""virgin. org""marksandspencer. co. uk""britishtelecom. co. uk""britishtelecom. net""britishtelecom. com"。他们没有使用这些名称作为活跃站点,而是试图将其出售给对它们最感兴趣的公司,并威胁倘若价格令其不满意就将其出售到其他地方。这种仿冒绝不是不言而喻的。被告辩称,他们没有使用域名,甚至没有使用域名威胁,他们从不打算在商业过程中使用域名。最后一点相对容易处理,因为被告正在有效地进行域名交易,而且根据质检员乔纳森·桑普顿的观点,一审法院认为:①

> 在"交易过程中使用"是指以商业方式使用。这并不意味着将其用作商标:英国糖业公司案②中的被告在专业经销商的业务过程中使用商标,以使域名更有价值,并从商标所有人的交易过程中获取收益,这是一种使用。

授予禁令足以使被告放弃威胁仿冒。他们实际上并没有自己使用域名。

涉及玛莎百货的案件比其他案件更为直接。要再次回到其一审判决:

> 就"玛莎百货"而言,毫无疑问根据我的判断,将来发生的事情将侵犯原告的权利。除了与知名零售集团相关的其他任何原因,玛莎品牌(marksandspencer)都没有任何理由选择玛莎百货的名称了。任何不属于玛莎百货公司

---

① www.nominet. org. uk/ReferenceDocuments/CaseLaw/OneInAMillionAppeal Judgment. html. ,乔纳森·桑普顿的决定在上诉法院得到维持。
② [1996] RPC 281, 290 –292.

(Marks & Spencer plc.)的人都希望使用这样的域名地址的唯一可能的原因,就是将自己作为该小组的一部分或将其产品作为自己的产品。如果一个名称的价值仅在于其与另一家企业的名称或商标的相似之处,法院通常会假定公众可能会受到欺骗,不然为什么被告会选择该名称呢?在当前情况下,该假设是合理的。根据常识,这些名称已注册,并且可出售以最终使用。寻求或进入玛莎百货(英国)网站(http://marksandspencer.co.uk)的人自然会以为这个网站是原告的。

被告提出的唯一值得一提的观点是,他们可以使用某些域名,而这些域名不会涉及他们或其他任何人的冒充,即(i)将域名出售给玛莎百货本身,以及(ii)对其进行简单保留以阻止其以玛莎百货命名,以诱使他们付款。我认为这些活动本身都不构成仿冒。但这不是重点。关键是这些名称仅对玛莎百货有用,而阻止玛莎百货使用这些名称只是一种有用的谈判策略,因为它们是名称,这对于玛莎百货来说易使其不受控制,很危险。危险来自欺骗的风险,而欺骗的风险必然存在。本案中对被告的指控得到了充分的佐证,得到了压倒性证据的支持,而被告的证词却完全没有反驳力。任何因与无关联的商业组织的名称、品牌名称或商标相似而故意注册相似域名的人,必须清楚自己终将会收到限制仿冒威胁的禁令,该禁令将会使该名称在商业上对经销商毫无用处。

换句话说,唯一有兴趣购买玛莎百货域名的人要么是玛莎百货自己,要么是希望仿冒成为玛莎百货的人。被告曾威胁说如果玛莎百货不购买该名称就会卖给别的商家,这只能解释为一种使用欺骗手段将名称出售给第三方的威胁。玛莎百货名称的独特性使这一结论无可否认。

还应注意,英国域名注册管理机构诺米特公司提供(并且仍提供)"是谁"(who is)①服务,其中列出了注册人员的姓名、身份和详细信息,供任何人检查。因此,即使没有使用该名称,仅对玛莎百货名称的注册也被视为等同于假名,因为任何人使用"是谁"检查域名都将假定"百万分之一"案与玛莎百货案相关联。②

在其他名称的案件中,判决不那么直接,因为(继续进行一审判决)这些名称"可以出售给具有自己独特利益的人,如以约翰·塞恩斯伯里(John Sainsbury)为名的律师或英属维尔京群岛政府,以及以供他使用的情况"。因此,"是谁"推理将不再适用,甚至出售威胁也将不再等同于欺诈手段的威胁。但是,正如质检员乔纳森·桑普顿所言:

> 在另外四个案件中,与两种起因有关的事实在所有相关方面都基本相同,但有一个例外。不同的是,在其他四个案件中,被告暗示他们所注册的名称是无害使用,使其变得不那么荒谬。很难想象没有任何联系的一方会在不欺骗的情况下使用"玛莎品牌"这个短语作为自己的名字或地址,Cellnet(移动电话数据采集工具)也是如此。但是对于"赛恩斯伯里"、"拉德布鲁克"(Ladbroke)、"维京"(Virgin)和"英国电信"(BT)这些用语,这种可能性并非遥不可及。被告还说,在某些情况下,后缀(如对于英国电信来说是.org)有助于将它们与商标区分开。被告充分说

---

① 该服务的网址是 www.nominet.org.uk/whois.html。
② 通过对 marksandspencer.co.uk 进行搜索,可以发现 Marks & amp; Spencer plc. 的名称和地址。

明了这一点,但由于以下简单原因,我并不感到意外:尽管这些词可能能够无害使用,但这并不是这些被告打算使用的。被告的活动历史表明,在相当长的一段时间内,人们故意进行域名注册,这些域名被选择为与他人的名字和商标相似,并且显然是要欺骗消费者的。因此,原告可以辩驳说通过仿冒、注册商标侵权以及通过注册商标侵权导致公众产生困惑的可能性带来的种种威胁在这种情况下是毫无争议的,甚至可以想象,该问题被更好地平衡后情况是怎样的。

换句话说,这些名称注册之外的证据,包括被告在很长一段时间内的活动,以及他们对玛莎百货域名的注册显然存在将其出售到其他地方进行有欺诈性意图的威胁等证据都被考虑在内。

尽管法院有时将"百万分之一"案描绘成针对域名抢注者的一般案件,但大部分推理取决于法院审理的特定事实。例如,一个怀有怨恨的人可以在没有仿冒风险的情况下注册公司名称,因为他或她将不会是商人。但在任何情况下,无论注册了该名称的人如何,如果注册仅用作阻止销售威胁的封锁设备,那么除了"是谁"服务(仅适用于唯一的,诸如玛莎百货之类的名称),没有一条"百万分之一"的推理能够得以适用,如果该名称仍然可用,则个人可能会注册一个名称,如拉德布鲁克斯网站(ladbrokes.com),然后将其出售给拉德布鲁克斯公司(Ladbrokes),并威胁其不购买就将该域名出售到别处。出售一个名称似乎不太可能在业务过程中构成使用,并且在其他地方出售该名称的威胁也不一定是非法的,如"marksandspencer.co.uk"。

还有,仿冒认定仅保护交易者。除非个人像今天的许多名人一样使用个人名称注册进行交易,否则无法注册个人名称。

但是，域名抢注是可以向互联网名称与数字地址分配机构和英国域名注册管理机构争端解决程序（参见本书第二章第二节）投诉的理由。这种将域名转让给原告的补救措施通常是适当的，因此，鉴于某些域名抢注的局限性，对于任何投诉人而言，与法院诉讼相比，争端解决程序可能是一种更好的补救方法。

域名抢注时代似乎已经过去，因为所有企业，无论新旧，都已经意识到网络存在的重要性。但是，在出现这种情况的地方，它们很有可能属于玛莎百货案的类型，因为新业务经常使用虚构的名称，因此玛莎百货适用于"百万分之一"案中的推理。

第八节　在没有诉因的情况下，没有理由干涉先到先得的原则

在法院成功起诉显然需要诉诸诉讼，如果找不到任何起诉理由，无论原告对被告的行为有多大异议，也不会有任何补救。在没有诉因的情况下，事情将保持原样。

在皮特曼培训案[①]中（详见本书第二章第一节第四小节的另一种情况），法院支持了英国域名注册管理机构的先到先得的原则，因为"皮特曼培训"（Pitman Training）机构没有诉讼依据。我们已经看到他们没有表现出皮特曼出版公司对合同的干涉，相关的合同是"皮特曼培训"和他们的网络服务提供商"信息高速公路"（I-Way）之间的合同。他们没有成功滥用程序，也未证明皮特曼出版公司的

---

① [1997] FSR 797（Edwards L. & Waelde C., *Law and the Internet*, op. cit. fn. 31, p. 136, and in slightly more detail by Colston C., *Passing Off: The Right Solution to Domain Name Disputes*, op. cit. fn. 117, p. 533）.

仿冒,维采大法官认为:①

据说皮特曼出版公司使用域名"皮特曼公司(英国)"(pitman.co.uk)将构成仿冒。考虑到皮特曼出版公司以皮特曼文体进行交易已有近150年的历史,并且在1985年皮特曼业务单独出售时,同意出版业务的购买者将继续以皮特曼文体进行交易,这使我感到奇怪。关于皮特曼文体,双方确实已经达成共识,除非"皮特曼"一词带有"培训"二字,否则培训业务的购买者不会以这种文体进行交易。……皮特曼培训公司辩称,他自1996年3月以来一直使用该域名,导致公众将该域名(而不是"Pitman"本身的文体)与皮特曼培训公司相关联。因此,皮特曼出版公司对域名"皮特曼公司(英国)"的使用构成了仿冒。相关证据甚至没有支持公众将域名"皮特曼公司(英国)"与皮特曼培训公司相关联的争论。皮特曼培训公司对其发布的广告只有两个电子邮件回复。在此期间,皮特曼培训公司在其广告中一直使用"皮特曼公司(英国)"域名,同样皮特曼出版公司也一直在其广告中使用该域名。两家公司在各自的广告中使用了相同域名。不仅没有证据表明公众已经将域名专门与皮特曼培训公司相关联,而且在我看来,这种情况极不可能发生。毫无疑问,某些公众可能会感到困惑。但这是由皮特曼培训公司和皮特曼出版公司这两家公司将皮特曼文体用于各自的交易目的导致的。根据我的判断,本案事实没有显示出皮特曼培训公司因皮

---

① 全文可见 www.nominet.org.uk/ReferenceDocuments/CaseLaw/thePitmanCase.html。

特曼出版公司将来或过去使用"皮特曼公司（英国）"域名而产生对皮特曼出版公司提出的仿冒诉因。

由于没有采取行动的理由，因此域名仍然保留在发行商那里。

但并非在所有情况下公司使用其自己的名称作为域名时都不会造成仿冒。在皮特曼案中，一家新公司提起诉讼，起诉一家知名度很高的老字号，其胜诉毫无希望也就不足为奇了。相反，假设旧公司一直在起诉新公司，或者甚至是在一般情况下，一家已成立的公司起诉最近才开始交易的公司。在这种情况下，公众很可能会受到欺骗，并且人们认为，在仿冒类诉讼中，对自己的名称的使用进行辩护有局限性（有关一般的辩护，请参阅本章第十节）。因此，在域名抢注的情况下，仿冒是一种可能的操作。

第九节　元标记和搜索引擎优化

随着互联网用户复杂程度的不断提高，可以合理地假设搜索引擎的作用将得到增强，这样希望通过简单地输入一个听起来相似的域名来查找公司的互联网用户就更少了。因此，域名争议的重要性似乎会降低，搜索引擎的优化以及公司吸引更多互联网资深用户关注其他方式将引发新的争议。

关于元标记已经存在争议。元标记被写入超文本标记语言页面的头部。他们描述了该页面，但通常对访问该页面的用户不可见。但是，它们是由搜索引擎选择的，实际上，选择它们最初的原因是使文本搜索能够找到完全由非文本内容（如图片）组成的文件。描述元标记可以显示，但仅在搜索引擎显示结果时可见。为完整起见，应设置为所有选择查看超文本标记语言源代码的人都可以查看所有元标记的信息,但是大多数网络用户不会这样做。① 观察元标记的内容完全位于网页作者的控制范围内是很重要的;正如域名一样,没有第三方的涉及。

搜索引擎没有透露其列表的排序方式,但公司可能会认为,如果搜索与元标记中的单词匹配,则会增加搜索引擎查找页面并将其放在列表中的可能性。例如,公司显然希望其页面显示在第3页或第4页,而不是第1,987,456页。因此,公司有可能通过你的元标记中包含的竞争对手的商标来增加暴露的可能性(但是,有证据表明搜索引擎正在对此作出明智的选择,并且元标记在确定列表顺序中的重要性正在降低)。②

搜索引擎还提供服务,在输入特定搜索词时显示横幅广告。实际上,这通常是搜索引擎绝大多数的收入来源。③ 这是通过搜索引擎与广告客户之间达成的协议来完成的,但是很明显,这对企业有利,像为自己一样在搜索引擎上为竞争对手的注册商标启动横幅广告。

这里的问题是,使用元标记或其他形式的搜索引擎优化是否会引起知识产权问题。解决此问题的逻辑方法是,首先,要考虑使用

---

① 在微软浏览器(Internet Explorer)中,用户浏览视图源;在网景软件(Netscape)中,它是查看页面的源代码。大多数用户不会这样做,因为它通常仅对希望修改源网页的网站创建者有价值。

② 例如,http://answers.google.com/answers/threadview? id =210902,这个地址是由我的一个电子商务法律专业的学生发现的。然而,还有其他方法,使用用户看不见的词来提高搜索引擎的排名,例子见 http://en.wikipedia.org/wiki/Spamdexing。这些方法引起了与元标记本身类似的问题。

③ "谷歌依靠关键字广告销售的收入约占其总收入的98%",参见 www.theregister.co.uk/2005/01/21/google_adword。一个有趣的发展是所谓的"点击欺诈",因为横幅广告的付款可能取决于点击的次数(《金融时报》2004年12月6日,http://news.ft.com/cms/s/f606ccac-472b-11d9-b099-00000e2511c8.html)。例如,竞争对手的公司可以对计算机网络进行编程,以自动单击这些链接。这会增加公司必须向谷歌支付的金额,并且在某些情况下会导致广告停止显示,因为公司会消耗掉与谷歌达成的商定广告预算,尚不清楚受害人是否会根据英国法律提起诉讼。

元标记是否可以完全属于使用商标;其次,如果属于使用商标,则考虑其是否属于第 10 条第 1 款、第 2 款和第 3 款规制;最后,考虑其是否适用诸如自己的名字辩护之类的辩护。

一、这些商标侵权是否全部存在

原则上,元标记仅对搜索引擎可见,但描述性元标记可以在搜索引擎结果中变为可见,因此,必须首先查证不可见用法是否构成商标侵权。

直到最近,无论是在美国(诉讼案件数量更多)还是在英国,法院对此都毫无疑问。在美国,相关的最著名的案件之一是花花公子企业诉特里·威尔斯公司案(Playboy Enterprises Inc. v. Terri Welles Inc.)。[1] 特里·威尔斯(Terri Welles)是 1981 年"花花公子"年度最佳同伴,其业务页面的中继标记包含以下内容:[2]

<元标记名称(META NAME)= "描述性内容"(description CONTENT) = "1981 年度花花公子玩伴网站——特里·威尔斯网站,其中包含色情裸照,半裸照,色情书刊和独家会员俱乐部">

<元标记名称(META NAME)= "关键词内容" keywords CONTENT = "特里,威尔斯,玩伴,花花公子,模型,模型组合,裸照,裸露,乳房,胸部,奶子,乳头,咪咪,屁股,臀部">

---

[1] http://caselaw.lp.findlaw.com/data2/circs/9th/0055009p.pdf. There are also notes at www.phillipsnizer.com/library/cases/lib_case264.cfm, and www.phillipsnizer.com/library/cases/lib_case197.cfm.

[2] 该网站是 www.terriwelles.com。

从元标记中可以明显看出该网站的性质,这大概是特里·威尔斯想要的。"花花公子"反对在其他事物中使用其商标。法院已明确地假定此行为在原则上可能是商标侵权。① 该假设受到两个因素的削弱:首先,特里·威尔斯在网站的主体中也使用了"花花公子"的商标,因此不能说本案是纯粹元标记使用类案件;其次,该商标出现在元标记描述中,因此搜索引擎可以看到它。但结果是,"花花公子"的诉讼没有成功,至少就元标记而言,因为特里·威尔斯使用该商标合法地标识自己,②并在元标记中准确地描述了其网站的内容。

在英国,路泰电脑系统有限公司诉管理与数据服务有限公司案[Roadtech Computer Systems Ltd. v. Mandata(Management and Data Services)Ltd.]③还假定元标记使用构成商标侵权。在我们看到的辉瑞有限公司诉欧洲食品链(英国)有限公司案中,被告使用了索赔人的商标"伟哥",辉瑞有限公司显然没有对此进行辩护,而且其提到的主要是证明被告意图混淆的证据。④ 然而,在里德案⑤中,人们对使用元标记可能构成商标侵权的整个假设提出了质疑。在此处,被告在相似但不完全相同的相关服务的元标记中使用了与原告的商标相似的标志,并触发了标语广告。雅各布法官认为,英国《商标法》第10条第2款没有规定此种侵权行为,因为使用不会造成任何混淆(此案的这一方面将在本书第三章第九节第二小节中进一步探讨)。但是他也这样说(尽管希望保留他的意见):⑥

---

① 在美国有很多案件,其中一些涉及"花花公子"(见 Bainbridge, Intellectual Property,前注 P.75 注①),这表明元标记可以侵犯商标。
② 美国的命名法是"允许的,名义上的使用"。这似乎与英国自己的名称辩护类似。
③ [2000] ETMR970. 管理和数据服务有限公司在其元标记中使用了竞争对手的商标。
④ See section 3.6.3.
⑤ [2004] RPC 40.
⑥ Ibid., para.149(a).

元标记的使用是否完全算作商标的使用？在这种情况下，必须记住，使用不仅对于侵权很重要，对于避免商标不使用也很重要。在下文中，完全不可见的使用可能会击败非使用攻击，这至少是奇怪的。霍布斯先生(原告律师)建议，应将元标记的使用与最终由人们阅读的商标使用(如 DVD 上的使用)相等同。但是在那些情况下，商标的最终功能得以实现，这是对贸易根源相关人的证明。仅由计算机读取的用途可能不算在内——它们从不向任何人传达消息。

他的论点是，不能将元标记用于侵权目的，因为它不能用作对非使用声明的辩护。尚不清楚相同的推理是否适用于横幅广告的协议，横幅广告展示于索赔人的商标的搜索结果中。也许这些广告与 DVD 上的使用将被列入同一类别。

对该案的裁决而言，上述雅各布法官的观点并非必要，因为该案在任何情况下都不会造成英国《商标法》第 10 条第 2 款所要求的"混淆"。这似乎与 1994 年文本扩大商标概念的趋势背道而驰，事实上，在同一案例中，早先法官认为，口头上的使用可能会侵权。[1] 此外，第 10 条仅要求被告在交易过程中使用该标志，而如果其在英国 5 年来没有"真正的使用"，则该法案第 46 条允许撤销商标。从原则上讲，使用元标记确实可能对第 10 条的目的的实现有价值，尽管如此，为了捍卫第 46 条的非撤销行为，这也不等于"真正的使用"。但是，根据雅各布法官的观点，不能假设使用元标记会在英国引起商标侵权。

---

[1] [2004] RPC 40, para. 31.

二、如果使用，是否构成第 10 条规定的侵权类型

但是，如果元标记的使用（无论是描述性的还是其他方式的）可以构成商标侵权的用途，那么里德案告诉我们（作为比例的一部分），它不会违反第 10 条第 2 款，因为其缺乏必要的混淆因素①："让网站出现在搜索结果中，而没有更多内容，这并不意味着与其他任何人有任何联系。"雅各布法官明确地提出了自己的看法，与其在艾维特案（参见本章第五节第三小节）中的看法并无两样。互联网用户通常相当成熟，不会因搜索引擎结果而对商品或服务的来源感到困惑。他观察到，"当你进行搜索时，某些结果似乎与你的搜索字词无关"。② 这样的推理似乎很笼统，且不仅限于他之前所说的特定事实。如果他是对的，则使用元标记绝不会引起第 10 条第 2 款的侵权，也不会出于相同原因而导致仿冒诉讼。"搜索引擎本身是否可以看到元标记也同样如此"。③ 他采用了类似横幅用法的观点：④

> 使用网络的公众知道，当他或她进行搜索时会出现各种各样的标语，并且这些标语是由或可能是由搜索中的某些内容触发的。他或她还知道搜索会产生模糊的结果，结果会带来很多垃圾信息。以"里德"为名的搜索会让任何人联想到其与在"工作一网打尽"标语中没有提及的"里德"一词之间存在贸易联系，而里德雇佣公司（Reed Employment）

---

① [2004] RPC 40, para. 148.
② Ibid., para. 145.
③ Ibid., para. 147.
④ Ibid., para. 140.

则是幻想,其中并没有造成混淆的可能性。

当然,造成混淆需要满足英国《商标法》第 10 条第 2 款的规定和仿冒要件,因此,假设元标记的使用完全是商标使用,其仍然有可能会引起对第 10 条第 1 款或第 10 条第 3 款的违反。雅各布法官对第 10 条第 1 款的规定持保留意见,但他认为:①

> 如果将使用元标记直接视为使用,那么商标和商品或服务相同,是否构成侵权? 这个问题很重要:与他人竞争的一种方法是在你的元标记中使用他的商标——这样你也会出现在他的搜索结果中。有些人可能认为这是不公平的,但其他人则认为,只要没有人被误导,这就是很好的竞争。

他还保留了横幅使用的自由,并遵守第 10 条第 1 款:②

> 如果这是第 5 条第 1 款(a)项(英国《商标法》第 10 条第 1 款)的情况,那么情况可能有所不同。因为那时将不需要证明混淆的可能性。问题似乎在于,雅虎在印度储备银行(RBI)案中使用"里德"一词是否切实地构成了"在交易过程中使用",正如我所说,我保留我的意见。出于商标立法的目的,这种无形的使用可能根本不构成使用——"读取"字母集的计算机只是"查找"0 和 1 的模式——没有对任何人传达任何意义——没有"标识"的传达。

---

① [2004] RPC 40, para.149(b).
② Ibid., para.142.

当然,这是不扩展商标保护范围的政策论据。但是,从纯粹的法律角度来看,如果完全可以破坏元标记或横幅的使用,则对于相同的商品或服务来说,使用与商标相同的标志必定违反第10条第1款,但其仅受本章第十节提到的抗辩。同样,如果元标记或横幅的使用完全可以构成侵权,则原则上也应适用第10条第3款,因为它的适用不取决于混淆的可能性。因此,如在标记中使用他人的商标来提高网页的曝光率可能构成侵权,即使该标志是与异种商品或服务结合使用的,也可能构成不公平地利用该商标。

因此,在英国,我们拥有关于元标记、标语使用和第10条第2款的上诉法院的权力,那么也可以推论出对仿冒也拥有权力,但是否完全使用元标记的问题尚未解决。鉴于此类争端的重要性与日俱增,这种情况似乎不会长期存在。

如果发生了第10条的侵权行为,则被告应根据第11条进行抗辩,这将在本章第十节中讨论。

第十节 抗　　辩

正如我们在本章第二节中所看到的,在以下条件下,使用标志来描述商品、服务,其预期目的是对侵权诉讼进行辩护,条件是:"使用符合工业或商业中的诚信做法。"① 这种防御似乎不太可能在域名方面具有重要的应用,但是它可能适用于网络内容,也可能适用于元标记。例如,将其放置在"湿湿湿的书"或"高品质的著名汽车模型,法拉利、劳斯莱斯和阿斯顿·马丁"这样的元标记中是没有道理的。

---

① 这是对1994年英国《商标法》第11条第2款(b)项和(c)项的解读。

英国《商标法》第 11 条第 1 款(a)项允许某人在元标记中使用自己的姓名或地址,但要遵守相同的条件。里德案①中的一个问题是,这种抗辩是否可以适用于公司名称:"有人建议,公司与人不同,因为公司名称可以随意选择,而一个人的名字在出生和使用的时候就完全确定了。"②但是,在里德案中,上诉法官雅各布认为这个问题已经在英国法律中得到确定,但是他补充说:③

> 如果没有公司能够利用防御保护自身利益,那将是非常奇怪的。例如,想象一家公司因接管一个以个人名义命名的公司而成立。如果合并后失去了抗辩能力,那将是令人发指的。
>
> ……如果在明知某注册商标已享有一定声誉,或只是知晓某商标已注册但没有理由认为该注册已无效的情况下仍选择将该商标作为自己公司的新名称,那么该行为可能受到但书的限制。这种做法不符合工商界的诚信标准。

他之前曾在板条桶案判决书第 2 段持类似观点:④

> ……任何选择新公司名称的人都知道注册商标中已有声誉,或者仅知道该商标已经注册并且没有理由认为注册无效的人,很可能会被附带条件所吸引。他们不会按照诚实的做法在工业或商业事务中使用商标。

---

① [2004] RPC 40.
② Euromarket v. Peters [2001] FSR 20, per Jacob J. at para. 30.
③ [2004] RPC 40, para. 116.
④ Euromarket v. Peters [2001] FSR 20, per Jacob J. at para. 30.

雅各布法官在里德案中还认为,如果"被告实际上造成了重大欺骗,尽管其是无辜的,也不能作为抗辩理由"。① 实际上,这将阻止商家在许多仿冒中使用自己的名称,或实际上根据英国《商标法》第 10 条第 2 款提起诉讼。然而,里德并没有打算欺骗,也没有造成对方所称的混淆。② 我想知道他们之间是否有某种联系,不足以触发附带条款。

当然,假冒涉及欺骗,并且与商标侵权相反,无法以自己法定的名义辩护。使用自己的名字可能是为假冒行为进行辩护,但这是有限的辩护。正如上诉法官雅各布在里德案中所观察到的那样(如我们所见),被告人的业务最近扩展到与索赔人经营范围相似的范围:③

> 109. 被告没有欺骗的故意不能作为假冒行为的抗辩理由,这一点早已得到公认。此外另一公认的观点是,被告能够使用的抗辩理由只有商标来源于自己的姓名。罗默法官(Romer J.)在罗杰斯诉罗杰斯案(Rodgers v. Rodgers)④中以这种方式提出了这一观点,并在帕克诺尔诉诺尔国际案⑤(Parker Knoll v. Knoll International)中获得上议院多数议员的认可:
>
> 根据法律的主张,任何人无权以代表某人的生意或以任何与该人的生意有关的方式从事其业务,但有例外,即只要他不做任何其他事情以致与他人的业务产生混淆,并

---

① In Reed, paras. 131 – 132.
② Ibid., para. 111.
③ Ibid., beginning at para. 109.
④ [1924] 41 RPC 277.
⑤ [1962] RPC 265.

且只要他诚实地做,便有权以自己的名义开展业务。根据法律的主张,没有人有权将其货物描述为代表另一人的货物,这没有例外。

110. 因此,英国关于仿冒的法律在很多情况下都禁止使用自己的名字。……

111. 我已经观察到,单纯的混淆和欺骗之间的区别是难以捉摸的。……一旦该观点误导了很多人(从"我想知道是否有联系"到"我认为有联系"),那么无论是用作公司名称还是商品商标,就会产生仿冒。

112. 法官正确地注意到,仿冒的辩护很狭隘。事实上,并没有成功的案例进入我的脑海。因为标准是客观的,所以我没有看到任何在实际上造成欺骗并且知道确实如此的人可能对假冒有辩护。

对于案件本身,他得出的结论是,充其量只是达到了最低限度的混淆,因此,"里德执行公司"有权使用自己的名称。

第四章 著作权问题

第一节 著作权与互联网

著作权主要保护著作权人的合法权益,抵制侵权人未经授权复制其作品的行为。因此,在电子商务环境中,特别是在互联网上发生的侵害著作权的问题非常值得研究。

互联网环境中的著作权保护在本质上与其在其他领域的保护并无不同。网站作者未经许可,将他人的文字或图片复制粘贴到自己的网站上并将其公布于众,就像在报纸上发表同样的文字或图片一样,肯定构成对著作权的侵犯。与此同理,网络平台提供盗版的音乐文件,与实体店出售盗版的音乐磁带或 CD 一样,都是侵犯著作权的行为。那些以电子形式提供文章、评论、新闻报道等的商业网站,其著作权性质与纸质的报刊、杂志等完全相同。

互联网较其他的媒介更能发挥复制功能的作用,因此,互联网技术的发展使得网络著作权的纠纷与争议不断涌现。一般情况下,复制行为只有在著作权持有人许可的情况下才能进行。因此,著作权法对电子商务具有重要意义。

鉴于互联网上发生的复制行为不同于其他媒介,确定复制行为的性质就尤为重要。因此,著作权法在互联网领域的准确适用有其独到之处。

互联网是一个分组交换网络,互联网上的每一次通信都包括路由器对每个分组信息的复制和转发。这种复制行为对因特网进程来说是不可或缺的,但是一旦一个数据包已经到达下一个路由器或它的最终目的地,拷贝内容就不会被保留。访问万维网还要求至少将其网页复制到用户计算机的随机存取存储器(RAM)中,这是允许用户查看页面的前置要求。

复制行为虽然不是严格意义上的互联网运行所必需的(尽管它们通常会提高其运行速度),但其他形式的复制也很常见。访问量高的网站经常被生成镜像到其他地方,以分担信息传输负荷,如美国网站通常在英国生成镜像,以减少跨大西洋的流量传输。这些镜像网站通常是在永久的基础上进行维护的。此外,浏览器通常会在用户硬盘上缓存最近使用过的页面,这样既缩短了访问时间,又可以在需要时提供永久下载的选项。

网页本身可以包含文本和图片,这些文本和图片在用户看来是被访问页面的一部分,它们可以随时随地被合成。因此,作品的著作权可能不属于被访问网页的所有者。但是这些内容不会被拷贝到合成页面的网站上,其仅会被复制到用户的计算机上。因此,在大多数情况下,互联网著作权侵权行为的主体是计算机用户而不是网络平台所有者。如果网站的所有者要承担责任,则必须要有二次侵权作为依据,或者违反2003年英国法律引入的权利管理规定(见本书第四章第五节)。

在深层链接的使用中引发了类似问题。深层链接,即链接不是指向主页而是指向另一个网站的内页。单击链接只会将资料复制到用户的计算机上,这些问题与上文所述的问题大同小异。

侵权次要责任也与一些音乐分享企业的活动有关,如纳普斯特(Napster)公司曾经开展的活动,该企业本身并不复制文件,而是为网站的用户提供拷贝电影的便利。因此,该企业并不承担侵犯著作权的主要责任。①

著作权人可以利用技术来保护自身合法权益,以避免产生不必要的深度链接,并在一定程度上抵制纳普斯特公司开创的点对点音乐传播行为。法律关注的重点正在从侵权行为本身转向著作权所有者为保护其权利而采用的技术上。②

第二节 版权的运作方式概要

著作权是知识产权的一种,属于财产。但是,它不属于有形财产(与土地租赁等财产不同),它甚至不需要与任何有形物品有关。

有形财产(如一台机器)的概念相对来说并不复杂。财产保护的是所有或占有的权利,它受规定非法占有行为的法律所调整。有时法律规定的过失侵权也保护财产不受损害或破坏。③

财产权可以向任何人主张,财产也可以自由买卖。在财产买卖过程中也可附加条件,如禁止机器的买方利用机器与卖方恶意竞争。这些附加条款是通过合同约定的方式履行的,但鉴于合同的相对性原理,它们并不能行之有效地约束第三人。比如,该条款本身不会对机器的后来购买者产生约束力。但有一些途径可以采用,比如赔偿链,妨害合同履行的行为也可以在有限的范围内影响第三

---

① 上述行为模式也称为点对点系统,其将在本书第四章第四节中进行讨论。不幸的是,在原书出版时,美高梅(MGM)和格罗克斯特(Grokster)之间的争端仍在美国等待判决。

② 参见本章第五节。

③ 有关著作权性质的更全面介绍,请参见 Cornish W. R. & Llewelyn D., *Intellectual Property*, 5th ed., Sweet & Maxwell, 2003, Chapter 9。

人,①在大多数情况下,当后续的购买者为数不多时,这些途径可以提供足够的保护。

然而随着 16 世纪印刷行业的发展,第三人侵权问题变得越发严重,到 21 世纪,由于数字技术可以轻松复制,侵权情况更是愈演愈烈。销售者在零售书籍、光盘,用互联网传输音乐文件时自然可以与购买者约定禁止其进行盗版或复制,从原则上来说,这样的约定可以对购买者产生强制约束,但如果作品已经被大批量非法复制并传播,那么在实践中很难对所有接受者执行合同约定。

因此,如果合同补救是唯一可用的办法,那么书籍、音乐、图片的原创作者就不会有创作的动力。这种观点在 1710 年的英国大为盛行,当年英国《著作权法》引入了财产权的概念,其规定财产权不仅体现在基本的物理媒介上(在当时,很可能是书籍或小册子),同时也体现于可复制的网络创意媒介上。著作权作为一种财产,不只是一种合同权利,权利人既可以向书籍或小册子的购买者主张,也可以向任何拷贝行为者主张。

著作权保护至今仍是完全法定的,英国现在的相关规定是《1988 年著作权、工业品外观设计和专利法》(CDPA 1988),后来经过 2003 年《著作权和相关权利条例》(以下简称《2003 年条例》)的修订,欧盟理事会《关于信息社会协调版权及相关权利若干方面的第 2001/29/EC 号指令》(以下简称 2001/29/EC 号指令)在英国生效。②

对于有形商品而言,确定财产权的标的物并不困难,但对于著作权来说,必须对标的物本身加以界定。著作权保护的不是单纯的

---

① 如英国汽车贸易协会诉萨尔瓦多里案(British Motor Trade Association v. Salvadori),[1949] Ch.556。

② 该指令全文见 http://cryptome.org/eu-copyright.htm,以及 www.opsi.gov.uk/si/si2003/20032498.htm。

思想,还包括这些思想被加工成可确定的形式后的外在表现。因此,法律规定著作权由该法律所界定的各种类型的作品的创作者所享有。法律还必须准确界定著作权保护的内容,因为著作权保护并不像有形物的权利保护那样简单。法律的作用是只允许著作权人对作品进行自由处置,这也是法律所明确规定的,但最重要的是对包括对作品进行复制在内的其他处置行为进行规范。任何人在未经著作权人许可的情况下实施这些行为,原则上都构成侵犯著作权。然而,经著作权人许可的使用是合法的。法律许可非著作权人对作品在一些例外情形下的使用,如为了公众利益的披露、为研究或私人学习的目的进行使用等。[①] 这些许可的使用在互联网环境下的运作与其在其他环境下类似。

一、什么是受保护的财产权

在互联网背景下,1988 年英国《版权法》第 1 条第 1 款(后经修订)允许著作权作为财产权存在于下列作品中:

(a)原创文学、戏剧、音乐或艺术作品;
(b)录音、电影或广播;
(c)已出版的印刷作品。

大多数网络材料都属于第 1 条第 1 款(a)项的范畴,数据库也属于文学、戏剧或音乐作品的范畴,[②]它们对原创性的要求并不严格,而媒体材料则可能属于第 1 条第 1 款(b)项的范畴。

---

① 参见 1988 年英国《版权法》第 29 条及以下各条。
② 详见本章第二节。

二、财产权的范围

资本会产生垄断,因为财产所有者对有关财产拥有专属权利。在财产权保护意愿之下,哪怕只是间接地保护思想,垄断的行为也可能被视为不可取,因为社会是在前人思想的基础上进行发展的。允许一个人从另一个人的智力活动或营销之中获利是荒谬的,著作权保护的合理性正是出于此,但是:①

> 那些没有强烈正义感的人会说,"不播种就收割"。"但播种者的种子来自它之前的其他作物",那些愿意在这件事上保持道德感的人答道。

受保护的只是思想的外在特定表现形式,而不是思想本身,这一论点可能被夸大了。尽管如此,人们对这种观点似乎已经达成共识,认为垄断权只在有正当理由的情况下才应该被保护,在遥远的未来有创造力的人不该因为著作权的存在而受阻。因此,著作权是有时间限制的,尽管保护的期限相当长,特别是在互联网等短暂媒体存在的情况下。

就 1988 年英国《版权法》第 1 条第 1 款(a)项而言,著作权通常"在作者去世后第 70 年的 12 月 31 日失效"。② 就录音制品而言,著作权通常会在以下情形下失效:

---

① Cornish W. R. & Llewelyn D., *Intellectual Property*, op. cit. fn. 3, paras. 1 – 38.
② 《1988 年著作权、工业品外观设计和专利法》第 12 条第 2 款,但在其第 12 条第 3 款中有细微的限定。欧盟围绕德国的规定统一了这一期限,德国的规定提供了最长的保护。

(a) 在自作出记录时起第 50 年的 12 月 31 日;

(b) 如在该期间内,该记录被公布,则自该记录首次公布后第 50 年的 12 月 31 日;

(c) 如果在该期间内,该录音没有出版,但通过公开播放或向公众传播的方式向公众提供,则自首次提供该录音时起第 50 年的 12 月 31 日。①

三、财产权如何被侵犯

1988 年英国《版权法》第 16 条第 1 款(a)项赋予著作权所有者复制作品的专属权利。② 其第 16 条第 2 款对侵权行为的界定如下:

任何人未经著作权人许可,从事或授权他人从事著作权所限制的任何行为,即侵犯了作品的著作权。

由此可见,如果其他人未经著作权人许可而复制作品,将涉及侵犯著作权,除非其在特殊情况下被允许使用,即使未经著作权持有人的许可,法律也允许某些复制行为。③ 另外,著作权人自己也可以允许他人复制。

---

① 《1988 年著作权、工业品外观设计和专利法》第 13 条第 2 款(a)项,同样具有次要作用。目前有人提议延长这一期限。

② 根据未经修订的法案,所有的专属权利包括:(a)复制作品;(b)向公众发行作品的副本;(c)向公众出租或出借作品;(d)公开表演、放映或播放该作品;(e)广播该作品或将该作品纳入有线电视广播;(f)将该作品改编,或作出上述任何一项与改编有关的行为。然而,就目前而言,(a)项是最重要的。《2003 年条例》对其作了一些小的补充,下文将予以考虑。

③ 例如,合理使用条款,以及通过互联网传输材料所需的临时副本。前者没有提出电子商务特有的问题,因此没有得到详细考虑。关于后者,参见本章第三节。

从上述叙述中我们可以得出结论:几乎所有对万维网的使用都可能会侵犯著作权,除非是法律允许的使用,或者经著作权持有人同意(或授权)的使用。

四、数据库的保护

一些商业网站可以访问数据库。例如,在我自己的法律研究和教学领域,我的大学已经购买了 LexisNexis 和 Westlaw 的访问权,这将允许我检索案例、法规及符合我的搜索标准的文章。我可以合理合法地获取信息,但我不能滥用所提取的信息。

根据1988年英国《版权法》第3条第1款(d)项的规定,数据库的著作权是存在的。数据库是依据该法第3条第1款(a)项界定的:①

(1)在本部分中,"数据库"指的是独立作品、数据或其他资料的集合,其中——
(a)以系统的或有条理的方式编排;
(b)可通过电子或其他方式单独获取的信息。
……
(2)就本部分而言,由数据库组成的文学作品,当且仅当根据数据库的内容进行选择或编排,该数据库构成了作者自己的智力创造成果,则该作品为原创作品。

除了制作未经授权的副本,对数据库进行未经授权的改编也会侵犯版权,1988年英国《版权法》第21条将"改编"定义为"数据库

---

① 由1997年英国《数据库著作权和权利条例》第6条增补,见 www.opsi.gov.uk/si/si1997/1973032.htm。第3条第1款(a)项中的这一部分仅涉及著作权;第3条第2款(a)项完全不适用于下文中没有要求的特殊权利。

的安排或改变的版本或其翻译"。因此,举例来说,如果我把一个从数据库获得的材料编入另一个数据库,无论第二个数据库是不是第一个数据库的副本,我都会侵犯版权。

只有当"数据库内容的选择或编排构成作者自己的智力创造"时,才存在著作权。对于数据库而言,这并不是一个特别合适的规定,而且计算机自动汇编形成的数据库的法律地位也值得商榷。[①] 然而,为了执行《关于数据库法律保护的理事会指令》(96/9/EC),1997年英国《数据库著作权和权利条例》也规定,"在获取、核实或展示数据库内容方面进行了大量投资"的数据库,享有15年[②]的特殊数据库权利。[③] 设立数据库特殊权利的目的是保护这种投资,此时不考虑任何创造性因素。但在创建实际数据方面的投资并不重要,受保护的是收集结果而不是数据本身。[④] 侵权行为是提取或再利用"数据库的全部或大部分内容"。[⑤] 著作权和特殊权利可以并存。[⑥]

---

① 对这一问题的讨论超出了本书的范围。See Cornish W. R. & Llewelyn D., *Intellectual Property*, op. cit. fn. 3, Chapter 19; Bainbridge DI, *Intellectual Property*, 5th ed., Longman, 2002, p. 214 及以下。

② 但是,如果有任何实质性的变化,则对第17条第3款予以更新。因此,这可能在本质上造成信息领域的永久垄断。

③ 第12条规定的数据库"具有1988年法案第3条第1款(a)项(由第6条插入)所赋予的含义",但该法案第3条第2款(a)项仅适用于1997年英国《数据库著作权和权利条例》的著作权部分。因此,对于数据库内容的选择或安排不要求构成作者自己的智力创造,因为这是自成一体的权利。

④ See William Hill Organisation Ltd. v. British Horseracing Board [2005] ECDR 1, paras. 36 et seq.

⑤ Reg. 16.

⑥ 欧洲法院在 William Hill Organisation Ltd. v. British Horseracing Board [2005] ECDR 1 中,对特殊权利的投资方面进行了相当严格的解释,参见 www. curia. eu. int/jurisp/cgibin/geext. pl? lang = en&num = 79958890C19020203&doc = T&ouv ert = T&seance = ARRET&where。该网站上的信息受制于免责声明和版权声明。争议的焦点是威廉希尔公司在其网站上为其互联网投注服务使用赛马者名单,而这些名单(虽然可以从其他地方获得)实际上来自BHB的数据库(尽管是间接地通过第三方)。

本书不是一本关于知识产权的书,书中对知识产权的讨论超出了应有的范围。2003年英国《版权法》在1998年英国《版权法》第9条的基础上,增加了新的第50条:

> 有权使用数据库或部分数据库的人,在行使该权利时,为获取和使用数据库或部分数据库内容所做的任何行为(不论是根据许可从事数据库著作权所限制的任何行为或其他行为),均不构成对数据库著作权的侵犯。

访问数据库是合法的,但如果数据库符合著作权保护的条件,则对其进行创造和改编的行为都将侵犯著作权,且只要数据库存在"在获取、验证或展示数据库内容方面投入了大量的资金"的情形,提取或再利用数据库的行为(只要是实质性的)将侵犯特殊权利。

我一直假设一个数据库,如 Westlaw 或 LexisNexis,存在于幕后由程序访问。但是,第3条第1款(a)项对数据库的定义非常宽泛,几乎涵盖了所有可搜索的资料,而且许多网站或网站的部分内容本身可能就有资格成为数据库,①因此其也是数据库的改编。把信息放在一个网站中,如此组织,也可以相当于对其的重新利用。② 因此,将从数据库中提取的信息纳入网站,也可能会侵犯数据库特殊权利,即使该数据库不符合著作权保护的条件。

---

① 例如,参见 Edwards L. & Waelde C. eds., *Law and the Internet*, 2nd ed., Hart, 2000, p.191。

② 这当然是欧洲法院在 William Hill Organisation Ltd. v. British Horseracing Board [2005] ECDR 1 的第65段中对威廉希尔公司在互联网上公布一切信息的观点。当然,重新利用的必须是"数据库的全部或大部分内容"。欧洲法院认为,这"必须结合数据库内容的总量来评估"(第82段)。这是一个比例的测试,而不是对数据库所有者的组织的重要性的测试。威廉希尔公司只重新利用了很小的一部分,因此并没有违反英国1988年《版权法》。

当然，还有一些网络平台和电子商务的基础数据库通常是无法访问的，如记录客户地址和详细资料的数据库，这些数据库往往是商家在与客户交易的过程中自动创建的，对它们的保护同样适用数据库规则。对其进行访问的行为也将是非法的，如果没有某种形式的黑客攻击，这些数据库通常是不可能访问成功的。这些数据库通常会受到技术保护，如通过设置密码限制访问。因此，任何黑客对这些数据库的入侵行为都会受到本章第五节第一小节中所谈及的规定的限制。当然，Westlaw 或 LexisNexis 等数据库也是如此，未经授权的人绕过技术密码保护访问即为侵权。

第三节　违反著作权的主要责任

正如本书在本章第二节第三小节的结论中所谈及的，如果大多数网络使用都涉及初步的侵害著作权行为，除非它得到了著作权人的授权，那么主要的争议通常都是围绕着著作权人所授权的内容而展开。① 授权既可以是明示的，也可以是默示的，许多争议都围绕着什么是授权使用而展开。

商业网站明确说明访问页面需要遵守的条款的做法并不罕见。例如，当我登录 Westlaw 时，我必须明确同意网页条款和要求，然后才能搜索数据库，而我就职的大学也会与 Westlaw 的出版商 Sweet & Maxwell 签订合同。因此，在这个层面上，决定允许使用材料的范围适用合同而不是知识产权法。

大多数网页可以直接访问，并没有让用户受到明确约束的条

---

① 我们将在下文中看到，在用户的随机存取存储器中制作临时副本并不构成侵犯著作权，但前提是该副本在其他方面是"合法的"，这意味着它已经得到著作权持有人的同意。

款。链接也有可能避过条款和条件页面。在这些情况下,究竟什么是默示授权值得探讨。

一、为使万维网的功能正常运行而进行必要的复制

如果有人将信息放在万维网上,而不通过密码或其他形式的保护措施来限制访问(并受制于下文关于框架和深层链接的内容),那么可合理推测,其至少是同意网络用户访问该材料并对其进行复制的。毕竟,网络的本质是可以从任何连接到它的计算机上访问网页。如果这一点是无可否认的,那么通过路由器复制数据包,以及将网页复制到用户的随机存取存储器中,必定是经过授权的,因为这种复制行为对网络的运行是必不可少的。此外,我们似乎也有理由认为,有些对网络的运作来说不是绝对必要的复制,是为了方便网络的运作,如缓存和镜像。

从某种程度上来说,这种情形是由法规引起的。因此,2003 年英国修订的《版权法》第 8 条规定[在 1988 年英国《版权法》中增加了新的第 28 条第 1 款(a)项]:①

> 除计算机程序或数据库以外的文学作品,戏剧、音乐或艺术作品,出版物的排版、录音或电影的著作权,不因制作临时复制而受到侵犯,这种临时复制是技术过程中不可分割的重要组成部分,其唯一目的是使人们能够:
> (a)由中间人在第三方之间通过网络传送作品;
> (b)作品的合法使用。

---

① 执行 2001/29/EC 号指令第 5 条第 1 款,该指令涉及对信息社会中著作权和相关权利某些方面的协调。

而且没有独立的经济意义。

本节内容包含路由器对数据包的复制,对数据包的复制是临时性的,是整个传输过程不可缺少的重要部分,并经由媒介在第三方之间的网络中传输。

该条还合理明确地涵盖了缓存,因为无论是在用户的计算机上还是在其他地方,缓存通常是相对临时的。该条实施了欧盟《版权指令》,而该指令第33段的解释性说明也将假定缓存包括在内:

> 复制的专有权应受制于一种例外情况,即允许某些临时复制行为,这些行为是暂时的或附带的复制,是技术过程的一个不可分割的基本部分,其唯一目的是使中间方能够在第三方之间的网络中进行有效的传输,或合法使用作品或其他标的物。有关的复制行为本身不应具有独立的经济价值。在满足上述条件的前提下,这一例外情况应包括使浏览以及缓存行为发生的行为,包括使传输系统能够正常运行的行为,但中间方不得修改信息,不得为了获取信息使用的数据而非法使用业界广泛认可和应用的技术。经权利人授权或不受法律限制地使用应被视为合法。

将网页复制到用户的内存中也可以满足英国《版权法》第28条第1款(a)项的一般要求,但事实上是否如此,将取决于下文所述的许可理由。虽然这不涉及第三方之间的中介传输,但也可以算是对作品的合法使用,但必须被认为是得到了权利人的授权(见上文解释性说明的最后一句)。因此,很难看出第28条第1款(b)项在法律已经给予的保护之外提供了任何额外的保护。

本书第十二章所述的《电子商务指令》为"渠道"和缓存提供了

额外的保护,但上述部分和《电子商务指令》似乎都不包含镜像网站,除非材料只是临时性的镜像。

第 28 条第 1 款不包括数据库,其他法律法规对合法进入数据库的相关问题作出了规定。①

二、其他复制行为

任何在万维网上放置网页的人都默认授权他人访问该网页,因此其所需的复制行为的性质自不待言。此外,授权复制的目的是提高网络的可信度。

但除此之外,一些复制情形的性质仍有待商榷。例如,一个网站授权用户将文件下载到硬盘上,而不是将其暂时存储在硬盘上。又如,作者授权用户将页面复制到另一个网站,或复制页面的部分内容(如将部分文字作为他人的文字,或复制照片但不复制其上下文),或以任何方式改变页面。自由浏览网页并不意味着可以对所浏览的网页为所欲为。

归根结底,检验授权的标准必须是网络作者自己的真实意图。但是,如果没有作者明确表达的意图,如在一个商业密码保护的网站首页上,就必须对其意图作出推断。

因此,检验授权的标准必须是网站作者的实际意图。这个意图可能是未知的,也可能是未被告知的,或是用户可推断出的合理的授权意图。这与合同中隐含条款的设置有相似之处。此外,访问网页是免费的,因此,可以从网页提供的其他免费服务中获得一些指示,如在略有出入的情况下,使用共享软件或免费软件的许可证。

澳大利亚联邦法院在川普软件有限公司(以下简称川普公司)

---

① Section 4.2.4.

诉欧意美有限公司(以下简称欧意美公司)案(Trumpet Software Pty Ltd. v. OzEmail Pty Ltd.)(以下简称川普案)中论证了共享软件的许可条款。①川普公司制作了一个网络编程程序,该程序在当时是通过调制解调器在个人计算机与互联网之间建立链接的最佳方法之一。②该程序是以共享软件的形式发布的,也就是说,任何人在购买之前都可以免费使用该程序并对其进行评估。互联网服务供应商欧意美公司从网站上下载了该软件的副本,并随同《澳大利亚个人电脑》杂志分发了约6万份(光盘)。③此外,欧意美公司还对磁盘上的一些文件进行了各种修改,删除了川普公司的著作权和免责声明信息,并将欧意美公司作为用户能连接到的唯一一个互联网服务供应商,排除了其他的互联网服务供应商。④尽管川普公司的意图对欧意美公司来说是绝对明确的,但欧意美公司还是在另一本杂志《澳大利亚 PC 世界》上发布了类似该程序修改后的副本。

欧意美公司的主要观点是,共享软件是自由传播的,他们并没有违反明确的条件,即这些程序不得转售或与其他待售程序一起传播销售。海利法官(Heerey J.)认为,由于川普公司明确反对欧意美公司发布无时限版本的软件,导致他们已经被授予的许可可能均被撤销。⑤ 但是,除了明确的条款之外,海利法官还在任何许可中准备默示条款,虽然川普案没有考虑到这一点,但他采用了合同中惯

---

① [1996]34 IPR 481. 全文见 www. austlii. edu. au/au/cases/cth/federal_ct/1996/560. html。
② 该计划最初于 1994 年发布。
③ 其中一个原因是川普公司想等到他们软件的无时限版本问世。
④ 川普公司以压缩形式分发,各种安装文件随程序打包。被欧意美公司更改的是安装文件。
⑤ 他还必须要得出该程序受著作权保护的结论。他认为这是一部文学作品,正如我们所看到的,网络上的许多材料都是如此。然而,这对于项目来说就不那么清楚了。详细的讨论超出了本书的范围,See Cornish W. R. & Llewelyn D., *Intellectual Property*, op. cit. fn. 3, Chapter 19。

常使用的条款默示测试方法:①

> 有两个标准是尤为恰当的,即(i)从共享软件的基本目的(评价目的)来看,所谓的条件是否为赋予商业效率所必需的;(ii)它是否明确到"毋庸置疑"。

他还说:

> 应用这些标准,我认为共享软件是一个很好的选择。根据这些标准,我认为,在分销商经营共享软件的情况下,必须完整地、不加修改、不增不减地分发该软件。

海利还认为,欧意美公司使用共享软件的目的并不是共享软件,即由潜在的用户对该软件进行评估,而是将该软件作为赠品,希望用户使用其提供的服务。

海利还准备阐述习惯(贸易用途可作为特定贸易中如何遵循习惯的事实证据),如果存在习惯用途的足够证据。不过,他认为,这些证据远远达不到确立法律意义上的习惯所需。

过分解读川普案可能是个错误。澳大利亚的案例充其量只能说在英国是有说服力的,而且,大多数网页更类似于免费软件而不是共享软件,因为它们通常可以被无条件地自由浏览。然而,我认为这个理由是令人信服的,如果正确的话,那至少说明了这一点:

(a) 网页可供自由取用的事实并不意味着对其使用不

---

① 该标准采用自英国石油公司炼油厂(韦斯特波特)私人有限公司诉黑斯廷斯郡案(BP Refinery Pty Ltd. v. Shire of Hastings) (1977) 180 CLR 266, p. 283(合同许可证案例),全文见 www. austlii. edu. au/au/cases/cth/high\u ct/180clr266. html。

附加任何条件;

(b)无论是否有明文规定,这些规定都是隐含的,与合同许可的基础相同;

(c)如果能够证明习惯存在,习惯的使用可能是有关联性的;

(d)即使允许查看未经修改的页面,也不意味着允许对其进行修改。

检验合同是合乎情理的,因为检验会探知作者的意图,但要客观地确定,这与检验合同双方的意图是否类似。然而网页检验所探知的只是作者的意图,而不是用户的意图,合同双方的意图与纳入合同条款有关。

就网页而言,可能会形成关于它的习惯用法,但目前尚未形成。海利采纳了杰塞尔(Jessel MR)在纳尔逊诉达尔案(Nelson v. Dahl)中的观点,他说,贸易习惯的存在是:①

> 这是一个事实问题,与所有其他习俗一样,必须严格证明。它必须影响深远,以至于行业中的每个人都以这种习惯作为默示条款订立合同。它必须是统一的,也必须是合理的,它必须具有与书面合同本身相当的确定性。

虽然他指的是一种行业习惯,但很明显,严格的证据适用于涉及网络使用的习惯,无论是在特定行业还是其他行业。

在缺失惯例的情况下,除了已经讨论过的用途外,其余用途是否会被视为授权,这一点并不明确。由于所有浏览器都有下载功

---

① [1979] 12 Ch. D 568, p.575.

能,除非网页明确禁止,否则将网页下载到硬盘上的行为似乎是被允许的。然而不明确的是许可范围是否会扩展到向他人发送副本,或将网页挂载到另一个网站上,而且任何许可似乎都只涉及未经修改的网页。举例来说,在不同网页上挂载图片可能是不被允许的;同样将另一个页面的图片或文字并入自己的页面(框架)内也是不被允许的,尽管在这种情况下,复制不是由网络作者而是由用户完成的。这就产生了下一节要讨论的问题。

第四节 合并其他客观因素、深度链接和次要责任

一、次要责任的相关性

如果将别人的图片或文字融入一本书中,我就必须复制该图片或文字,这在原则上可能会构成侵犯著作权。但是,我可以创建一个网页,将别人的图片或文字融入其中,且完全不需要复制任何东西。例如,在我就读的大学的主页上有一张 2004 年毕业的照片,我可以把这张图片复制到我的服务器上,然后使用下面的代码,就可以把它合并到自己的网页上:①

< p > < img border = "0" src = "grad2095. jpg" width = "100" height = "133" > < /p >

但如果我没有得到大学网页作者的许可,那就等于侵犯了著作权,就像把图片的印刷版复制到书中一样。但我不需要这样做。下

---

① 对于超文本标记语言和 www 的所有其他方面的出色描述,见 www.w3schools.com(这是一个官方的 W3C 联盟网站)。

面的代码同样可以做到这一点:①

< p > < img border = "0"

src = "http://www2.swan.ac.uk/resources/news/grad2095.jpg"

width = "100" height = "133" > </p>

不同的是,在第二种情况下,我根本没有复制图片。然而,任何访问我的网页的人都会看到这幅图片,其显然是合成的。但事实上,它在各方面都与第一版完全相同。②

我也可以对文本,甚至整个网页进行同样的处理,最简单的方法是使用框架,这种技术通常被称为建构。③ "借用"的材料会被纳入我自己的页面,如果我愿意,我可以用我自己的标志和广告来围绕它。但同样,我没有复制任何东西。和图片一样,复制将由用户完成,网络作者即使有侵权责任,也将是次要的。

一个引起类似问题的领域是深度链接,即链接到网站的内页而不是主页。在此种情形下,所有复制都将由用户完成,而不是由链接页面的作者完成。因此,网络作者即使有侵权责任,通常也只是次要的。

信息共享或点对点系统也产生了次要责任的问题。④ 这些系统鼓励用户共享信息(或更准确地说,从一个用户复制到另一个用户),且通常是以音乐文件的形式共享,当 MP3 等压缩技术使在家用计算机的硬盘上存储大量高质量音乐成为可能时,这些系统就开

---

① jpg 图片文件在 Swansea 网站中的位置(在 resources/news 目录下),可以很容易地通过检查主页的源代码确定。

② 我没有复制任何东西,但是,网友当然会复制那张图片,至少会复制到电脑的随机存取存储器中。

③ 参见 www.w3schools.com/html/html_frames.asp。还可见 Cornish W. R. & Llewelyn D., *Intellectual Property*, op. cit. fn. 3, paras. 19 –67。

④ Cornish and Llewelyn, *Intellectual Property*, op. cit. fn. 3, paras. 19 –67。

始出现了。早期的网站之一是纳普斯特,其在加利福尼亚州提起诉讼:①

纳普斯特公司促进了其用户之间的 MP3 文件的传输。通过一个通常被称为"点对点"共享片段的过程,纳普斯特允许其用户:(1)使存储在个人电脑硬盘上的 MP3 音乐片段可供其他纳普斯特用户复制;(2)搜索存储在其他用户电脑上的 MP3 音乐片段;(3)通过互联网将其他用户的 MP3 片段内容的副本从一台电脑传输到另一台电脑。这些功能由纳普斯特的音乐共享软件(可从纳普斯特的互联网网站免费获得)和纳普斯特的网络服务器及服务器端软件实现。纳普斯特公司为 MP3 片段的索引和搜索提供技术支持,并为其其他功能提供技术支持,包括"聊天室",用户可以在这里见面,讨论音乐,以及建立一个通讯录,使参与的艺术家可以在这里提供有关其音乐的信息。

纳普斯特公司已停止上述活动,但也有其他组织这样做。② 当然,复制音乐片段通常会涉及侵犯著作权,③但从上述描述中可以看出,纳普斯特公司本身没有复制任何东西。因此,该系统的组织者

---

① A&M Records Inc. v. Napster Inc. ,239 F Supp 3d 1004(9 Circ,2001),para. 5. 其以下段落更详细地描述了系统是如何工作的。这是临时程序,不是全面审判。全文见 www. law. cornell. edu/copyright/cases/239\u F3d\u 1004. htm。

② 例如, www. firstmonday. dk/issues/issue5_10/adar/, www. rixsoft. com/Knowbuddy/gnutellafaq. html#resgnutela 或 http://capnbry. net/gnutella/protocol. php。纽特拉(Gnutella)没有原来的纳普斯特那么集中,因此可能不太可能发生二次违规。进一步参见本章第四节第五小节。

③ 在纳普斯特案中,就主要侵权问题提出的合理使用论点没有成功。

即使承担责任,也只是次要责任。①

因此,对其定罪显然需要考虑次要责任的构成要件。

二、一般的次要责任

1988 年英国《版权法》第 16 条第 2 款规定:

> 任何人未经著作权人许可,从事或授权他人从事著作权所限制的行为,即侵犯了作品的著作权。

关于授权的案例是哥伦比亚音乐有限公司诉阿姆斯特拉德计算机电子有限公司(以下简称阿姆斯特拉德公司)案(CBS Songs Ltd. v. Amstrad Computer Electronics plc.)②(以下简称阿姆斯特拉德案),在该案中,原告没有索赔成功。这起上诉显然成为一个试验性案例,邓普曼法官(Lord Templeman)将其描述为"唱片制造商和录音设备制造商之间的冲突的高潮"③,是由一方的代表对另一方的代表提出的。

阿姆斯特拉德公司生产了一种带有双磁带解码器和高速配音设备的录音机,还宣传他们的产品:④

---

① 纳普斯特公司被认为负有责任,但美国关于次要责任的规定(当然)与英国的规定不同。目前尚不清楚,根据美国法律,更分散的体系是否也会招致责任;我们必须等待正在进行的格罗克斯特诉讼的结果。

② [1988]AC 1013,见 Bainbridge, *Intellectual Property*, op. cit. fn. 14, p. 240。该案是根据 1956 年的立法决定的,但 1956 年法案的第 1 条第 2 款与 1988 年英国《版权法》第 16 条第 2 款的规定相同。美国也有类似的案例得出类似结论:索尼公司诉环球影城公司案(Sony Corp. v. Universal City Studios),464 US 417(1984)。此案涉及录像机的制造和零售。

③ [1988] AC 1013, p.1046.

④ Ibid., p.1050.

现在具有"高速配音"功能,使您能够把一盒磁带的内容复制到另一盒磁带,从其来源直接录制,然后进行复制,您甚至可以复制您最喜欢的磁带。

显然,消费者的这种复制行为会涉及侵犯著作权,但有脚注提醒:[1]

> 某些材料的录制和回放必须经过许可。请参考1956年英国《著作权法》,1958年、1972年英国的《表演者保护法》。

上议院认为,阿姆斯特拉德公司没有授权侵犯著作权,尽管这种录音机的生产和销售显然为侵权提供了便利。邓普曼法官采用了阿特金法官在福尔肯诉著名玩家电影公司案(Falcon v. Famous Players Film Co.)中对"授权"的定义:[2]

> "授权"是指授予或意欲授予第三人实施被投诉行为的权利,无论其意图是让受让人自己实施该行为,还是仅代表授予人实施该行为……

在同一案件中,班克斯法官(Bankes LJ)接受了"授权"等于"批准、认可和支持"[3],坦普尔曼法官认为,"阿姆斯特拉德公司没有批准、认可或支持对其模型的侵权使用"[4]。阿姆斯特拉德公司并没

---

[1] [1988] AC 1013, p.1051.
[2] [1926] 2 KB 474, p.499.
[3] Ibid., p.474.
[4] [1988] AC 1013, p.1054.

有要求任何人以构成侵权的方式使用他们的产品,①他们也没有对复制过程进行控制,或者对其机器出售后的使用进行控制。② 如果没有著作权警告,该广告可能会构成授权。最后,该广告被认为是为了引起注意,而不是授权。

因此,上议院对授权的定义进行限缩,而仅为侵权提供便利远达不到构成授权的标准。本案的效力乍看之下,似乎大大缩小了次要责任的范围,然而在阿姆斯特拉德案中,录音机可以用于合法复制,因此可以对其设备进行替代性的合法使用。复制行为是否非法的决定权完全在使用者手中。③ 上议院还强调,阿姆斯特拉德公司对售出的设备缺乏控制,这与澳大利亚高等法院审理的穆尔豪斯诉新南威尔士大学案(Moorhouse v. University of New South Wales)④不同,在该案中,新南威尔士大学因在其图书馆内提供复印设施而被认定为二次侵权。与阿姆斯特拉德案不同的是,该大学对复印机始终拥有控制权。

问题在于上议院在阿姆斯特拉德案中阐述的原则应如何适用于网络使用。

三、深度链接

只有在产生主要侵权责任时,才会产生次要责任,人们可能会问,为什么深度链接本身会引起侵犯著作权的行为? 正如我们在第一章中所指出的,网络的一个显著特点是它是非限制性的,任何网

---

① [1988] AC 1013, p.1056.
② Ibid., p.1054.
③ Ibid., p.1052–1053.
④ [1976] RPC 151.

页都可以链接到其他网页,且不需要从引导页(或主页)往下走。①搜索引擎和主页一样,二者并不相互排斥,都会链接到内页。因此,从表面上看,在这个社交媒体上发布网页的人都能反对这个媒体,这似乎很奇怪。此外,许多网络作者积极鼓励建立深度链接,包括商业网站。例如,英国广播公司(BBC)为它的节目,如《高速运转》(Top Gear)或《点击在线》(Click Online),都设有单独的网页,并且非常乐意这些网页被加入书签。② 英国广播公司并不坚持其主页必须在第一时间被访问。

然而,一些商业网站之所以喜欢通过其主页引导访问者,是因为其主页可能包含广告或标志,或可能包含进入该网站的条款和条件,或可能包含该网站的密码保护或注册要求。这些网站的所有者自然反对访问者以任何方式绕过主页直接进入内页。

英国第一个涉及深度链接的案件是设得兰时报案③(Shetland Times v. Wills)。这是一个广为人知的案例,有很多文章对其进行报道,但由于各种原因,没有对它进行过多的解读。实际上这是一个内容为主要责任而非次要责任的案件,但其所依据的事实可能是非典型的。该案在未完全审理前双方就已达成和解,判决后法律发生了变化。而且,事件发生在 20 世纪 90 年代中期。从那时起,技术发生了变化。在 21 世纪的今天仅利用技术就可以保护网站免受不必要的二次链接。因此,如今可能出现的争议类型与那个时代出

---

① 相比之下,地鼠程序是分层排列的,尽管在那里也可以直接链接到较低级别的页面。
② 事实上,《高速运转》节目在网站上有自己的"主页": www.bbc.co.uk/topgear。《点击在线》节目的主页位于 http://news.bbc.co.uk/1/hi/progRAMmes/click\u online/default.stm。
③ [1997] FSR 604;[1997] EMLR 277 (Scottish Court of Sessions)。全文可在 Westlaw 及 www.linksandlaw.com/decisions-87.htm 找到。另见 Edwards L. & Waelde C., Law and the Internet, op.cit.fn.20, p.185。

现的争议类型不同。

争讼的内容是,由乔纳森·威尔斯(Jonathan Wills)博士担任总经理的一家公司所拥有的《设得兰新闻》与《设得兰时报》的报道相链接,使这些报道看起来像《设得兰新闻》的报道。《设得兰时报》反对这样做,其部分原因是它希望在其网站的主页上出售广告空位,而读者如果通过《设得兰新闻》访问这些报道,就会绕过这些广告。故而《设得兰时报》担心其广告收入会减少。

《设得兰时报》能够获得针对《设得兰新闻》的临时禁令的理由有两个,其中主要的一个理由是,两个网站都被认为是有线电视节目,将一个有线电视节目纳入另一个节目是侵权行为。[①] 这一论点并未得到普遍认同,但鉴于2003年英国《商标法》修正案[②],现在其只具有历史意义。有线电视节目是在1988年英国《版权法》中被规定的,当时还没有现代电子商务,特别是万维网的概念,因此,至少可以明确的是,这个概念从未适用于网络。2003年英国《商标法》修正案第4条对1988年英国《版权法》第6条进行了修订,用"广播"取代了"有线电视节目",而其第6(1A)条对"广播"的定义显然不包括这类网站:[③]

> (1A)除"广播"的定义外,就是互联网的传送,除非它是以下几种情形:
> (a)同时在互联网上和以其他方式进行的传输;

---

① 2003年英国《商标法》修正案第7条第1款规定了有线电视节目,第20条规定了侵权行为。第7节已被废除(《2003年条例》第5段)。

② 尽管这在索尼诉易网咖啡案(Sony v. Easy Internet Café)中被认为是正确的。然而,这个问题并不是直接出现的(本章第四节第五小节讨论了这种情况)。

③ 2003年英国《商标法》修正案的主要目的是实施欧盟《版权指令》,如下文所述(本章第五节)。然而,这纯粹是英国的一项规定,"有线电视节目"是英国立法的一个特例。

(b) 同时传送现场活动;

(c) 传送录制的移动图像或声音,构成由负责传送的人确定的节目服务的一部分,是一种在该人确定的预定时间传送节目的服务。

"广播"的概念并不适合用来描述万维网,因为在万维网上,用户是以个人意志为基础来请求信息的。原则上,不把因特网与广播相提并论是正确的。①

虽然该案中的主要论点因此只具有历史意义,但其第二个论点至少现如今在相同的事实下仍然适用。这是原告违反著作权的诉讼案件。然而,本案取决于这一点:如果《设得兰新闻》使用了自己的标题,那么其侵犯著作权的行为就会不成立(除非网址本身可以吸引著作权保护),因为它没有复制《设得兰时报》的任何文字。该案审理结果还取决于标题是否被视为原创性文学作品。汉密尔顿法官(Lord Hamilton)说:②

在这方面我没有针对任何作者。虽然文学价值并不是文学作品的必要因素,但可能存在一个问题,即标题是其相关项目主题的简要指示,其是否受著作权保护。退一步说,标题可以是文学作品,而且由于有争议的标题(或至少其中一些)涉及8个左右的字,这些字是为了传递信息而被设计在一起的,因此,在我看来,至少在某些情况下,复制标题有侵犯第17条的可能。

---

① 请参见本书第十二章第二节第三小节对新加坡立法的描述,其中(在不同的背景下)采用了广播模式。

② 威尔斯承认,标题可以吸引著作权,但他辩称,它们不是该法案意义上的原创文学作品。

对这一案件不应过分解读。本案只进入了中间禁令阶段,而非全面审判阶段,因此,原告只需提出表面确凿的证据即可。这不一定表示在全面审讯中会有同样的裁决。① 不过,这确实说明了认定深度链接为对著作权进行主要侵犯的方式存在的困难。在这里,有一个主要侵权行为,即标题被抄袭,至少其中一些标题从其长度来看,可以被视为文学作品。事实上,对主要侵权行为的认定只取决于对标题的复制,而不取决于深度链接(即使没有任何链接,也会有责任)。关于次要责任没有任何争议。②

如果设得兰时报案发生在今天,其判决也是一样的。但假设标题没有被复制,那么其责任(如果有的话)将只是次要的。从表面上看,阿姆斯特拉德公司可能不会保护深度链接者,因为用户除了跟随链接外,没有其他选择,而且链接始终在链接者的控制范围内。

搜索引擎经常访问内页,因此可能也会出现类似的问题,即是否存在二次侵犯著作权的情况。不过,一个有趣的问题是,作为有效的自动索引系统,其在没有人工干预的情况下运行,是否可以合理地释明其授权了什么。然而,只有当用户将页面复制到内存中时,才会产生次要的违规行为。现在大多数报纸并不在可访问的.html文件上提供文本,而是在用户每次请求时使用公共网关接口程序或.asp脚本文件生成文本。③ 公共网关接口或活动服务器界面程序的源代码可以保密,因为它只能被执行,用户既不能读到它,也不

---

① 该案在法院门口得到解决, See Edwards L. & Waelde C., *Law and the Internet*, op. cit. fn. 20, p. 185。

② 有关美国类似案件的摘要和全文,见 Washington Post v. Total News, 参见 http://legal.web.aol.com/decisions/dlip/wash.html。

③ 《泰晤士报》"法律报告"过去在《泰晤士报》的主页上不需要注册就可以直接访问,我曾经从自己的网站上深度链接到这些报告,但从 1997 年开始,已经无法避开主页了。

能读到网站的目录结构。对于.asp文件,W3C联盟说:①

  因为动态服务器页面脚本是在服务器上执行的,所以在浏览器中不能查看动态服务器页面代码,只能看到来自动态服务器页面的超文本标记语言输出。

可以从命令行中隐藏发送给程序的任何代码,这样用户看到的都是.asp文件的名称。因此,由于用户看不到代码,其没有必要的信息来生成.html页面,除非使用网站主页的链接。也许黑客可以避过这个安全问题,但正如我们在下面所看到的那样,现在的法律已经有足够的手段来处理这个问题。当然,网站最终输出的将是.html格式,可以被复制后放在其他网站上。不过,与《设得兰时报》本身不同的是,这需要复制,而且将涉及明显的侵害著作权行为(鉴于已经采取了防止这种行为产生的措施,肯定不可能说这是经过授权的)。

《设得兰时报》后续使用框架和.asp文件,②不再容易受到本案中所讨论的那种攻击。有趣的是,《设得兰新闻》继续使用.htm files,这使其很容易被访问(因此,深度链接仍然是可能的)。问题是,如果网站所有者想隐藏内部页面,除了通过主页,还有就是像《设得兰时报》现在所做的那样,现在是可以做到的。

同样的技术应该也可以防止内页被搜索引擎访问,但即使一个页面以简单的.html格式存储,搜索引擎也可以通过使用robots.txt文件或如下的元标签来分离内页:③

  < META NAME = "ROBOTS" CONTENT = "NOINDEX,

---

① www.w3shools.com/asp/default.asp.
② www.shetlandtoday.co.uk.
③ 一般是 www.robotstxt.org/wc/exclusion.html#robots.txt 和链接页。

NOFOLLOW">

鉴于这些情况,我提出以下建议。众所周知,万维网允许用户从一个网页链接到任一其他网页,搜索引擎将为所有的网页编制索引,无论它们在特定网站的结构中处于什么位置。事实上,许多网站都积极鼓励深度链接。但是,现在已经有了这种技术,并且经常被用来防止直接访问内页,除非通过主页,这也许是通过一个框架来约束的。这种技术也可以防止搜索引擎访问内页。那么,我们当然可以合理地推断,一个不使用这种技术的网站是授权用户访问其内页的。如果是这样,深度链接就不会造成用户对著作权的一次侵害,只有当这种说法错误时,才会出现二次侵害的问题。

简言之,自《设得兰时报》事件之后,事情已经有了进展。现在的关注重点集中在保护内页的技术,而不是侵权行为(如果有的话)本身。下文将进一步研究这种重点的变化。

四、框架

框架引起了不同的讨论,因为现在的网页浏览方式不一定为任何许可所涵盖。我们没有理由认为,将图片或文字放在网站 A 的页面中,就可以授权用户在一个完全不同的上下文中查看它们,且这篇文章在网站 B 的页面中。[①] 此外,由于非法使用是制作者强加给用户的,用户没有任何选择,因此,制作者将无法以阿姆斯特拉德案为由避免次要责任。

[①] 正如我们所看到的《2003 年条例》阻止了复制到随机存取存储器中的行为,但只有当它是为了合法的目的时,才是侵犯著作权的行为,这肯定意味着其在默示许可的条款范围内。

五、音乐发行问题

消费者从互联网上下载音乐文件,通常会涉及侵犯著作权的问题(受制于下文讨论的合理使用抗辩)。例如,网站许可用户收听歌曲或曲子一次,①或者用户将流媒体音乐保存到硬盘或 CD 上,情况也是如此。

点对点系统,最初由纳普斯特建立,后来由努特拉运营,其组织者完全不涉及复制,因此其涉及的任何责任都是次要的。然而,在例外情况下,商业公司应对侵权行为人负主要责任。如果一家商业公司代表消费者进行复制,那么该公司本身就违反了著作权。在索尼诉易网咖啡案②中,一家咖啡馆[其创始人也是易捷航空的创始人斯泰利奥斯·哈吉·伊奥安诺(Stelios Haji-Ioannou)]在其经营场所内提供 CD 复制设施,但复制行为不是由顾客直接完成,而是由咖啡馆的一名员工付费完成。该咖啡馆被索尼和英国唱片业有限公司(BPI)的其他成员以侵犯著作权为由成功起诉,这大概是一个试验性的案例。③

易网咖啡公司辩称,其没有侵犯著作权,因为客户的私人目录可能是由用户磁盘上传的材料组成的,而不是从互联网上下载的。然而,根据正常的概率推理,这一点被驳回。根本就没有证据表明用户有上传行为。考虑到这些材料的大小,用软盘上传是完全不现实的,而用客户制作的光盘上传,从经济角度看也是行不通的,因为客户必然需要有自己的光盘刻录设备。易网咖啡公司还根据 1988 年英国《版权法》第 70 条提出了私人和家庭使用的抗辩理由,但未

---

① 例如,通过互联网"广播",如雅虎 Launchcast。
② [2003] ECDR 27, Chancery Division.
③ 这是一起要求简易判决的诉讼,由彼得·史密斯(Peter Smith)法官审理。

被采纳,当时该法令允许用户为了在更方便的时间收听或观看对其进行复制(时间转移):①

> 为私人和家庭使用的广播或有线电视节目的录音,仅仅是为了使人们能够在更方便的时间观看或收听该节目,并不侵犯该广播或有线电视节目或其中包括的任何作品的著作权。

虽然顾客可能会有这种抗辩理由,但咖啡馆却不能。索尼诉易网咖啡案是另一个不应被过分解读的案件,因为它的结果取决于咖啡馆自己制作的拷贝。如果顾客自己进行复制,那么索尼公司当然要承担次要责任。也许他们能够区别于阿姆斯特拉德案,因为咖啡馆保留了对复制过程和设备的控制权,但索尼公司也会辩称顾客的复制行为构成了主要侵权行为;不过,与咖啡馆不同的是,顾客能够援引1988年英国《版权法》第70条进行抗辩。如果没有主要责任,也就不会有次要责任。然而自本案发生后,第70条抗辩理由的适用仅限于"在家庭场所"进行的复制,这显然消除了这一特殊问题。②

还有一些点对点的网站,如努特拉经营业务的网站,方便一个用户向另一个用户复制音乐。努特拉本身不复制任何东西,也不允许用户从自己的服务器上复制任何材料。它的作用是让用户之间相互联系,以便他们之间的复制。因此,它的责任(如果有的话)也必须是次要的。其提供复制音乐的设施,乍一看,似乎与阿姆斯特拉德公司所做的事情没有什么不同。但点对点音乐网站既可用于

---

① 2003年英国《商标法》修正案对这一抗辩理由进行了修改。
② 《2003年条例》第19条。

合法复制，也可用于非法复制，而且根据网站的设置方式，复制行为可能不受该组织的控制。然而，尽管阿姆斯特拉德公司警告客户不要侵犯著作权，但点对点系统存在的全部理由肯定是用于非法复制。这足以确定阿姆斯特拉德公司在这种情况下违反了著作权，需要承担次要责任。

使用者是否可以通过时间转移的抗辩免除其主要责任与次要责任？但是，意识到著作权不在发送者手中的接收者不能以此为由提出抗辩。无论如何，2003年对1988年英国《版权法》第70条的修订肯定会阻止为外发副本提出抗辩，根据2003年立法在1988年英国《版权法》中加入的第70条第2款，随后处理时间转移的材料的行为将被视为侵权行为。①

因此，在大多数点对点系统中，主要和次要的侵权行为都可能被确定。但是，在这一领域，由于互联网的性质，在实践中执行法律可能是困难的。

六、传输

还可以对传输行为规定次要责任。原则上，这至少可以对互联网服务供应商产生影响，②但实际上，在正常情况下这不太可能实现。

1988年英国《版权法》第24条第2款规定了传输的责任。该条在2003年经修订后，内容如下：

---

① 假设 MP3 压缩被视为 CD 的拷贝，但在纳普斯特案中，它被认为是 CD 的拷贝，见该案件第 24 段。在纳普斯特案中，外传复制也不能说是合理使用，见该案件第 45 段。当然，美国的立场并不完全反映我们的立场（例如，还有一种空间转移的抗辩，英国没有对应的抗辩）。

② 参见 Bainbridge, *Intellectual Property*, op. cit. fn. 14, p. 238 et seq.。

任何人未经著作权所有者的许可,通过电信系统(不是向公众传播)传送作品,明知或有理由相信在英国或其他地方接收传送的作品会产生侵权副本,即为侵犯作品的著作权。

　　该法第 24 条第 2 款规定,侵权人必须知道或有理由相信会有人制作侵权复制品,因此,互联网服务供应商通常可能是安全的。①

第五节　欧盟《版权指令》

　　协调信息社会中著作权和相关权利的某些方面的指令(2001/29/EC 号指令)加强了对著作权的保护,无论是在一般情况下还是在电子商务背景下,该指令通过《2003 年条例》在英国生效。②

　　该指令基于世界知识产权组织(World Intellectual Property Organization,WIPO)早期的工作试图在整个欧盟范围内对著作权法进行部分协调。虽然这种协调并不完善,但至少可以遏制各国未来在著作权方面完全各自为政的局面的出现。在英国,使该指令生效的法规的第 9~23 条修改了合法或公平使用的范围,尽管它们对著作权法是非常重要的,但其几乎没有与电子商务特别相关的内容。

　　至于关于互联网的具体规定,我们已经看到了第 5 条第 1 款的运作,这为其有效运作提供了必要的复制豁免。欧盟《版权指令》

---

　　① 以前"广播或包含在有线节目服务中"有一个例外,但这一例外已被《2003 年条例》取消。

　　② 指令的全文在 http://cryptome.org/eu-copyright.htm,条例的全文见 www.opsi.gov.uk/si/si2003/20032498.htm。

第3条规定了向公众传播的权利,第4条规定了传播权。

向公众传播的权利已通过1988年英国《版权法》第16条第2款(d)项进行了修改,现行新的2003年《版权法》第20条第2款规定:①

> (2)凡在本部中提及的向公众传播,均指以电子传送方式向公众传播,而就作品而言,包括:
> ……
> (b)以电子传送的方式向公众提供作品,使公众可在其个人选定的地点和时间获取该作品;
> ……

然而,欧盟《版权指令》第4条尚未在英国法律中得以实施;英国从未承认过发行权。

尽管欧盟《版权指令》第3条和第4条的实施可能会在著作权保护相对较弱的国家中起到一定的作用,但这两条不太可能明显地扩大英国法律对著作权的保护范围。例如,其第3条明确规定,将信息放在公众可以访问的服务器上是一种侵权行为。然而,该条可能对现有的法律没有什么补充,因为这必然涉及复制,而复制无论如何都会涉及侵权行为。② 其第4条如果得到实施,可能会涵盖点对点的操作,正如我们所看到的,这些操作并不涉及组织的复制,但在任何情况下,这些操作大多数都会涉及二次侵权,因此无论如何都会被英国法律所涵盖。

更重要的是,对欧盟《版权指令》保护技术措施(第6条)和权

---

① 分别由《2003年条例》第6条第2款和第6条第1款代替。
② 这一点从本章第四节第三小节所述的设得兰时报案中可以清楚地看出。

利管理(第7条)的新规定。在英国,2003年英国《版权法》第24条和第25条对1988年英国《版权法》第296条进行了修正,从而实施了这些新规定。

一、规避技术措施

技术保护措施针对的是那些规避密码保护、加密或其他控制访问方法的黑客。它还包括对软件的日期限制、对拷贝数量的限制,以及对光盘进行修改,使其只能在音频播放器上播放等事项。这一点从2003年英国《版权法》第296条第ZF款对"技术措施"的定义中就可以清楚地看出:①

(1)……"技术措施"是指在正常操作过程中为保护著作权作品而设计的所有技术、装置或部件,而不是计算机程序。

(2)如果作品的使用是由著作权人通过以下方式控制的,则该等措施是"有效的":

(a)访问控制或保护程序,如对作品进行加密、加扰或其他转换,或

(b)复制控制机制,以实现预期的保护。

显然,技术措施包括访问和复制控制机制。这与深度链接的辩论有关,因为如果提供者采取技术步骤隐藏内页,那么规避这种安全的行为就会违反这些规定。

---

① 经过2003年的修订增加至1988年英国《版权法》中,以执行欧盟《版权指令》第6条第(3)款。

2003年英国《版权法》第296条第ZA款条文的基本含义,是让著作权人对规避该等措施的人享有相同的获得救济的权利,犹如他或她侵犯了著作权一样。该条适用于以下情况:①

(a)对计算机程序以外的有著作权的作品采取了有效的技术措施;

(b)任何人……明知或有合理理由知道他正在追求这一目标,却做出规避这些措施的行为。

换句话说,有对犯罪意图的要求,但它必须是客观存在的。下列产品的制造商、销售商、分销商等也触犯刑事犯罪:②

主要为促成或便利规避有效技术措施而设计、生产或改装的任何装置、产品或部件。

2003年英国《版权法》还规定,在业务过程中提供、促进、宣传或推销"旨在促成或便利规避有效技术措施的服务"③是一种违法行为。

有人认为,这样的规定对著作权行业的保护太多。传统上,对著作权的保护并没有延伸到合理使用,但技术设备可以阻止对材料的任何访问,无论该使用是否合法。然而,2003年英国《版权法》第296条第ZF款继续规定:

(3)在本条中,指的是:

---

① Section 296ZA(1).
② Section 296ZB.
③ 这是对第296条第ZB款(2)项的一种解释。

> (a) 对作品的保护是为了防止或限制未经该作品的著作权人授权的行为;以及
>
> (b) 对作品的使用不包括在著作权限制的行为范围之外对作品的任何使用。

这旨在实施 2001/29/EC 号指令第 6 条第 4 款,取消对限制著作权作品公平交易的设备的保护。但这在实践中很难看出是如何运作的,除非双方达成协议(因为技术无法知道用户打算将信息用于何种用途)。

二、权利管理

权利管理保护的动机最初来自音乐产业,其目的是追踪复制音乐的来源,从而确定这些拷贝是否合法。该行业利用数字水印持有人追踪非法拷贝,并希望得到保护,防止黑客删除水印。[①]

2003 年英国《商标法》修正案第 25 条提供了权利管理保护,在 1988 年英国《版权法》中加入了新的第 296 条第 ZG 款。该条规定:[②]

> (1) 本条适用于任何人(甲)明知且未经授权而删除或更改以下电子权利管理信息的情况:
>
> (a) 与著作权作品的副本有关,或
>
> (b) 是在与向公众传播著作权作品有关的情况下出现的,以及

[①] E.g., Cornish W. R. & Llewelyn D., *Intellectual Property*, op. cit. fn. 3, paras. 19–81.

[②] Implementing Art 7 of the Directive.

甲知道或有理由相信,他这样做是在诱导、促成、便利或隐瞒侵犯著作权的行为。

(2)如果某人(乙)在知情且未经授权的情况下,分发、进口或向公众传播一项著作权作品的副本,而电子权利管理信息来自该作品:
(a)与副本有关,或
(b)因向公众宣传该作品而出现。

作品在未经授权的情况下被删除或更改,而且乙知道或有理由相信他这样做是在诱导、促成、便利或隐瞒侵犯著作权的行为。

(3)任何向公众发行该作品的复制品或向公众传达该作品的人,对甲及乙拥有的权利,与著作权拥有人在侵犯著作权方面拥有的权利相同。

(4)著作权拥有人或其专用特许持有人(如他并非向公众发行该作品的公开复制品或向公众传播该作品的人)在侵犯著作权方面对甲及乙享有的权利,与他在侵犯著作权方面享有的权利相同。

换句话说,对黑客[确定为(甲)]的处理方式与处理侵犯著作权者本人相同。请再次注意客观的犯罪意图要求:"甲知道或有理由相信,他这样做是在诱导、促成、便利或隐瞒侵犯著作权的行为。"这与上文本章第五节第一小节考虑的对规避科技装置的犯罪意图的规定相类似。复制品的发行者也受到条例的约束,要求有类似的犯罪意图[确定为(乙)]。

尽管这些规定制定的最初目的可能主要是消除数字水印,但对

权利管理的定义相当广泛:①

> "权利管理信息"是指著作权人或著作权项下任何权利主体提供的任何信息,这些信息可以识别作品、作者、著作权人或任何知识产权主体,或是关于使用作品的条款和条件的信息,以及代表这些信息的任何数字或代码。

这原则上适用于任何隐藏作者身份的企图,也可以适用于将他人网站的材料纳入自己的网页的行为,无论是通过框架还是其他方式。它也可能适用于《设得兰时报》中出现的那种深度链接,在这种情况下,文章作者的身份也被隐藏了。② 同样,旨在规避密码页面或条款和条件页面的深度链接显然属于这一定义的最后一部分,当然,这些链接通常也会被上文所述的规避技术保护措施所捕获。

然而,权利管理条款并不涵盖所有深度链接或框架。例如,其承认作者身份,而绕过主页访问仅仅是为了影响潜在的广告收入,那么这似乎不属于该条款规范的范围。

---

① Section 296ZG(7)(b), implementing Art 7(2).
② 康尼什(Cornish)和卢埃林(Llewelyn)(op. cit. fns. 3 and 82)没有建立这种联系,但是从定义上来看,这个范围似乎足够广。

第三部分

加密

第五章　加密、电子和数字签名原则

第一节　为什么要加密

互联网存在一定的安全隐患,尤其是用卫星传输信息时,理论上任何人都可能截获信息。电子邮件储存在互联网服务供应商的服务器上,未经授权的人可能会进入这些服务器,更有甚者,互联网服务供应商有时也可能会窥探信息。① 因此,对于电子商务(或个人)而言,使用加密技术来隐藏内容是有价值的。有些资料是敏感的,如商业主体的商业秘密、机要资料,消费者的信用卡资料等。

加密也可以用来确定身份。有些网站是有密码保护的,为了防止入侵者的非法入侵。试想,我有一个网上银行账户,很不愿意除了自己之外的别人也知道。密码必须以某种方式设置,以便检查它们是否被正确输入,但出于安全考虑,它们总是以加密的形式被保存。

同样,身份信息也很重要。有种常见的网上银行欺诈行为就是罪犯假冒银行工作人员的身份向客户发送电子邮件,并向客户编造一个提供密码的要求。以下这封邮件就是针对劳埃德银行(Lloyds

---

① 例如,Akdeniz Y.,《英国政府的加密政策》,http://webjcli.ncl.ac.uk/1997/issue1/akdeniz1.html,其例举的互联网提供商为美国在线。

TSB)客户的：

> 请阅读这条关于安全的重要通知。我们正在致力于保护我们的客户免受欺诈。您的账户已被随机选择进行验证。这是我们提出的要求，以验证您是该账户的真正所有者。您所需要做的就是点击下面的链接，然后您会看到一个验证页面，请填写您看到的所有信息并提交表格。认证后，您将会被转到劳埃德银行的主页。请注意，如果您没有在24小时内验证您的账户所有权，我们将封锁账户以保护您的资金……劳埃德银行有限公司和劳埃德银行苏格兰有限公司是由英国金融服务管理局授权和监管的。

当然，发送这封邮件的目的是套取客户的密码，发件人并没有得到劳埃德银行的授权。这样的骗局绝非只针对劳埃德银行的客户。有些诈骗者更狡诈，他们甚至建立虚假网站，冒充合法交易商。本章所述的技术手段可以用来核实其身份信息，但到目前为止，这些技术还未能全面投入使用。

关键的问题是，任何人都可以很轻易地在互联网上冒充别人。任何人都可以在网站上建立一个电子邮件账户，如 Hotmail 或 Yahoo!，通过提供完全虚假的细节，他们能够假装成他们想要的任何人。电子邮件地址 paultodd@hotmail.com 可以是任何人的，不一定是（事实上也不是）我的。加密可以用来确定身份，在交易环境中，另一方的身份可能会因为除欺诈以外的其他原因而变得重要：与未成年人签订的合同是无效的；一些交易者可能有权获得折扣；一些人可能不值得信赖等。有些交易对象可能是来自特定国家的个人或公司，与其进行交易是非法的。有些色情网站可能只对成人开放。只有在某所大学注册的学生才可能被允许使用某些数据库

(如 Justis、Westlaw)。

在通过互联网发送单据时,收件人不仅要知道发件人的身份,而且要知道该单据后来有没有被他人更改。电子提单是人们非常关注的一种单据。[①] 人们迫切地希望将这种单据非实物化。通常情况下,海运进口货物的买方必须在提单投标时付款。如果买方付款,那么他就获得了提单,从而获得了在船到时接收货物的权利。反之,如果他不付款,则卖方保留提单,所以在买方不付款的情况下,该单据是卖方的重要担保形式。由此可见,买方要为他没有机会实际检验的货物付款。[②] 在现实生活中,他可以自信地做到这一点,因为单据已经由船长签署,其通常是代表船东签署,证明合同约定的货物已经装船,[③]而且在装船时,这些货物显然处于良好状态。[④] 如果这些陈述是虚假的,那么至少在原则上,船东应当对买方承担损害赔偿责任,所以虚假陈述不符合船长的利益。显然,重要的是买方要知道该单据事实上是由船长而不是由卖方签署的,同时也要知道该单据有没有被更改。在现实生活中,身份可以通过鉴定笔迹来确定,因此对纸质文件的修改更容易被发现。本章后面所述的数字签字技术(见本章第四节)也可以发挥这两种功能,且其安全性远远高于现实生活中的纸质签字,但其只能通过使用加密技术来实现。

由此可见,在电子商务中,使用加密技术的能力是极其重要的。然而,安全是需要成本的,要求的安全程度越高,成本越高。只是为

---

① 确实有一个试点计划"由提单电子注册组织 Bolero(Bill of Lading Electronic Registry Organisation)运作",详见 www.boleroassociation.org。

② 为了使该系统有效地运作,重要的是要在货物到达之前进行单据投标和付款。然而,这往往是有问题的,这也是开发电子版单据的原因之一。

③ 如果货物在海上丢失或损坏,买方应该获得保险的保护。

④ 船长当然不能证明它们实际处于良好状态。

了能有效运转,强有力的加密技术需要最低限度的基础设施。如本章第四节所述,公钥加密技术非常安全,但其所需的基础设施既复杂又昂贵。电子技术的一个优点是,根据敏感度的不同,安全程度可以不同。有些信息并不是特别敏感,欺诈的风险也不是很高,在这种情况下,完全可以放弃高安全度。因此,在消费者销售中,一般只通过信用卡细节来识别客户。即使在交易中,许多人也会相信对方的电子邮件地址,更复杂的加密系统在各种情况下都没有发挥作用。此时被冒名顶替的风险很小,而且使用高等级的安全系统也不划算。同样,如果你在互联网上购买便宜的商品,比如一张长途汽车票,司机可能要求的唯一身份证明就是上车时出示的车票号码。[①] 冒名顶替者盗取汽车票的可能性非常低,不需要更高的安全保障。

第二节 术语说明

本书在术语上,将以惯常的做法,用"数字签名"一词来指本章第四节所述的涉及公用密钥的过程,涉及公用密码学,以及相关的公用密钥加密技术,即 PKI(公钥基础设施)。因此,"数字签名"一词是专门针对技术的(这似乎是相当普遍的用法)。相反,"电子签名"一词是技术中立的,包括任何种类的电子签名。例如,电子邮件底部的姓名是电子签名,但不是数字签名。电子签名与数字签名不同,其往往不能明确地证明签字人的身份或所签文件的完整性,但交易并非总是需要这种确凿的证明。

[①] 例如,国家快运公司(National Express)提供了一个 8 位数的字母数字代码来源网站 www.nationalexpress.com。

第三节　与加密有关的法律问题（概要）

国家要鼓励电子商务的发展，就必须认识到强有力的加密技术的可取性和必要性。然而，允许公民对内容进行自由加密可能会给执法机构带来障碍，因为恐怖分子和其他犯罪分子可以自由地获得这种技术，但对内容加密的控制会引起公民自由问题，并可能妨碍电子商务的推广。因此，需要取得一种微妙的平衡。这些问题（似乎无法得到完全令人满意的解决）将在本书第八章中讨论。

然而，现在似乎应该认识到，对内容（至少是信息）进行加密会引起与上文讨论的其他加密用途不同的问题。此外，尽管许多国家希望控制内容加密，但促进电子商务发展需要鼓励各国使用数字和电子签名。仅仅对数字和电子签名进行国家控制并不存在真正的压力。

就电子签名而言，其应用主要有两类法律问题。[1] 首先，一份文件要具有法律效力，就必须满足正式的书面或签字要求。这些要求通常是法定的，但有时也可以不必是法定的，如普通法规定，提单必须是有效的所有权文件，而合同文件上的签字具有明确的法律后果。[2] 无论这些要求是否为法定要求，它们显然会给电子文件和签名带来问题。在文件作为证据使用之前也可能对其有一些要求。其次，如果出了问题，数字签名或其他形式的电子签名未能正确识别文件的作者，或未经授权的修改被隐藏，就会产生责任承担问题。这些问题将在第六章讨论。

---

[1] 按照本章第二节的定义，广泛使用"电子签名"一词。
[2] 关于后者，请参见本书第九章第四节第一小节。

第四节 加密原则

本节介绍加密的原则。[1] 了解数字签名及其相关的基础设施和法律,有必要了解其工作原理。[2]

一、密钥:对称和非对称加密

数字签名及电子商务中使用的其他加密形式,是现代密码发展的结果,密码发展已经有几千年的历史。[3] 所有的密码都依赖于密钥。密钥用于加密明文和解密密文。[4] 发送者需要知道如何加密信息,接收者需要知道如何解密。但是,该方法必须保密。举个很简单的例子,我可以把我名字中的每一个字符都用字母表中的一两个字符代替,从而产生密文:Rcwn Vqff。[5] 对于不知道解密方法的人来说,这简直是胡言乱语,因为在这种情况下,解密过程与加密过程相反(把密文中的每个字符用字母表中的两个字符替换)。

---

[1] Singh S., *The Code Book*, Fourth Estate,1999,这是一篇出色且可读性很强的介绍,它为本节的讨论提供了很多信息。

[2] Reed C., *Internet Law: Text and Materials*, 2nd ed., CUP, 2004, Chapter 5 and Section 6.1.2,是一个很好的例子介绍。Edwards L. & Waelde C. eds., *Law and the Internet*, 2nd ed., Hart, 2000, Chapter 3,里面也有介绍,但不太详细。

[3] 传统上,密码与代码的区别在于个别字符被改变,或其顺序被改变,或两者都被改变。编码通常是通过参考密码书来替代整个单词或字符。目前,与此相关的是密码,而不是代码。

[4] 这是一个非常基本的评论。请进一步参阅,如 Akdeniz Y.,《英国政府的加密政策》,http://webjcli.ncl.ac.uk/1997/issue1/akdeniz1.html,以及其中的参考资料。

[5] 在这个例子中并不是必需的,但是在 z 之后你再绕一圈,下一个字母是 a,以此类推。

只有接收者知道解密方法，但对于这样简单的密码，只要给它足够的文本，密码分析者仅从密码文本中把密码推断出来是非常容易的。① 为了挑战密码分析师，人们开发了非常复杂的密码。一个简单的变体是在字母表中使用数量不同的字母。现在的变体是将明文中的每个字母替换为字母表中更远的某个数字的字母，在这种情况下，发送者和接收者不仅需要知道加密方法，还需要知道要添加的字母数量。② 后来的（也是更复杂的）变体是多字母密码，每个字母被另一个字母替换成一个不同的数字。在这种情况下，使用的密钥，决定了每个字母要加多少个其他字母。③ 19 世纪有人发现了破解多字母密码的方法，于是人们不得不设计出更复杂的替换方法。到了第二次世界大战时，人们开始使用电子意义上的加密装置，如使用德国的恩尼格玛（Enigma）机*来加密通过无线电传输的信息。不过，密码分析技术也有了进步，许多德国的密电在英国的布莱切利公园被解密。④

　　对于比较复杂的密码，需要保密的只有密钥——加密算法通常在公共领域。所以，举例来说，在第二次世界大战中，夺取一台恩尼格玛机（显然在战场上是一种风险）本身并不会危及德国的密码。通过拆解一台恩尼格玛机，可以确定加密算法，但如果没有密钥，这就没有用了。当然，密钥是被严密保护的，英国和其他盟军不得不依靠复杂的密码分析技术来破解，但这往往需要几个星期甚至几个月的时间。

---

　　① 密码分析也被称为破译，在目前的上下文中是错误的，因为我们没有处理代码。
　　② 这基本就是凯撒字母表的思想，顾名思义，凯撒字母表有千年历史。
　　③ 例如，使用 Viginére 表。
　　* 又称"哑迷机"或"迷"式密码机。——编者注
　　④ 然而，密码分析并不总是能成功。德国海军密码最初超出了英国密码分析家的能力范围，但英国皇家海军能够从气象船和残废的潜艇上捕获密钥。

自第二次世界大战以来,计算机能力的不断提高,使密码的复杂性大大增加。但这并不能保证密码安全,因为密码分析人员也在使用强大的计算机。高级加密标准(AES)正在取代数据加密标准(DES)成为目前的工业标准。① AES 和 DES 算法都属于公共领域;与所有现代密码一样,其安全性在于密钥的保密。

直到最近,加密算法用另一种方式运作。它们始终是双向函数,解密过程与加密过程一样简单,通常是简单的反转。此外,解密和加密使用的密钥总是相同的。以恩尼格玛机为例,其解密的过程与加密的过程完全相同,也就是说,如果在同一台机器上用同一把密钥对密文进行加密,明文就会重新出现。DES 和 AES 也是双向函数。发送者和接收者必须事先约定密钥,由于密钥也可以用于解密,所以要保密。在军事环境下,这是有可能实现的,恩尼格玛机有每日密钥设置,其密钥只用一天,并提前分发。② 即便如此,在海上与潜艇进行通信时,如密钥分发,也会出现问题。在 20 世纪 60 年代,银行曾经在安全性非常高的情况下使用快递员亲自分发密钥。显然,这在电子商务环境中是完全不可行的,因为有数以亿计的交易商和客户,他们往往是以一对一的方式进行交易。密钥分配成为密码学家最重要的一个问题:③

> 对于军事目的,或者银行、外交部门,或者在任何事先知道所有通信者的情况下,密钥可以由武装警卫运送到目

---

① DES 标准密钥长度被美国政府削弱,以确保他们能够破解 DES 加密的消息。AES 支持更长的密钥长度,应该更安全。请参见 RSA 实验室网站,www.rsasecurity.com/rsalabs,密码常见问题,见第三章"密码技术"。

② 每日密钥是用来加密消息密钥的,发送者对每条消息都使用这个密钥——直接使用每日密钥会使密码分析变得更加容易。

③ Barrett N., *Traces of Guilt*, Bantam Press, 2004, p.52. 这是一本关于发现、预防和起诉计算机犯罪的书。

的地。显然,这对于那些在互联网上使用加密技术的人来说,是不可能的,因为他们要把安全的信息传递给在不同国家的人,而这些人在现实生活中可能永远也见不到。这个传递问题被称为"密钥交换问题",它是被三位美国密码学家利维斯特(Rivest)、沙米尔(Shamir)和阿德尔曼(Adleman)开发的巧妙机制解决的。他们名字的首字母给了我们这个方案的名字:RSA。

RSA 方案的本质是使用单向函数,而不是恩尼格玛和 DES 等双向函数,它的基本工作原理是电子商务运作的基础。单向函数的单向工作很容易,但其颠倒过程非常困难。在目前的情况下,即使使用强大的计算机,其逆转过程也需要很长的时间,也许需要很多年。

单向函数的思想是迪非(Diffie)、赫尔曼(Hellman)和梅克尔(Merkle)在 1976 年前后才提出来的(至少是公开的),恰逢电子商务的发展。不同的是,迪非预见了电子商务发展和分销的困难。[1] 平时生活中有很多这样的操作(试着把两个罐子里的油漆混合物分开,还原成它们原来的颜色),但要找到数学上的单向函数并不那么容易。至少目前,模块化算术和大数因式化为此提供了基础。[2]

对于内容的加密,问题是如何在之前没有商定密钥的情况下,安全地进行通信。这个问题直到 20 世纪 70 年代末才得到解决,即

---

[1] 例如,参见 Singh S., *The Code Book*, op. cit. fn. 9, Chapter 6。辛格还考虑了非对称加密可能由英国政府通讯总部(GCHQ)的一名员工独立发明的可能性。

[2] 一个常用的公钥/私钥技术是,从两个或多个非常大的质数中得出私钥,而从这些数字的乘积中得出公钥。从私钥中获得公钥很容易(只需将数字相乘),但如果数字足够大(如 200 位数的数字),反向过程(寻找非常大的数字的质因数)可能在计算上不可行。穷举法(用所有已知的素数除以其平方根)是唯一已知的处理非常大的数字的方法,只要数字足够大,即使是一台快速的计算机也要花费很多年。

将单向函数的思想发展成一个可行的私钥和公钥(非对称)加密系统。这两种密钥在数学上是相互关联的,但使用的是单向函数。因此,从私钥中导出公钥很容易,从公钥中导出私钥虽然也有可能,但即使是一台强大的计算机也需要花费难以想象的漫长时间(如数百年)。其突破口就是上面引文中提到的 RSA 算法。[①] 公用密钥可以分布在世界各地,因为从公用密钥中提取私人密钥是行不通的。

与传统的"对称"密码学不同,不同的密钥被用于加密和解密。一个用鲍勃(Bob)的公钥加密的信息只能用他的私钥来解密。因此,如果爱丽丝(Alice)想发送一条信息给鲍勃,她就用鲍勃的公钥加密,而鲍勃的公钥大家都知道。与"对称"密码学不同的是,信息不能用鲍勃的公钥解密,而只能用鲍勃的私钥解密,其私钥只有他自己知道。很明显,这可以有效地对除鲍勃之外的所有人隐藏消息内容。

公钥、私钥加密也可以用于数字签名,因为反过来说,用爱丽丝的私钥加密的信息,只能用她的公钥解密。即使是爱丽丝本人也不能用她的私钥解密。所以这对于隐藏消息的内容是没有用的,因为每个人都知道爱丽丝的公钥,但它证明了该消息一定来自爱丽丝。而且还证明了爱丽丝发出的是该特定消息,(用她的公钥)解密会揭示她说了什么。这种技术不仅可以用来确定发送者的身份,还可以用来确定消息有没有被篡改。

加密和数字签名技术可以结合起来。用爱丽丝的私钥和鲍勃的公钥加密的消息,只能用鲍勃的私钥和爱丽丝的公钥解密。此时只有鲍勃能读懂消息,他知道消息一定是来自爱丽丝。[②]

在使用内容加密的情况下(信息本身被加密),非对称加密(十

---

① 利维斯特、沙米尔和阿德尔曼,这一过程的发现者。
② 请注意,解密的顺序很重要。

分耗费计算机处理时间)通常只用于密钥,而使用数据加密标准的对称加密用于信息本身。优良保密协议(Pretty Good Privacy,PGP)并没有真正影响关于数字签名的争论,或者说没有影响到一般的电子商务,①但它的发展却引起了20世纪90年代初更普遍的加密争论(这一点将在第八章进一步讨论)。由于它允许普通人发送加密程度很高的信息,政府曾经(现在也)担心恐怖分子和其他犯罪分子可能使用它,因为它将使任何类型的窃听或类似的监视失效。

二、数字签名如何工作

让我们假设信息的内容不是特别敏感。这个信息可以清楚地发送给鲍勃,但是爱丽丝还想让鲍勃知道这个信息来自她,并且它的内容没有被改变。前文提到的船长的单据,说明货物装得很好,状况良好,就是一个很好的例子。是否全世界都知道这些内容其实并不重要,重要的是船长证明了它,并且证明了那个特定的内容。

对这个过程的描述可以总结如下:②

(a)爱丽丝通过一种称为"摘要"或"哈希"函数的算法来传递信息。这个函数对原始电文进行数学运算,创造出一个独特和简洁的原始文本版本——"电文摘要"。这并不是必不可少的,但非对称加密十分耗费计算机资源,而且使用压缩版本的信息更容易工作。

---

① 尽管本章第五节第二小节中的安全电子交易协议(SET)使用相同的技术。
② 关于数字签名的工作原理,有一个有用的可下载的.pdf文件,详见 http://bolero.codecircus.co.uk/assets/31/digital%20signatures%20in%20the%20Bolero%20System1092161527.pdf。另参见 Reed, *Internet Law: Text and Materials*, op. cit. fn.10, section 6.1.2。还有 Steffen Hindelang [2002] 1 JILT, http://www2.warwi.ac.uk/fac/soc/law/elj/jilt/2002_1/hindelang(但这主要是关于认证机构的责任)。

(b)爱丽丝用她的私人密钥加密摘要。

(c)爱丽丝将未加密的原始消息和加密后的消息摘要发送给鲍勃。请注意,如果她只想让鲍勃阅读,她也可以用鲍勃的公钥将二者加密。在收到信息后,鲍勃会用他的私钥解密这两个信息。然而,这对于数字签名来说是不必要的。

(d)鲍勃对原始信息使用同样的哈希函数,以获得信息摘要。他还使用爱丽丝的公钥对加密的摘要进行解密。这也应该揭示了原始摘要。

(e)如果两个版本的摘要都是一样的,鲍勃就知道这是爱丽丝发送的信息,而且信息没有被篡改。

三、认证机构

在电子商务环境中,公钥、私钥加密的主要弱点都是在私钥与人的匹配上。

只有鲍勃能确定爱丽丝的公钥真的是爱丽丝的,数字签名才会有效。回到船东的签名,假设夏娃运送了货物,她假装成爱丽丝,为他们签了一张清洁提单。夏娃告诉鲍勃,她是爱丽丝,而且她使用的公钥也是爱丽丝的。鲍勃必须使用一些手段来确定这个公钥是否真的属于爱丽丝。在公钥加密是由相互认识的人使用的情况下,比如朋友团体或犯罪团伙,这其实不是一个问题。但对于其他的小团体来说,比如缅甸的自由斗士,并不是所有的成员都互相认识,对此菲尔·齐默尔曼(Phil Zimmermann)(他对权威有不信任感)建议建立一个信任网。例如,我可能不认识莎拉(Sarah),但我认识哈里(Harry),哈里认识莎拉。因此,我愿意相信莎拉的公钥,如果它被哈里证明属于莎拉。在电子商务环境中,有数以百万计的交易商,信任网虽然不可能单独有效,但其还是有存在价值的。

在商业环境中,认证机构(CA)的作用是将公钥与人相匹配,如用自己的私钥签署爱丽丝的公钥。鲍勃可以用 CA 的公钥对加密的(也就是爱丽丝的)公钥进行解密,以获得爱丽丝的公钥。CA 应当采取一些措施来确保自称是爱丽丝的人真的是爱丽丝。[1] CA 也可以互相认证,这样就可以建立信任链,颇有上面考虑的自由斗士相认的方式。[2] 不过,这次的信任链是 CA 自己的,而不是个人或贸易商的。举例来说,如果我用马来西亚的船只进口货物,我可能不愿意信任经马来西亚核证机关认证的船长的签名,但如果马来西亚核证机关的公开密匙本身已由我所在的司法管辖区内的核证机关认证,而我过去曾与该核证机关有交易,我便会愿意这样做。

对核证机构的认证或许也可以与某种形式的监督相结合。认证既可以由国家进行,也可以不由国家进行;既可以是自愿的,也可以是强制性的。除了认证或作为认证的替代办法之外,还可以对核证机构提出要求,如其财务的稳定状况和业务审计结果,涉及其证书的发放和撤销,对软件的要求等。

占主导地位的结果似乎更有可能是认证而不是信任链,尽管没有理由,但这两种系统不能同时存在。无论使用什么系统,很明显,公钥加密需要一个 CA 的基础架构,这个基础架构可以由身份链中的其他 CA 进行认证,也可以自己进行认证,或者两者兼而有之,在认证过程中,公钥基础架构或 PKI 这个术语经常被使用。显然,认证程序比身份链需要更多的官方机构。

---

[1] 在现实中,CA 往往提供不同程度的安全,参见 Reed, *Internet Law: Text and Materials*, op. cit. fn. 10, p. 148 – 149。

[2] Ibid., p. 150 – 152.

第五节　当今电子商务中的加密技术

除了之前所讨论的加密在数字签名中的用途外,加密在电子商务中还有两个重要的用途,如果没有加密的这两个用途,电子商务可能根本无法生存。

一、密码

出于安全考虑,密码总是以加密的形式存储,而绝不是明文。当用户输入密码时,密码会被加密,然后根据存储的加密密码对其进行测试。显然,这必须快速完成。然而,加密后的密码必须存储在某个地方,因此原则上它是可以被黑客入侵的。加密算法也必须(显然)存储在计算机上。事实上,加密算法通常是被存储在公共领域的,而且大约在20世纪末,加密密码也经常被存储在所有用户都可以使用的公共文件上。① 人们认为这并不重要,因为虽然使用该算法加密密码的速度很快,但即使知道加密算法,也需要通常被描述为"计算上不可行的时间"来逆转这个过程。在特殊的情况下,这个过程即使是一台强大的计算机也可能需要数千年的时间来完成。在当时互联网主要由学者使用且信息可能不是特别敏感的情况下,才被认为是足够安全的。

精心选择密码对保护信息是有利的,但用户怠于设计密码,经常使用字典单词,或其他相对容易猜到的密码。这并不像听起来那

---

① 例如,在我12年前注册的 UNIX 主机系统上,所有用户都可以看到 etc/passwd 文件。我的条目是 slapnt: paKzoNvwFzb3o: 2182: 52: Mr P N Todd 92:/pub5/slapnt:/bin/csh。密码在第二个字段中。

样不合理,因为它们必须足够容易让用户记住,不需要他们写下来。一个公开的文件,甚至是有加密密码的文件的问题是:它可以被下载,使黑客随意发现明文。例如,如果密码是字典单词,拥有电子字典和算法的黑客就可以下载密码文件,并简单地对所有的字典单词运行算法,然后他就可以很容易地检查出电子字典中是否有符合加密密码的词。解密加密密码很困难,黑客没有这样做,他用加密算法来解密,解密速度非常快。

因此,如今,即使是对加密密码文件的访问,通常也只限于特权用户。因此,黑客必须先获得特权用户的密码,才能使用加密密码文件攻击其他人。

二、信用卡资料加密

信用卡和借记卡仍然是电子商务支付系统的主流,特别是在B2C商务中。虽然数字货币最终可能会把它们取代,但目前还没有出现这种情况,而且数字货币的安全传输至少在某种程度上取决于加密。①

通过公钥加密,即使是在单笔交易中,商家也可以对客户的信用卡信息进行加密。交易者的公钥可以随订单表格一起发送,以用于加密,此时只有交易商使用他的私钥才能解密细节。至少在本质上,这就是安全套接层(SSL)的工作方式,其最近被传输层安全(TLS)所取代。② 浏览器,如 Explorer 和 Netscape 都支持这些协议。

万事达卡和 Visa 也支持 SET,其客户也会收到一个公共密钥(在开户时),商家可以读取订单信息,但他不能读取客户信用卡的

---

① 关于数字货币,详见本书第十一章第七节。
② 参见 RSA 实验室网,www.rsasecurity.com/rsalabs,见第五章"现实世界中的密码学"。

详细信息,这些信息是用银行的公共密钥加密的,并转发给银行进行交易授权。① 使用 SET 的一个好处是可以防止欺诈者建立虚假交易网站来获取信用卡信息。然而,并非所有的银行都支持 SET。

第六节 电子签名的优点

摆在眼前的问题是,电子签名文件是否可以取代传统的纸质签字文件。为了回答这个问题,我们必须认识到,纸质签字文件在不同的情况下会发挥不同的功能。因此,我们期望的理想的电子等价物在不同的情况下也具有不同的功能。这一问题的讨论结果也与法律应赋予电子签字的价值有关。

里德教授认为,电子签名可以证明以下内容:②

> 签字人的身份;
> 签署人的意图;
> 他打算将该文件的内容作为自己的内容。

例如,如果有意购买者需要知道船长已证明合同所述货物已于所述日期装船,且显然完好无损,那么这可能就是签名所需要证明的全部内容。数字签名可以做到这一点,并具有当事人所希望的安

---

① 参见 http://whatis.techtarget.com/definition/0,289893,sid9_gci214194,00.html,以及本书第十一章第二节的讨论。
② Reed.C, *What is a Signature*? [2000] 3 JILT, http://www2.warwick.ac.uk/fac/soc/law/elj/jilt/2000_3/reed/. 该文章还介绍了数字签名的机制,并使用生物特征数据作为替代。

全性，而且它还可以防止日后他人对文件的修改。① 简言之，数字签字能够很好地证明签字人的身份和信息的完整性。

签字的另一个价值是确保签字人亲自处理文件，而不是委托他人处理。如果私人、公用密钥是对个人的，数字签字也可以确保这一点，只要签字人没有向下级透露其私人密钥。

但有时签字人的身份可能相对不重要。例如，1989年英国《财产法（杂项规定）》（以下简称《1989年法令》）收紧了对土地买卖合同的形式要求。土地买卖合同的签订通常是长时间讨价还价的结果。缔约双方的身份通常不会受到怀疑，文件的内容也不会受到怀疑，双方在签字前会对其进行仔细核对。

有人可能会反对，说法律没有要求以电子方式签署土地销售合同，但鉴于英国《2002年土地登记法》为电子转让铺平了道路，如果在订约阶段排除使用电子方式的可能性，肯定是不正常的。但重要的是要认识到，签字所履行的职能与前文所述的船长的职能完全不同。

就《1989年法令》而言，其似乎有两个错误。② 首先，法令规定签署的文件通常是谈判中缔结的具有约束力的合同；其次，签署的文件决定合同的条款。在涉及土地的交易中，双方在谈判过程中可能有许多次沟通，其中一些是书面的，但通常是通过电话进行的。因此，在交易结束多年后，个中细节很难追溯，这时可能会出现纠纷。《1989年法令》如此规定的一个理由是确保所有条款都记录在一份文件中，避免需要（或实际上需要）外部证据。鉴于谈判旷日

---

① 注意只有非对称加密技术才能做到这一点；在对称加密技术中，收件人和发件人都拥有密钥，因此你无法知道两人中哪一个人发送和/或更改了密钥。

② 一般来说，见法律委员会关于土地买卖合同的手续等。Law Com 164, 1987, London：HMSO；还有 Firstpost Homes Ltd. v. Johnson [1995] 1 WLR 1567, p.1571 - 1576。

持久,以及通常只有谈判双方才知道细节事实,确保所有细节都能得到适当的证明很重要。① 当然,原则上,可以使用单一的数字签名电子文件来实现这一点。证明当事人的身份可能不是特别重要,但数字签名也可以证明文件的完整性以及文件后来有没有被篡改。

然而,这并不是要求这类形式的唯一原因。其原因还有防止当事人在没有完全打算的情况下受到约束。这方面的手续与一些消费者合同有关(试图确保消费者知情同意)②,在需要契约等正式交易中更是如此。然而,英国《2002年土地登记法》已为电子交易设立了一个框架,因此必须预期可以有一个电子等价物。重要的是,要有一个规定的表格,如果是转让土地,或许还要有一个公布的基础。交易中有关的形式很重要,以便实现其功能。

虽然数字签字能够很好地确定身份和证明文件的完整性,但它在确定意图的严肃性或显示(如在消费者的情况下)方面的能力要弱得多。加密软件可能涉及复杂的数学算法,但用户是看不到的;就用户而言,其只需点击一下鼠标就可以对文件进行数字签名。纸质签名不太容易以电子方式复制,但有可能要求,如两个签名必须间隔一段时间,以确保其意图不是无意识的。

因此,不同类型的电子签字可能适合于不同的情况。所有对电子签字的法律规定都应考虑到这一点。然而,正如我们看到的那样,许多法律制度现在都采用了两级立法,但没有一个可以真正解决知情同意的问题。世界各地的立法往往集中在数字签字上,而数字签字本身并不能证明知情同意。

---

① 这项功能对于不大可能取得外部证据的遗嘱来说,也是非常重要的。对于遗嘱处置而言,最重要的是可以从一份文件的表面收集所有详情。

② 例如,英国1974年《消费者信贷法》第64条规定,可以要求"以规定的形式"将取消权邮寄给债务人。这些形式上的要求可能与身份有关,但旨在确保消费者真正获得知情同意。这些要求可能难以以电子方式复制。

第六章　电子签名和数字签名的有效性

第一节　法律问题概述

　　第八章将阐述对内容加密的法律控制和讨论。虽然世界上许多国家都希望对加密内容进行控制,但在这场讨论中,人们认为用于识别目的的电子签名是不同的,没有人建议由国家对其进行管制。

　　关于电子签名和数字签名,其实主要有四个问题。[①] 第一,签字对交易双方来说是否足够安全？第二,如果存在,那么签字在诉讼中的证据价值如何？第三,在法律要求书面和签名的情况下,数字签名的电子文件或其他形式的电子签名是否会被视为证据？这些问题都将在本章中讨论。然而,第四,当出现状况时,特别是当数字签字不能正确识别签字人时,会出现责任承担问题。这种情况发生于下列事件中:

　　　　(a)认证机构误认了私人密钥的持有人。
　　　　(b)加密算法有缺陷,使欺诈者得以冒充签名者。
　　　　(c)欺诈者能够替换自己的加密软件(木马攻击)。

---

　　① 关于电子签名和数字签名在术语上的区别,见本书第五章第二节。

如果软件是由光盘提供的,欺诈者就用自己的软件代替。如果软件是从网上下载的,欺诈者就冒充合法网站。

(d)CA(认证机构)或交易者的私钥被泄露。私钥太长,不容易被记住,通常会被存储在硬盘或实体卡上。如果私钥被存储在硬盘上,那么显然应该用密码或密码短语来保护它,但由于这个词或短语应该是易记的(以避免必须写下来),所以它通常是安全保护中最薄弱的环节。① 黑客入侵硬盘,或者卡片丢失、被盗,显然会带来安全风险。这可能是除了第一种情况外,最可能出现纰漏的原因。

发生状况时出现的责任问题是本书第七章的主题。

第二节 签字的证据价值

要求电子签名的原因,要么是当事人本身希望电子签名具有证据意义上的保障,要么是文件以后可能会在法庭上作为证据使用。如果要求原因仅仅是证据性的(而不是下文所考虑的形式要求),那么数字签名或其他电子签名就与纸质和电子签名具有相同的功能,就没有理由对其区别对待。

一、当事人之间的担保

交易一方的当事人有时会要求数字签名。例如,第五章所述,

---

① 例如,Barrett N., *Traces of Guilt*, Bantam Press, 2004, p.85,在扣押犯罪嫌疑人电脑的情况下,电脑上的所有文件都被加密,电子邮件使用 PGP 加密(Phil Zimmermann 的"完美隐私"工具)。

买方可以凭电子提单付款,这种情况是合理的。① 合乎逻辑操作的是当事人在交易中要求采用数字签名而不是其他形式的电子签名,并指明核证机构和(或)加密标准。这可以通过合同约定来达成合意,在这种情况下,法院唯一关心的是合同的解释问题。在国际销售合同中,合同要求的标准化规范势在必行,但这通常由私人企业主动提出。

二、电子签名作为法庭证据

英国普通法没有明确规定电子签名在法庭诉讼中的证据价值。

严格来说,现实生活中的许多签名(如信件底部的手写签名)并不是必要的,因为法律上并没有对这些签名进行规范。但是,如果信件被作为证据使用,手写签名就会产生相关证据推定,如签名人的身份,他或她对文件内容的采纳,也许还包括签名人对交易严肃性的理解。签字可以作为承诺的证据。但是,签字的证据效力并不是决定性的,是可以被反驳的,如可以通过其他证据表明签字是伪造的。②

电子签名不一定要以完全相同的方式来完成。电子签名不一定是数字签名,不一定是经核证机构认证的,也不一定是有公用密钥设备的。③ 电子邮件底部的姓名或插入电子文件中的手写扫描签名也具有证据价值,例如,如果正在审查电子信件以确定合同条款,则其具有证据价值。当然,其证据价值低于数字签名,因为其比数

---

① Sections 5.4.2 and 5.4.3.
② 例如,妻子在以银行为受益人的房屋上的法定抵押登记上的签名是她已执行该登记的证据,但其可以被丈夫伪造该抵押登记的反证推翻:如第一国民证券有限公司诉黑格尔提案(First National Securities Ltd. v. Hegerty) [1985]QB 850。
③ 请参见本书第五章第二节有关电子签名及数字签名的定义。

字签名更容易伪造,但这并不意味着它完全没有证据价值。它的证据价值可以被否认,如有证据表明电子邮件账户不是被指控的作者的,或者这是其他人写的或扫描的名字,但在大多数情况下,无论其多不安全,没有相反的证据,就没有理由反对按表面信息看待电子通信。

因此,在理想的情况下,电子签字应能产生与传统实物签字相同的证据效力。目前还不清楚这一原则是否已为英国普通法所接受。不过,这个问题现在由 2000 年英国《电子通信法案》所涵盖,[①] 其第 7 条第 1 款规定:

> 在法律程序中——
> (a)并入特定电子通信或特定电子数据或与之有逻辑联系的电子签名,以及
> (b)任何人对这种签字的证明。
> 就有关通信或数据的真实性或完整性的问题而言,每一项都可被接受为证据。

下文对电子签名和数字签名的立法进行了一般性讨论。

第三节　签名的正式价值

法律要求某些交易必须履行手续。规定形式要求的理由各不相同,但(至少在原则上)电子签字应该满足这些要求。普通法可

[①] 2000 年英国《电子通信法案》,全文见 www.opsi.gov.uk/acts/acts2000/2000007.htm。

能不允许这样做，但这是一个需要立法的领域。

交易各方有可能约定不处理形式问题。例如，提单电子注册组织 Bolero 规定电子提单只在成员之间运作，所有成员都必须同意受 Bolero 规则书的约束。① 这样做的效果是所有成员之间都有合同关系。规则书第二章第二节规定，电子提单只在会员之间使用，所有会员都同意受 Bolero 规则书的约束：

> 第二章第二节第二部分中的有效性和可执行性
> （1）书面要求。法律、合同、习惯或惯例的适用要求，即任何交易、文件或通讯应以书面形式进行或证明，并且应以签字电文的形式签字或盖章。
> （2）签字要求。由用户签署的信息内容或从签署信息中提取的部分内容对该用户具有同样的约束力，并在法律上具有同样的效力，就像该信息或其部分内容是以人工签署的形式存在一样。
> （3）不得质疑有效承诺。任何用户不得以签名或盖章是电子形式而非纸质形式为由，质疑通过签名进行的交易、声明或通信的有效性。

当然，相互之间有合同关系的任何当事方也可以达成类似的合意。

但是，依靠合同来解决形式问题存在两个问题。第一，由于合同的私权原则，只有协议的当事人才会受此约束。如果一份 Bolero 提单影响到 Bolero 以外的人，他们完全有权利质疑其有效性。第二，有些合同，如土地买卖合同，除非满足相当严格的手续要求，否

---

① See also section 5.1.

则该合同完全无效。法律当然不能允许双方当事人通过签订不满足同样形式要求的协议来避免这一后果。

形式大于功能

讨论中反复出现的一个问题是,法律是否应关注签名的形式或功能。让我们以担保合同必须以书面形式为证为例。① 如果法院只关注签名的形式,那么显然不能认为电子签名等同于现实签名。反过来说,如果所有的签名都履行同样的功能,那么至少某些电子签名应被视为等同现实签名,当然这取决于签名的功能是什么。

同样,在需要立法的情况下,有一问题是立法应该是技术特定的还是技术中立的。技术特定的立法着眼于签名的形式,而技术中立的立法主要着眼于"签名是否足够好?",它并不要求签名的特定形式。

如本书第五章所述,专门针对技术的立法总是要求使用公共密钥的非对称加密。② 此外,新的密码技术也在开发中,如使用依靠椭圆曲线的密码系统,有望大幅减少密钥长度。③ 还有一些新出现的方法,在证明身份方面可能比非对称加密法更好。然而,这些技术也需要类似的基础设施,可以由核证机构将测量结果与签字人再次联系起来。里德观察到,相关数据:④

---

① 英国 1677 年《反欺诈法》第 4 条。另参见 Bradgate R., *Commercial Law*, 3rd ed., Butterworths, 2000, p.545 及以下。

② Section 5.4.

③ 联合国国际贸易法委员会 2001 年《电子签名示范法》解释性说明第 39 条对此作了说明。另请参见 RSA 实验室网,www.rsasecurity.com/rsalabs,密码常见问题中的"什么是椭圆曲线密码体制?"与 RSA 加密算法一样,它们依赖于单向函数,而且仍然会有公用密钥加密技术;其主要优点是密钥长度较短。

④ Reed C., *Internet Law: Text and Materials*, 2nd ed., CUP, 2004, p.187.

可与文件接收者所拥有的或受信任的第三方所持有的签字人的已知生物识别数据进行核对。

此外,需要继续更新加密技术,以防止欺诈者传播他人的生物识别数据(至少在某种程度上不可避免地要公开)。里德也预测了加密技术,①认为非对称加密技术不一定会被生物识别数据所取代。

然而,理论上显然存在这样一种可能性,即会出现更好的加密方法,而在这种方法中,公钥密码学根本无法发挥作用。技术专项立法的主要问题在于技术不会停滞不前。为了应对未来可能出现的技术进步,应规定功能等同的情况,而不是使用技术方面的立法。换句话说,立法应规定电子签名与纸质签名效力等同,而无论它们使用什么方法发挥签名的功能。

不过,也有一些反驳意见。有了传统的形式要求,交易各方就可以确定符合要求的文件将是有效的。他们没有必要为决定这一点而进行诉讼。但是,如果法律只规定与纸质签名一样好的电子签名将是有效的,就不会有类似的确定性。法律应当规定,符合其要求的电子签名在任何情况下都是有效的,而无须证明其与纸质签名具有同样的效力。只有通过明确规定要求,才能真正提供这种确定性,而这些要求必然是针对技术的。

因此,有必要制定两种类型的立法。一是如果我们所关心的只是签名的证据价值,那么笔者建议,电子签名应当能够产生与其传统实物相同的证据推定。显然,这意味着要看的是功能而不是形式。此外,考虑到签名只产生一种推定,所以相对较低的门槛是合适的。一些电子(相对于数字)签名可能因为容易伪造而提供很少或根本没有安全性,但这并不意味着它们完全没有证据价值。法律

---

① Reed C., *Internet Law: Text and Materials*, 2nd ed., CUP, 2004, p.188.

没有必要要求电子签字采用特定的形式,或使用特定的技术,如公用密钥加密技术(PKI)。在英国,2000年《电子通信法案》涵盖了电子签名的证据效力。其第7条第1款从功能上界定了电子签名,没有正式要求,也不需要数字签名、公钥基础设施等。证据推定的力度将取决于交易双方所使用的签名的确切类型。

二是如果我希望订立一项必须签名否则无法执行的合同,如担保合同,需要现在就确定,如果以后有人质疑其有效性,我是否可以信赖该签名。在电子背景下,我必须能够确定,只要我使用了某种形式的签名,法律就会承认它。这就需要对签字的形式而非功能进行检验。

因此,这两类立法都有其优点,但其目的各不相同。这一点现在得到了广泛的认可,许多国家都采用两级立法方式,可能正是出于这里所复述的原因。证据价值是通过功能等同性测试来规定的(如在英国)。然而,当涉及正式要求时,各市通常要求数字签名,并由认可的CA认证。这提供了商业所要求的必要程度的确定性。

但是,安全因素并不是法律要求签署文件的唯一理由,甚至也不是最常见的理由。也许有人会问,在要求电子形式的背景下,法律是否已经充分考虑到签署文件的其他理由。

第四节　电子签名与英国普通法

大多数商业交易没有形式要求,显然,如果口头合同可以有效地订立,那么没有理由使电子文件订立的合同不成立。因此,电子商务与其实物交易一样,并不明显地受到形式要求的影响。

但是,有时法规规定了形式上的要求,至少在原则上会给电子通信和签名造成问题。例如,担保合同除非有书面备忘录为证,否则不可执行；土地销售合同只有以书面形式订立并签字才有效；①汇票只有采取书面形式和签字后才有效。1882年英国《票据法》第3条对汇票进行了界定，该条规定：

> 汇票是一份由一人向另一人发出，并由发出汇票的人签署的无条件书面命令，要求收到汇票的人在接到要求后，或在某一指定或可确定的未来时间，向某一特定人士支付一笔款项，或按其指令支付一笔款项，或支付予持票人。
>
> 不符合这些条件的票据，或命令作出付款以外任何行为的票据，不是汇票。

同样，仲裁条款只有在书面形式下订立才有效。此外，还有一些保护消费者的条款也要求书面和签字。其目的是确保消费者对交易进行了认真的思考（知情同意）。例如，本书第五章第六节末尾的讨论。②

有时，普通法规定了形式要求。例如，一份提单可能只有在书面和签署的情况下，才会被承认为普通法上的所有权文件。此外，还有一项原则，即在合同文件上签字后，签字人就会受到合同条款的约束，这一点在第九章讨论。③ 由于这一结论是无论他或她是否实际阅读过这些条款都可以得出的，因此这是一项形式规则，而不是证据规则。

在书面文件需要签字才有效的情况下，如果普通法规定电子签

---

① Law of Property (Miscellane ons Provisions) Act 1989.

② 这些只是法定签名要求的几个（许多可能的）例子。里德教授提供了更多的例子。Reed C., *What is a Signature*?, [2000] 3 JILT, http://www2.warwick.ac.uk/fac/soc/law/elj/jilt/2000_3/reed/.

③ Section 9.4.1.

名文件也可满足要求,那么就没有问题。在网站的条款页面上点击"我同意",应该与签署页面条款具有完全相同的效力。如果普通法无法承认电子签名,就需要立法允许电子商务的发展。

然而,形式上的要求是多种多样的,形式上立法的措辞和目的与书面也大不相同。因此,不可能对电子签名和书写签名的有效性一概而论,只能说明其似乎可能适用的原则。

一、书写

英国 1978 年《解释法》附表 1 载有以下定义:

> "书写"包括打字、印刷、平版印刷、摄影和其他以可见形式表示或复制文字的方式,而涉及的写作的表达方式也相应地被理解。

原则上,这个范围似乎包括计算机屏幕上可见的页面,在这种情况下,书写要求不应该出现特别的困难。然而,里德教授对此并不乐观,他的理由是:

> 数字信息,无论是作为处理芯片开关的状态,还是作为某种介质记录表面的磁力或光学变化,其实都不是以可见的形式来表示或再现文字。

数码照片也是如此。然而,二者都是生产可见形式的模式,无论是连接到打印机还是屏幕上。很难理解为什么要区别对待这些产出。在洛克希德阿拉伯诉欧文案(Lockheed-Arabia v. Owen)中,曼恩法官(Mann LJ)(就这一节而言)说:"现行法规应被理解为适应技术变化。"①法律委员会认为,电子邮件和网页都可以满足英国 1978 年《解释法》规定的书面要求。② 然而,电子数据交换信息并不打算让他人阅读(但随着订约过程自动化程度的提高,这种信息可能会变得更加普遍),不符合这一要求。

二、签名

签名没有一般的法定定义,在特定的手续法规中也没有定义,但有些法规明确允许以传真的形式签名(如影印签名)。③

在手续法未作规定的情况下(通常情况下),一些案例表明,功能等同将使签名生效。在古德曼诉伊班公司案(Goodman v. J Eban Ltd.)④中,大多数人认为,根据 1932 年英国《律师法》第 65 条第 2 款的规定⑤,双方亲自盖上印章的行为,可以认定为签署行为,因为这是对文件的认证。罗默法官采用了字典中对签名的定义:⑥

> 一般而言,签名是由他本人或由他的授权人以书面或其他方式粘贴某人的姓名或代表其姓名的标记,其目的是

---

① [1993] 3 All ER 641, p.646.

② Law Commission, *Electronic Commerce: Formal Requirements in Commercial Transactions (Advice from the Law Commission)*, HMSO, 2001, paras. 3.9 et. seq., 见 www.lawcom.gov.uk。这个特定的文件(可以下载 pdf 格式)在 www.lawcom.gov.uk/files/e-commerce.pdf。

③ 里德教授举了一些例子:Reed C., *What is a signature*?, op. cit. fn. 14, section 2.1。

④ [1954] 1 QB 550.

⑤ 该条规定必须有签字,但并没有明确的规定,而且应该可以概括到其他规定必须有签字而无其他要求的法规中。事务律师的手笔签署是亲自盖印的。

⑥ [1954] 1 QB 550, p. 563, quoting from Stroud's Judicial Dictionary, 3rd ed., now 6th ed., Sweet & Maxwell, 2001.

证明一份文件属于该人或对该人有约束力。

这个定义完全是功能性的,完全不依赖于签名的形式。

埃弗利谢德(Evershed)先生表达了其个人对法定要求的怀疑,他认为签名应该满足图章的法定条件,但最终他准备接受威廉·博维尔法官(William Bovill CJ)在早先发生的案情类似的贝涅特诉布朗费特案(Bennett v. Brumfitt)中的说理:①

> 在文件上签字的一般方式不是徒手,而是用手加上某种工具,如钢笔或铅笔。我看不出使用钢笔或铅笔与使用印章之间有什么区别,因为印章的印记是由签字的一方用适当的手印在纸上的。在每一种情况下,这都是一方的个人行为,而且就所有目的而言,都是由他签署文件。如果本案中的反对方使用铅笔或画笔,那么很难说他没有在通知上签字。

这一声明强调了签名的功能而不是形式(实际上,他用什么工具来签署文件有什么区别?)。埃弗利谢德先生在这一理由和其他权威机构的说服下,得出结论说:"我的意思是说,我的签名是一种功能,而不是形式。"②

……必须被认为是确定的……如果议会法案规定任何特定文件必须由某人"签署",那么,从表面上看,如果该人本人以橡皮图章的方式在文件上刻上他的签名,就满

---

① [1867] LR 3 CP 28, at 30, quoted with approval by Evershed MR at p.556.
② [1954] 1 QB 550, p.557.

足了该法案的要求。

三、个人签名

关于签名,丹宁法官(Denning LJ)在古德曼诉伊班公司案中持不同意见,但与他的朋友们一样,他的推理是以侧重功能而非形式上的方式进行的;他持不同意见的理由是,"橡皮图章"与手写签名的功能不同:①

> 签名的优点在于,没有两个人的字迹完全相同,因此从表面上看,它保证了签名者对文件的关注。"橡皮图章"没有这样的顾虑,因为它可以被任何人印上。它的粘贴取决于内部办公室的安排,与收信人无关。这是一个常识,以至于"橡皮图章"被轻蔑地用来表示一个自动机器的无心之举,而不是一个有理智的人理智的注意。

他还指出,"任何人都可以盖橡皮图章"。因此,本案的主要争论点在于文件是否需要个人签署(大多数人认为不需要)。

有一些法规可能要求个人签名,但原则上来说,至少在功能测试上来说,只要私钥没有透露给下级,数字签名就可以满足这一要求。自动机器的观点就不那么容易解决了,其也许需要一种必要的形式。

四、扩大电子签名的范围

不清楚古德曼诉伊班公司案中的多数人推理是否适用于带有

---

① [1954] 1 QB 550, p.561.

扫描签名附件的电子邮件,但拉迪(Laddie J.)在债权纠纷一案中认为,在涉及相关法律要求签署传真委托书的案件中,通过电话线远程发送至传真机的扫描签名将满足这一要求。他的推理完全是从功能角度出发的:①

> 在我看来,签字的作用是表明同意,但不一定能证明该文件已由债权人亲自考虑并得到他的认可。可以说,一份合格的委托书由两部分组成。首先,它包含了识别债权人及其表决指示所需的信息;其次,它包含了履行上述功能的签名。当主席收到一份带有据称是签名的委托书时,他有权将其视为真迹,除非周围的情况表明不是这样。一旦接受了表格的签署,不需要手、笔和纸的实际联动,就会很难理解为什么在纸上留下手写的形式应被接受,而其他形式则不可接受。
>
> 例如,可以通过网络或通过调制解调器发送电子信号,指示印刷机打印签名。同样,现在可以用标准的个人计算机设备和现成的流行文字处理软件在计算机屏幕上撰写一封信,在信中加入已被扫描到计算机中并以电子形式储存的作者签名,并通过传真调制解调器将包括签名在内的整个文件发送到远程传真机。远程站收到的传真很可能是该文件的唯一拷贝。在我看来,这样一份文件已经由作者"签名"。

如果他准备进一步进行推理,只要包括签名在内的电子文件能够显示在收件人的计算机屏幕上,就根本很难看出为什么需要

---

① [1996] 2 All ER 345, p.350.

远程传真。

五、法规之间的区别

尽管在古德曼诉伊班公司案中,埃弗谢德先生表示不愿"为在一项法规和另一项法规之间建立细微区别的论点开辟道路",①但毫无疑问,其不同法规要求可能有所不同,因此不可能笼统地说明仅电子签名是否足够满足要求。由于每一法律规定的目的不同,因此也可以从功能对等的观点来看待这一点。

例如,第一邮政公司诉约翰逊案(Firstpost Homes v. Johnson),对《1989 年法令》采取了比英国 1677 年《反欺诈法》更为严格的观点,该法加强了对土地销售合同的形式要求。② 彼得·吉普森法官(Peter Gibson LJ)拒绝接受这一观点:③

> ……关于什么是英国 1677 年的《反欺诈法》和 1925 年《财产法》第 40 条所指的签字的效力,应继续采用《1989 年法令》第 2 条中对"签字"一词的解释。在《1989 年法令》实施之前,法庭对那些订立口头合约但没有遵守合约的人不予支持。法院愿意对法律规定作宽松的诠释,使合约得以强制执行,而关于是否有一份证明协议的备忘录的问题,其外在证据是可以被接纳的。
>
> ……在我看来,《1989 年法令》有一种新的与 1677 年《反欺诈法》和 1925 年《财产法》第 40 条不同的理念。口头合约不再获准。在我看来,国会的用意很明显,那就是

---

① [1954] 1 QB 550, p.558–559.
② 1925 年《财产法》第 40 条。
③ [1995] 1 WLR 1567, p.1575.

关于是否有一份合约,以及合约的条款是什么的问题,只要看一看声称构成合约的单一文件,便可以轻易地确定。

换句话说,任何解释都必须是针对具体法规的。同样明显的是,1989年《财产法案》与1677年《反欺诈法》的前身不同,其目的是完全排除书面合同外的证据的可接受性。正如巴尔科姆法官(Balcombe LJ)所言:①

> 我不准备参照旧有的知识体系来解释《1989年法令》第2条第3款中的"签署"一词,即就1677年《反欺诈法》或1925年《财产法》第40条而言,什么相当于票据或备忘录的签署。正如彼得·吉普森法官(Peter Gibson LJ)所言,这样做会破坏制定1989年《财产法案》第2条的明显意图,该条旨在确保土地销售合同以书面形式订立,撇开交换合同的情况,在一份文件中订立,并由每一方或每一方代表签署该文件,显然是为了认证该文件:见古德曼诉伊班公司案。② 本条的明确政策是要避免一方或另一方有可能在文件背后提出外在证据来确立合同,这在旧法下无疑是个问题。

正如我们在上文中所看到的那样,特殊的考虑因素无疑适用于1989年《财产法案》。然而,本案的相关推理仍然具有明确的目的性,因此并不排除包含所有条款的单一电子文件可能会有可行性。

---

① [1995] 1 WLR 1567, p.1577. 在第一邮政公司诉约翰逊案中,有两份相关的文件,其中只有一份是由双方签署的。虽然早期立法的要求会得到满足,但后来的立法却没有。

② [1954] 1 QB 550.

六、标记的要求

虽然如此,但交易双方仍然可以争辩说,普通法要求有某种形式的标记,在这种情况下,数字签名的有效性无论如何都是值得质疑的。即使在上述段落的债权纠纷案中,拉迪法官也假设文件最终会被打印。此外,有些法例特别要求文件加上标记。因此,1989年《财产法案》第1条第4款规定:

> 在上文第2款及第3款中,"签署"就文书而言,包括在文书上做标记,而"签名"应据此解释。

很难看出数字签字如何能够满足这一要求,因为它根本不构成标记。即使法规本身没有作出这样的规定,但在古德曼诉伊班公司案中,法院所有成员都提到作出标记的事宜,但这些言论是在数字签署可能发生之前提出的,而我认为这些言论并不是一定要有标记这一论点的权威观点。① 此外,我还很难理解为什么在打印机上打印的传真要与在屏幕上显示的传真区别对待。两种设备都是将比特串转换为可见的形式。在讨论拉迪法官的观点时,法律委员会说:②

---

① 另见 Law Commission E., *Electronic Commerce: Formal Requirements in Commercial Transactions*, op. cit. fn.17, at para.3.38(3):"一些旧的权威机构确实建议,签字必须是一种'标记',通过定义,它将是可见的。我们认为,在现代条件下,法院不可能认为这些权威具有约束力。"在脚注中,他们指出,"以前技术的特点是,签字必须是可见的,现在的情况已经不同了"。

② Ibid., para.3.33.

我们认为,如果使用其他电子传输形式,情况不会有任何变化。含有扫描手稿签字的文件能够向收件人表明签字人有必要的认证意图,就像原始手稿签字一样。

如果以功能等同作为检验标准,则数字签字应在功能上被视为等同于墨水签字,至少在立法的目的是将其作为证据的情况下是如此。① 点击网站按钮也应如此。②

但有时,法律要求采用某种形式。如法律明确规定了采用实物文件的形式,或(如本书第五章第六节提及的英国1974年《消费者信贷法》)使用邮政服务的形式。显然,在没有进一步立法的情况下,电子通信无法满足这一要求。

七、结论

鉴于法院采取的是功能检验方法,即使在普通法中,电子签名也可以满足许多法定的形式要求。但是,这一点不能肯定地说适用于所有关于手续的立法。此外,如果采用了正式的定义,或者法律要求在文件上打上实物标记,那么电子签名就不可能满足要求,在这种情况下,就需要立法。

如果要求签字的目的是确保消费者在知情的情况下同意某项交易,或者有明确的受约束的意图,如土地销售合同,那么在这种情况下即使是有目的的解释也可能导致不同的结果。在这种情况下,

---

① 抛开能否将签字作为证据的问题,里德认为,应用私钥(通常是一张实体卡片)的过程使其等同于一个橡皮图章。Reed C., *What is a signature?*, op. cit. fn. 14, section 4.4.

② 正如法律委员会所接受的,see Law Commission E., *Electronic Commerce: Formal Requirements in Commercial Transactions*, op. cit. fn. 17, at para. 3.38(3).

形式可以说更重要。当然,很难说一次鼠标点击就足够了。

八、合同的可能性

在封闭式交易系统中(如本章第三节所涉及的 Bolero 电子提单),当事人可以约定不处理手续问题,但只有协议的当事人才受此约束。此外,1989 年《财产法案》等法规也存在问题,该法案规定出售土地或土地权益的非书面合同无效。由于有一项公共政策要求所有条款都可以从一份文件中确定,因此当事人不可能通过协议来避免这种规定。

第五节 立法解决方案

如果普通法对签字的定义采用功能法,那么数字(或其他电子)签字可能符合该定义。如果不符合,我们就得看立法。

英国有立法意识,但比较薄弱。英国也必须执行欧盟《电子签名指令》,但迄今只是部分执行。然而,不能孤立地理解英国的立场,我们应从世界各地的总体立法解决方案入手。[①]

一、立法解决方案(一般)

关于电子签名和数字签名的第一部立法是在 21 世纪末颁布的,对签名已经采取了三种基本做法。不过,似乎出现了一种相当

---

① 关于世界各地立法的调查,参见 www.ilpf.org/groups/survey.htm。另参见 www.qmw.ac.uk/~tl6345/。

明显的趋势,这种趋势也许可以预测大多数立法最终将如何运作。正如将出现的那样,我并不认为这种趋势考虑到了签字可以发挥的所有功能。

即使在今天,许多国家也没有颁布任何相关法律,尽管其立法的步伐已经加快。立法既可以是专门针对技术的,也可以是规定功能等同办法的,还可以是二者兼而有之的,因为这两种办法都有赞成和反对意见。现在的发展趋势已变,早期的立法几乎没有什么效力。后来的一些立法顺着《联合国国际贸易法委员会电子商务示范法》(the United Nations Commission on International Trade Law Model Law on Electronic Commerce,以下简称《电子商务示范法》)的趋势,①采用功能等同的"电子签名"定义。然而,现如今的主要立法趋势是采用两级立法的模式。

二、早期基于形式的技术专项立法

关于数字签名的第一部法律是1996年美国犹他州《数字签名法》。② 这是一部强有力的法律,③其规定数字签名在所有方面都等同于手写签名。换句话说,它既规定了数字签名的证据价值,又规定了其形式。不过,该法是专门针对技术的,其第401条第1款规定:④

(1)如某项法律规则要求签字,或规定在没有签字的

---

① 1996年《电子商务示范法》,另见本章第五节第四小节。
② 可查阅 www. le. state. ut. us/~code/TITLE46/46_02. htm。这是早期草案(1995年)的修订版:www. jus. unitn. it/USERS/PASCUZZI/privcomp9798/documento/firma/utah/udsa. html。
③ 它现在已经被2000年美国《全球暨全美商业电子签章法》取代。
④ 1996年美国犹他州《数字签名法》(犹他州法典46-3),第46-3-401条(满足签名要求)。

情况下出现某些后果,在下列情况下,数字签字即为满足该规则:

    (a)该数字签字是参照由持照验证机构签发的有效证书中所列的公用密钥进行验证的;

    (b)该数字签字是由签字人为了签署电文而进行的;以及

    (c)收件人不知道或不知悉签署人有以下情况:

        (ⅰ)违反作为签署人的责任;或

        (ⅱ)不合法地持有用于进行数字签字的私人密钥。

此规定为所有目的提供了有效性,但条件是以公用密钥加密为前提。因此,在定义部分:[①]

"数字签字"是指使用非对称密码系统对电文进行转换,使拥有初始电文和签字人公用密钥的人能够准确地确定:

    (a)转换是否是使用与签字人的公用密钥相对应的私人密钥创建的;以及

    (b)自转换以来,该信息是否已被更改。

该法还界定了"非对称密码系统"和"认证机构",明确设想使用"密钥对",而密钥对是以公钥和私钥来界定的。该法根本没有考虑到其他技术,无论它是否具有与公用密钥相同的加密功能,也无论它是否具有它要取代的物理签名的功能。

---

① 2000年美国《全球暨全美商业电子签章法》(10)。

该法还要求国家为认证机构颁发执照,[①]对无执照的认证机构没有任何规定,即使是在使用了一系列身份检查来建立信任关系的情况下。[②] 犹他州的结构在本质上是分级的,由州政府提供信任的基础。因此,它实际上是一种认可制度,[③]由国家认可。该法第201条对认证机构也有严格的资格要求,有严格的审核和记录要求。因此,政府对已许可的认证机构进行了非常密切的控制。[④]

显然,犹他州的方法是非常具体的形式,是形式战胜功能。此外,该法在第401条中没有对签名所产生的事实推定的要求及其法律效力作出区别。该法中只有一种签名被认可,它对所有目的都有效。1997年,德国和意大利也采用了类似的方法。[⑤] 例如,德国立法也只规定了数字签字,"指的是由私人签字密钥产生的数字数据的印记,并借助于由认证机构提供的签字密钥证明的相关公用密钥,确定签字密钥的所有者和数据的完整性",而认证机构必须得到主管当局的许可。

三、犹他州方法的优缺点

犹他州采取的详细的技术规格办法,集中于签字的形式,使法

[①] 在定义部分,"许可认证机构"是指该"部门"已向其颁发许可证且其许可证有效的认证机构,"部门"是指犹他州商务部内的公司和商业代码部门。

[②] 正如本书第五章所述,以及 Reed, *Internet Law: Text and Materials*, op. cit. fn.11, p.150 及以下。

[③] 正如里德所描述的内容第 153 页及以下。

[④] 然而,这是在美国热衷于向 CA 颁发许可证,以期控制加密的时候颁布的(见本书第八章的讨论)。

[⑤] 1997 年德国数字签名法(Signaturgesetz, SiG)的原文可以在网站 www.iuscomp.org/gla/statutes/SiG.htm 找到。另见 Lodder A. & Kaspersen H. eds., *eDirectives: Guide to European Union Law on E-Commerce*, The Hague: Kluwer Law International, 2002, p.36. 请注意,德国的立法有一个较晚的版本:详见本书第六章第五节第八小节。

律具有确定性。贸易商和消费者可以在诉讼前确信,符合犹他州法规要求的签字对需要签字的所有项目都是有效的。

此外,也有很好的理由支持政府向认证机构发放许可证、执行严格的资格认证要求和监督其运作。相比之下,身份链不一定能证明认证机构的可靠性,只能证明其身份。

但是,坚持严格的形式要求会阻碍电子商务的发展,也会阻碍新技术的发展(因为立法是针对技术的)。此外,国家认证的想法与开放自由的市场的理想相抵触,特别是与欧盟内部单一市场的发展相抵触。

如果美国各州要求认证机构在自己的管辖范围内获得许可,那么在全球范围内开展电子商务也不容易。犹他州的管理系统在很大程度上是一个基于州的系统,如要求认证机构"在犹他州设立一个办公室,或在犹他州设立一个注册代理人,负责送达法律程序"。[1] 这个制度也是极度官僚化的,而且对认证机构来说,会有很大的启动成本。

四、《电子商务示范法》(1996 年)

《电子商务示范法》所采取的方法非常不同。[2] 联合国国际贸易法委员会似乎担心国家法律的发展,如美国、德国和意大利的法

---

[1] 1996 年美国犹他州《数字签名法》第46-3-201(1)(g)条。"46-3"仅仅是犹他州该法的代码,因此参考的是第 201 条。

[2] 1996 年《电子商务示范法》和 2001 年《电子签名示范法》可通过联合国国际贸易法委员会关于电子商务的主页:www. uncitral. org/enindex. htm 查阅。2001 年的文件是一个可下载的 pdf 文件。《电子商务示范法》涉及的事项不仅是书面和签名;事实上,它的主要目的是处理当时出现的有关电子数据交换的问题。显然,人们担心美国各州的法律妨害电子数据交换的使用。

律,可能会阻碍电子商务的发展。《电子商务示范法》的主要特点是:①

(1) 技术中立性。

(2) 以功能等同为检验标准。

(3) 没有正式或官僚主义的要求。

这些都与犹他州的做法形成了很大的反差。

《电子商务示范法》第 16 条明确主张采用功能等同的办法。该条还认识到规定灵活的必要性,因为书面和签名的功能在不同的情况下会有所不同。换句话说,它能包容签名在特定环境下的要求。具体而言,关于签名,该法第 53 条规定:②

> 此外,签名还可以发挥各种功能,这取决于所签署文件的性质。例如,签名可以证明一方当事人受已签署的合同的内容约束的意图;一个人认可文本作者身份的意图;一个人与他人所写的文件内容相联系的意图;一个人在某一地点的事实和时间。

就目前而言,相关的实质性规定是该法的第 7 条(签字)和第 8 条(原件)。其第 7 条规定:

> (1) 凡法律规定须有某人的签署,如有以下情况,则就某项资料电文而言,该规定即已符合要求:
>
> (a) 使用了一种方法来识别该人的身份并表明该人对数据电文中所载信息的认可;以及

---

① 注意《电子商务示范法》的立法技巧,它本质上比国家间的电子数据交换更加灵活。

② 另参见《电子商务示范法》第 48~50 条有关内容。

(b)根据所有情况,包括所有有关协议,该方法对于生成或传递数据电文的目的来说是适当的,是可靠的。

(2)无论第(1)款中的要求是以义务的形式存在,还是法律仅仅规定了没有签字的后果,该条均适用。

显然,该法第7条第1款(b)项允许使用任何适当的技术。但问题是,该条极为模糊,单独用作立法的基础将是困难的。它不过是说明了要适用的一般原则。然而,《电子商务示范法》第58条列出了标准:

在确定根据第1款使用的方法是否适当时,可考虑的法律、技术和商业因素包括以下方面:(1)各方当事人使用的设备的先进性;(2)其贸易活动的性质;(3)各方当事人之间进行商业交易的频率;(4)交易的种类和规模;(5)签字要求在特定的法律和监管环境中的功能;(6)通信系统的能力;(7)遵守中间人规定的认证程序;(8)任何中间人提供的认证程序的范围;(9)是否符合贸易惯例和做法;(10)是否存在针对未经授权的电文的保险机制;(11)数据电文所含信息的重要性和价值;(12)是否有其他的鉴别方法和实施成本;(13)在商定方法时和传递数据电文时,有关行业或部门对这种鉴别方法的接受或不接受程度;(14)任何其他有关因素。

《电子商务示范法》第8条规定了对独创性的要求,该条规定:

(1)凡法律要求信息以其原始形式呈现或保留,在下

列情况下,数据电文满足了这一要求:

(a) 对于信息自最初以原始形式、数据电文或其他形式生成时起的完整性,存在着可靠的保证;以及

(b) 在要求提交信息的情况下,该信息能够向被提交的人展示。

(2) 无论第(1)款中的要求是以义务的形式提出的,还是法律仅仅规定了不以原样出示或保留信息的后果,该款均适用。

(3) 为了实现第(1)款(a)项的目的:

(a) 评估完整性的标准应当是,除了添加背书和在正常通信、储存和展示过程中出现的变化,信息是否保持完整和未被更改;以及

(b) 所需的可靠性标准应根据生成信息的目的和所有相关情况来评估。

对第 8 条第(1)款(a)项的评论与对第 7 条第(1)款(b)项的评论类似。二者都过于模糊,无法让贸易商或消费者确切地知道他们已经符合要求。

《电子商务示范法》没有坚持认证机构或任何类型的等级结构。

五、类似的立法

在《电子商务示范法》出版之后,一些法域纯粹从功能等同的角度颁布了自己的立法。正如我们所看到的,英国本身就是一个例子。还有一个例子是澳大利亚,1999 年澳大利亚《电子交易法》第

10 条第 1 款①规定:

> 对签字的要求
>
> (1)如果根据英联邦的法律,需要一个人的签字,则就电子信件而言,该要求被视为已经满足:
>
> > (a)在所有情况下,使用了一种方法来确定该人的身份,并表明该人认可所传递的信息;和
> >
> > (b)在所有情况下,考虑到使用该方法时的所有相关情况,该方法对于传递信息的目的而言是可靠的,也是适当的;以及
> >
> > (c)如果要求向英联邦实体或代表英联邦实体行事的人签字,而该实体要求(a)项所述方法符合特定的信息技术要求,该实体的要求已得到满足;和
> >
> > (d)如果要求签字的人既不是英联邦实体,也不是代表英联邦实体行事的人,被要求签字的人同意通过使用(a)项所述方法满足这一要求。

(a)项和(b)项没有规定形式,(b)项内容纯粹是功能等同。该款的要求是累积性的,但据推测,(c)项可能是技术性的,并不经常适用。(d)项中也有同意的要求。

还有一个纯粹功能等同的例子是 2000 年美国《全球暨全美商

---

① 参见 http://scaleplus.law.gov.au/html/pasteact/3/3328/0/PA000170.htm。第 13 条规定了本条的豁免。

业电子签章法》。①

不过,也有一些很好的论据支持针对技术的立法。基本上,技术特定的立法促进确定性;功能等同则促进灵活性。现代的趋势是利用两级立法来利用二者的优势,根据签字类型的不同而确定其权重。这就是欧盟指令所采取的立场。

六、欧盟指令的方法:两级指令

欧盟在这一领域的立法被推迟,其原因是各国不愿意讨论密码政策,因为这被视为国家安全和国防问题,同时也是因为缺乏技术标准。最后,正如我们在本章第五节第二小节中所看到的那样,各个国家开始制定自己的法律,德国和意大利(也就是沿着犹他州的路线)都有专门的技术标准,而欧盟也迅速对此作出反应,试图在单一市场中建立一个共同的法律框架。② 欧盟指令旨在为此提供便利,同时也关注欧洲电子商务的发展,当时人们认为欧洲电子商务落后于美国。③

欧盟指令采用了一种两级办法,在第 2 条中规定了两种不同类型的电子签名:④

---

① See Reed, *Internet Law: Text and Materials*, op. cit. fn. 11, p. 195. 这项立法使犹他州的立法过时,只剩下历史意义。

② 该倡议取得了一些成功;德国在 2001 年用技术中立的立法取代了原来的立法,基本上遵循欧盟的方针。

③ 一般来说,参见 Lodder & Kaspersen, *eDirectives: Guide to European Union Law on E-Commerce*, op. cit. fn. 45, p. 34 及以下。

④ 欧盟指令的全文可以在 http://europa.eu.int/eur-lex/pri/en/oj/dat/2000/1_013/1_01320000 119en00120020.pdf 上找到,也可以在 www.minstrel.org.uk/papers/1999-93-ec/1999-93-ec-directive.txt(ASCII 格式)上找到。

1."电子签字"是指附在其他电子数据上或与之有逻辑联系并作为一种认证方法的电子形式的数据；

2."高级电子签字"是指符合下列要求的电子签字：

(a)它与签字人有唯一的联系；

(b)能够识别签字人的身份；

(c)它是使用签字人能够单独控制的手段设定的；以及

(d)它与相关数据的链接方式可以检测到数据的任何后续变化。

该指令第2条第1款涵盖了几乎所有电子签名。该定义从功能等同的角度出发，非常符合《电子商务示范法》的精神。然后该指令在第5条第2款中作了进一步的规定：

2.成员国应确保不得仅以电子签字是"电子签字"为由而否定其在法律程序中作为证据的法律效力和可接受性：

——电子形式的签名，或

——不是基于合格的证书，或

——不是基于经认可的认证服务机构颁发的合格证书，或

——不是由安全签字制作装置制作的。

这就规定了证据的效力，它没有规定其形式上的有效性。

该指令第2条第2款至少在原则上是一个技术中立的定义。然后其在第5条第1款中作了进一步的规定：

1. 会员国应确保以合格证书为基础并使用由安全签名制作装置制作的高级电子签名:
   (a) 在电子形式的数据方面满足签字的法律要求,如同手写签字满足纸质数据方面的法律要求一样;以及
   (b) 在法律程序中可作为证据。

这规定了形式和证据的有效性。事实上,它也规定了电子签名与纸质和油墨签名的等同性。

然而,虽然先进的电子签字本身是以技术中立的方式界定的,但它也必须以合格的证书为基础,并由"安全签字制作装置"制作。该指令第2条对这些作了进一步的界定:

"认证证书"是指符合附件1规定的要求,并由符合附件2规定要求的认证服务提供者提供的认证证书。

以及

"安全签字制作装置"是指符合附件3规定的要求的签字制作装置。

附件1规定了对合格证书必须包含的内容的正式要求。附件2规定了对认证机构①的要求。附件3规定了对安全签字制作装置的要求。这些附件内容相当详细。因此,虽然该指令第2条第2款与第2条第1款一样,似乎是一个功能等同的定义,但《电子商务示范

---

① 或者用欧盟的话说,"认证服务提供者"。

法》中固有的不确定性问题被该指令附件中的详细要求所否定。无论如何，至少就目前而言，认证要求将高级电子签字与公钥基础设施联系在一起。

七、欧盟《电子签名指令》与认证

欧盟的一个特点是要求成员国之间公平竞争，允许组织内部市场的自由竞争，包括认证服务提供者（Certification Service Providers，CSP）的自由竞争。这与所有事先授权的想法完全背道而驰，事实上，欧盟《电子签名指令》第3条第1款规定：

1. 成员国不应规定提供认证服务须经事先授权。

然而，自愿性认证计划本身并不存在反竞争的问题，因此指令第3条第2款继续规定：

1. 在不影响第1款规定的前提下，成员国可以引入或维持旨在提高认证服务提供水平的自愿性认证计划。与此类计划有关的所有条件必须客观、透明、相称和非歧视。成员国不得以本指令范围内的理由限制认证服务提供者的数量。

对这些规定的解释见欧盟《电子签名指令》序言第10~12项：

（10）内部市场使认证服务提供者能够发展其跨界活动，提高其竞争力，从而为消费者和企业提供新的机会，使其能够不分国界，以安全的方式进行电子信息交流和贸易;为了促进整个共同体在开放的网络上提供认证服务,认证服务提供者应能够自由地提供服务,而无须事先授权;事先授权不仅指有关认证服务提供者在提供认证服务之前必须获得国家当局的许可,而且指具有同样效果的其他措施。

(11)旨在提高服务提供水平的自愿认证计划可以为认证服务提供者提供适当的框架,以进一步发展其服务,达到不断发展的市场所要求的信任、安全和质量水平;这些计划应鼓励认证服务提供者发展最佳做法;应让认证服务提供者自由遵守这些认证计划并从中受益。

(12)认证服务可由公共实体或法人或自然人根据国家法律建立;而成员国不应禁止认证服务提供者在自愿认证计划之外开展业务;应确保这种认证计划不会减少认证服务的竞争。

英国的立法总体上符合这些规定,英国2000年《电子通信法案》第1~6条规定了建立自愿认证计划的机制。

无论如何,对于该指令第5条第2款规定范围内的高级电子签名,各方当事人需要确信知道附件的要求已经得到满足,而不必通过诉讼来发现这一点。需要有某种方法来证明这一点,因此该指令第3条第4款规定:①

4.安全签字制作装置是否符合附件三规定的要求,应由成员国指定的适当的公共或私营机构确定。委员会应根据指令第9条规定的程序,为成员国确定是否应指定一

---

① 欧盟《电子签名指令》第9条设立了一个"电子签名委员会"。

个机构制定标准。

因此,尽管强制性国家认证要求存在意识形态问题,在实践中,该指令至少促进了某种官方机构的干预,至少是为了确定安全签名创建设备的要求是否得到满足。在该指令第3条第3款中也有一个监督条款:

> 3.每个成员国应确保建立一个适当的制度,以便对在其领土上建立的认证服务提供者进行监督,并向公众发放合格的证书。

当然,希望颁发"基于合格证书并由安全签名制作装置制作的高级电子签名"的认证机构很可能需要得到政府的认可,并对其程序进行监督。

八、其他两级系统

德国效仿欧盟的做法,在制定了一项专门针对技术的条款后,将其《电子交易法》改为双轨制。[1]

新加坡1998年《电子交易法》也是两级法,[2]但其在某些方面与欧盟的立法不同。它规定了电子签名和安全电子签名,二者在功能上是等同的。[3] 该法第8条规定了电子签名:

---

[1] 关于电子签名框架条件和修正其他条例的法律,见2001年版,第2条。英文版本见 www.regtp.de/imperia/md/content/tech_reg_t/digisign/119.pdf。

[2] 新加坡的法规,包括《电子交易法》,可见 http://agcvldb4.agc.gov.sg。

[3] 《电子签名指令》第2条的解释部分中如此界定。

(1)如果某项法律规则要求签字,或规定了文件未签字的某些后果,电子签字即可满足该法律规则的要求。

(2)电子签字可以任何方式证明,包括证明存在一种程序,这种程序对一方当事人是必不可少的,根据该程序,一方当事人为了进一步进行交易,必须执行一种符号或担保程序,以核实电子记录是该当事人的。

这是一个功能等同、技术中立的定义,但似乎涵盖了证据和形式要求。

该法第17条规定了安全的电子签字,第18条对这些签字作了某些事实性(可反驳的)推定:

17.如果通过适用规定的安全程序或有关各方商定的商业上合理的安全程序,可以证实电子签字在制作时是:

(1)对使用它的人来说是独特的;

(2)能够识别该人的身份;

(3)是以使用它的人完全控制的方式或使用的手段制作的;以及

(4)与相关电子记录的链接方式,使该记录一旦被更改,电子签字将失效,这种签字应被视为安全电子签字。

18.(1)在涉及安全电子记录的任何程序中,除非提出相反的证据,否则应推定该安全电子记录自与安全状态有关的特定时间点以来未曾被更改。

(2)在涉及保密电子签字的任何程序中,除非提出相反的证据,除非引证相反的证据,否则须推定:

(a)该安全电子签字是与其相对应的人的签字;以及

(b) 该安全电子签字是由该人为签署或批准该电子记录而作出的。

(3) 在没有安全电子记录或安全电子签字的情况下，本部分的法律规定不得对该电子记录或电子签字的真实性及完整性作出任何推定。

第17条和第18条都不是专门针对技术的，但根据该法第20条，数字签字也可以是安全的电子签字：

电子记录的任何部分以数字签字方式签署的，在下列情况下，数字签字应视为该部分记录的安全电子签字：

(a) 该数字签字是在有效证书的有效期内制作的，并参照该证书中所列的公用密钥加以验证；以及

(b) 证书被认为是可信的，因为它将公用密钥与某人的身份准确地结合在一起，因为：

(ⅰ) 该证书是由根据第42条运作的持牌认证机构颁发的；

(ⅱ) 该证书是由新加坡境外的认证机构颁发的，该机构是由主计长根据第43条为此目的而认可的；

(ⅲ) 证书是经政府部门或部委、国家机关或部长批准担任认证机构的法定公司发出的，条件由部长根据规例施加或指明；或

(ⅳ) 当事人之间(发件人和收件人)明确同意使用数字签字作为安全程序，而且数字签字已参照发件人的公用密钥得到适当验证。

这是创建"安全电子签名"的一种替代方法,如果当事人愿意,可使其具有确定性。不过,这种方法是技术性的,需要数字签名和公用密钥的基础结构,①另一种方法是使用国家许可的核证机构。国家对管制持照认证机构有相当严格的规定,并制定了一种赔偿责任制度,这一点将在本书第七章中被论及。

2001年,联合国国际贸易法委员会继1996年《电子商务示范法》之后,又制定了2001年《电子签名示范法》。② 联合国国际贸易法委员会在坚持其关于功能等同的观点的同时,对旧的条文进行了修订,新的条文比以前更加注重确定性。因此,《电子签名示范法》第4段规定:

> 《电子签名示范法》是一个对《电子商务示范法》适度的和重要的补充,它规定了衡量电子签字技术可靠性的实用标准。

其第6条第1款和第2款继续规定功能等同:

> 1. 在法律要求一人签字的情况下,如果根据所有情况,包括有关协议,使用的电子签字对生成或传递数据电文的目的来说同样可靠,则就数据电文而言,该要求已得到满足。
>
> 2. 无论本款所指的要求是以义务的形式存在,还是法

---

① 《电子签名指令》在第2条解释部分中也对数字签名作了界定,但其方式是特定的。

② 与1996年《电子商务示范法》一样,2001年《电子签名示范法》也可以通过贸易法委员会的主页(无法进行深层链接):www.uncitral.org/en-index.htm 找到,它们是已通过的关于电子商务的法案。2001年的文件是一个可下载的 pdf 文件。

律仅仅规定了没有签字的后果，第 1 款均适用。

然而，贸易法委员会认识到第 6 条第 1 款在实践中可能难以实施，故在该法第 6 条第 3 款和第 4 款中规定：

> 3. 在下列情况下，就满足第 1 款所述要求而言，电子签字被认为是可靠的：
> (a) 签字制作数据在其使用范围内与签字人而非其他人有联系；
> (b) 签字制作数据在签字时处于签字人而非其他人的控制之下；
> (c) 签字后对电子签字所作的任何改动均可检测；以及
> (d) 如果对签字的法律要求是保证与签字有关的信息的完整性，则在签字后对该信息所作的任何改动都是可以发现的。
> 4. 第 3 款不限制任何人的能力：
> (a) 为满足第 1 款所述的要求，可以任何其他方式确定电子签字的可靠性；或
> (b) 援引电子签字不可靠的证据。

该法并不完全按照欧盟立法的方式运作，即为证据性提供一种检验标准，为形式有效性提供另一种检验标准，而是提供一种一般性的检验标准，然后以更明确的措辞确定要满足的一种方法。这与新加坡立法的运作方式在原则上是相似的。

还有一些责任条款，将在本书第七章讨论。

联合国国际贸易法委员会也承认，书面签字和电子签字在不同

的情况下可以发挥不同的功能,且其继续保持比大多数国家更灵活的立场。

九、关于两级制度的进一步探讨

欧盟立法对证据目的有一个功能等同的定义,对形式有效性有一个更正式的定义。认证机构签发合格证书也会引发责任制度,第七章将进一步对其进行讨论。

新加坡和联合国国际贸易法委员会在立法上采用了不同的方法。功能等同对所有目的都是有效的,但如果当事人想要确定性,也要有办法确保有效性,而不需要通过诉讼来确定。在这一点上,新加坡立法似乎比联合国国际贸易法委员会更为有力;新加坡的贸易商有办法确保其签名被视为"安全电子签名"。

对高级或安全签名的实际要求是,它比普通电子签名更能验证签名者的身份和数据的完整性。但正如我们在第五章末尾所看到的,这并不总是问题。[1] 似乎并没有哪种签名是写着"我非常认真"或"我在知情的情况下同意"的。可能没有一般性的规定适合适用这样的检验标准,需要这种签字的每一种情况都应根据其自身的情况加以考虑。

十、英国的法律地位

英国 2000 年《电子通信法》为建立自愿认证系统提供了机制,[2]并规定了证据的有效性。[3] 因此,该法使欧共体关于电子签名

---

[1] Section 5.6.
[2] www.opsi.gov.uk/acts/acts2000/20000007.htm, s 1–6.
[3] Ibid., s 7.

共同体框架的指令部分生效。该法还进一步赋予相关行政官员修改法律的权力,①但该法没有与《电子商务示范法》第5条第1款相对应的规定,而且正如我们在第七章中看到的那样,也没有责任制度。

虽然该法第7条第1款关于有效性的规定看起来很弱,但里德认为,事实上,它提供了与传统实物签名相当的效力,满足了指令的要求,他指出:②

> 根据现行的英国法律,手写签名并不依靠于任何特定的有效性推定,而只是逐案评估其证据效力。

在证据问题上可能如此,但在形式问题上则不然,英国的法律在这方面肯定是薄弱的。该法第7条根本不涉及形式上的有效性。正如英国法律委员会所说:③

> 虽然第7条处理可接纳性的问题,但并没有规定电子签名会符合法定签名要求。因此,该条文不能协助决定现有的法定签名要求在多大程度上能够以电子方式满足。

不过,英国法律委员会也认为,一般来说,电子签名确实符合现

---

① www.opsi.gov.uk/acts/acts2000/20000007.htm, s 8.
② Reed, *What is a signature*?, op. cit. fn.14, section 5.2.
③ Law Commission, *Electronic Commerce: Formal Requirements in Commercial Transactions (Advice from the Law Commission)*, op. cit. fn.17, para.3.27. 另有司法研究委员会发布的指引,向法官介绍数字签名,见 www.jsboard.co.uk/publications/digisigs/index.htm。

有的手续要求,①因此,英国的法律规定与欧盟《电子签名指令》一致。无疑,如果手续是为了解决证据上的困难,那么即使在现行法律下,(但只有)在法院准备采用功能方法的情况下,数字签名也可能会成为证据。不过,有两个问题:第一,英国法律本身就是不确定的,所以不能肯定地说任何数字签名都会满足形式上的规定。第二,即使可以这么说,欧盟《电子签名指令》第5条第1款给予当事人的确定性,即如果符合要求,签字肯定有效,在英国法律中却并未规定。例如,某人准备借钱,他只有在有效担保的情况下才会借到钱,他需要在借钱之前就知道,担保合同是否符合英国《反欺诈法》第1677条第4款的形式要求。② 只在诉讼阶段注意是不够的。因此,有必要制定法律,为当事人提供与《电子商务示范法》相同的保护。

如果签字意图是确保知情同意,或确保受约束,或确保所有条款都记录在一份文件中,那么根据现行法律,数字签字就不可能有什么好处。③ 在这种情况下,如土地买卖合同,英国法律委员会认为,制定适当的一般性法律是非常困难的,甚至是有风险的,每一种情况都应根据其本身的情况来考虑。④ 事实上,如果英国法律委员会的结论是正确的,那么有时甚至应该规定更多的手续要求,以防止电子签字在某些情况下有效。当然,在这种情况下,任何立法都

---

① Law Commission, *Electronic Commerce: Formal Requirements in Commercial Transactions (Advice from the Law Commission)*, op. cit. fn. 17, para. 3.27. 另有司法研究委员会发布的指引,向法官介绍数字签名,见 www.jsboard.co.uk/publications/digisigs/index.htm。第3.24段及以下各段有相当详细的论述,法律委员会在该段回顾了我们在前文所讨论的案例。

② 本书第六章第四节要求担保合同必须有书面备忘录作为证据,并由担保人签字。另见本书第六章第三节。

③ 关于我们正在考虑的那种情况,见本书第五章第六节。

④ Law Commission, *Electronic Commerce: Formal Requirements in Commercial Transactions (Advice from the Law Commission)*, op. cit. fn. 17, para. 3.43.

需要解决数字签名的形式问题;功能等同是不够的。

英国政府承认其立法不符合《电子商务示范法》对责任制度的要求。这是第七章的主题。

第七章　认证机构的责任

我们在本章要谈论的问题是：①

一个CA（认证机构）卡罗尔（Carol），错误地证明冒牌的"夏娃"（Eve）是"爱丽丝"（Alice）。因此，鲍勃（Bob）认为电子信息来自真实可信的"爱丽丝"，从而造成了损失。考虑卡罗尔对鲍勃承担责任的依据（现行英国法律），爱丽丝有没有可能对鲍勃负责？如果有可能，在什么情况下？

在英国没有现行法律规定的情况下，我们将首先检索英国的普通法。然后，我们再检索欧盟和其他地方的立法。

我们重复一下案情。在本书第五章开始时，我们谈及了电子提单。假设鲍勃已经签约从夏娃那里购买了100包橡胶，并按电子提

---

① See, in general, Hindelang S., No Remedy for Disappointed Trust? The Liablility Regime for Certification Authorities Towards Third Parties Outwith the EC Directive in England and Germany Compared, [2002]1 JILT, www2.warwick.ac.uk/fac/soc/law/elj/jilt/2002_1/hindelang（该文章还有关于数字签名机制的描述）。请注意，在任何关于密码学的讨论中，人名的身份都是传统的，可以追溯到1977年对原始RSA算法的讨论。

单付款。尽管他没有机会检查这些货物,但他知道爱丽丝已经在电子提单上签字,系统显示100包橡胶已经装船,所以他很乐意这样做。事实上,只装了10包,夏娃冒充爱丽丝,将自己的公钥认证为爱丽丝的公钥(由卡罗尔认证),所以她能够在电子提单上签字。因此,她能够自己签署提货单,显示已经装了100包。如果鲍勃知道提货单是由夏娃而不是爱丽丝签署的,他是绝对不会付款的。夏娃与货款一起消失了,而鲍勃由于卡罗尔出具的证明,失去了90包橡胶的货物。

还有很多其他的情况可以设想:夏娃可能是鲍勃永远不会与其交易的竞争对手,甚至可能是战时的敌人;爱丽丝可能会有贸易折扣的权利;夏娃可能是个孩子,无权购买鲍勃成人商品。但是,所有的这些情况都有一个共同点,那就是卡罗尔对事实的认证(签字人的身份)有误,且鲍勃以此为依据。如果鲍勃因此遭受了损失,那将是经济损失,而不是人身或财产损害。①

还值得注意的是,卡罗尔可能会发布各种类别的证书,即不同安全级别的证书。这些安全级别证书很可能会被公布,且所有人都相信证书的公信力,明确它能提供的安全程度。②

这类案件,依据英国普通法,救济的方式只有两种:合同诉讼或侵权诉讼。

里德教授指出,"没有与认证机构的活动相对应的现实世界活动,因此,根据现行法律,认证机构的义务及其责任范围难以确

---

① 在橡胶的例子中,鲍勃从未获得丢失的90包橡胶的财产,如果它们确实存在,鲍勃所承受的损失就是它们的价值。

② 有关示例,请参阅全球标志(Global Sign)提供的各类证书(www.globalsign.net/digital_certificate/index.cfm)以及它们之间的联系。请注意,个人证书见www.globalsign.net/digital_Certificate/personalsign/index.cfm,全球标志表明,他们采取了哪些步骤来验证身份,并对责任设定了上限,这些步骤因认证类别而异。

定"①。但是,有一些实际操作是类似于 CA 的认证机构认证的。在实际案例中甲向乙证明事实,知道这些事实有可能被丙传达,并被丙所信赖,如果事实不正确,丙将承担损失。因此,至少可以判断出卡罗尔(甲)对鲍勃(丙)承担赔偿责任所依据的一般原则。

第一节 卡罗尔对鲍勃的合同责任

一、问题概述

卡罗尔和鲍勃之间不可能有直接的联系,因而也不可能有明确的合同。② 卡罗尔唯一的直接的沟通很可能是与夏娃,当然,她知道夏娃会出示她的身份证明,而且该证明会被其他各方相信。如果建立了存储库,③将持有 CA 的身份证明,那么存储库和查询者之间可能会有直接的关系,但这不一定能预测到。另一种可能是卡罗尔发布公钥,如发布在网站上。在这种情况下,通信是面向世界而不仅是鲍勃。

里德教授假设了一种可能性,即从鲍勃检查卡罗尔的证书撤销列表(Certificate Revocation List, CRL)的过程中检查合同的合法性:④

---

① Reed, *Internet Law: Text and Materials*, 2nd ed., CUP, 2004, p.161.

② 我们在这里假设一个开放系统。在开放系统中,卡罗尔和鲍勃之间可能存在合同关系;例如,在第六章第三节的 BOLERO 中,BOLERO 本身充当 CA 进行认证,所有各方都与 BOLERO 签订合同。

③ See Reed, *Internet Law: Text and Materials*, op. cit. fn.4, p.151.

④ Reed, *Internet Law: Text and Materials*, p.161. Hindelang, *No Remedy for Disappointed Trust?*, op. cit. fn.1, section 4.1.1,假设鲍勃对该证明持怀疑态度。

……法院有可能从该通信中推断出一份合同。守约方的信息将是：如果CA对证明文件中的信息的准确性作出承诺，则同意相信证明文件的真实性。凭证机构的回应是该凭证仍然有效，这就是接受。

这其中的表意并不完全清楚，但如果说法院会从鲍勃对证书撤销列表的调查中努力查出合同是不合法的，那么我认为这显然是不正确的。法院已表明，他们不会同意合同不合法。在阿拉米案（Aramis）中，宾厄姆法官（Bingham LJ）认为：①

我认为，如果根据行为判断不出是否有订立合同的合意，那么支持从行为中推断出合同成立的做法就违背了原则。当然必须确定与所争论的合同有关的行为，或者至少有必要判断出与当事人之间没有订立合同相矛盾的行为。换言之，我认为，如果双方当事人在没有合同的情况下，可能会采取表意相同的行动，那么这对合同的意义肯定是非常重要的。

3年后，在古德姆案（Gudermes）中可以看到更有力的陈述。斯塔顿法官（Staughton LJ）指出：②

当事人所做的事情必须与新合同的默示相一致，而与没有这种合同的情况不一致。

---

① [1989] 1 Lloyd's Rep 213, p.224.
② Mitsui & Co., Ltd. v. Novorossiysk Shipping Co (The Gudermes) [1993] 1 Lloyd's Rep 311, p.320.

我们很难说审查证书撤销列表是"与没有这种合同的情况不一致"。我们必须寻找可以合理地解释为一方当事人作出的承诺(要约),且被另一方当事人信赖的某些依据(承诺)。

当然,如果鲍勃真的同意相信证明文件,卡罗尔又对证明文件中的信息的准确性作出了承诺,且卡罗尔在随后的通信中也这样做了,那么当然就产生了合同。卡罗尔的通信必须在鲍勃针对证书撤销列表进行询问之后,因为鲍勃的要约肯定先于卡罗尔的承诺。这种情况是可能的,但可能性不大。通常卡罗尔所做的只是事先公布证书撤销列表,而鲍勃积极承诺以该证书为依据(如果不这样做,可能会面临违约诉讼)的想法肯定是错误的。

因为没有经过直接的沟通,所以卡罗尔和鲍勃之间没有明确的合同。

二、第三方在明示合同下的权利

一种可能性是卡罗尔和夏娃之间的合同,给予鲍勃(第三方)好处,但这也取决于合同的细节。① 英国 1999 年《合同(第三方权利)法》第 1 条第 1 款规定,如果合同明文规定鲍勃可以执行合同中的某项条款,或者该条款旨在赋予鲍勃利益,则鲍勃可以执行该条款。该法第 1 条第 3 款规定:②

> 必须在合同中明确载明第三方,明确确定其作为一类成员的某一特定约定的权利义务,但其在合同订立时不必存在。

---

① Reed, *Internet Law: Text and Materials*, op. cit. fn. 4, p. 162.
② 注意本法不适用于苏格兰。

我们可以将鲍勃认定为某类人,即那些相信证书效力的人。虽然毫无疑问,这在原则上是可能的,但这取决于卡罗尔和夏娃(证书申请人)之间的合同条款,这也取决于该合同的有效性。如果夏娃是未成年人,或者是战时的敌人,那她就不会签订合同。但通常情况是,由于卡罗尔认为她是与爱丽丝而不是冒充的夏娃签订合同,所以卡罗尔与夏娃之间不可能存在合同关系,①即使夏娃本人到场。签约方的身份肯定是至关重要的,所以刘易斯诉阿维尔案(Lewis v. Averay)中关于合同有效性的观点不应适用。②

三、默示合同

即使卡罗尔和鲍勃之间没有直接的沟通,也不一定意味着他们之间没有合同关系。颁发证书仍然可以构成对鲍勃的要约,因为他相信这一点,所以接受了要约。这类似著名的卡利尔诉碳烟球公司案(Carlill v. carbonic Smoke Ball Co.)③(以下简称卡利尔案),尽管它并不是完全正确。在本案中,被告制作了一种叫作"石炭酸烟弹"的医药制剂,并发布了一则广告。在广告中,他们提出,任何以规定方式和在规定时间内使用他们的烟弹感染流感的人,都可以得到 100 英镑的赔偿。原告相信广告,购买了一个球,并在规定的时间内以规定的方式使用了它,但却感染了流感,上诉法院认为她有权起诉被告获得 100 英镑的赔偿。该广告构成了对原告使用烟雾弹接受的要约。在这种情况下,原告有权得到约定的金额。

该案与前述案件的情况一样,被告与原告之间没有直接联系。

---

① 有关权利见本书第九章。
② [1972] 1 QB 198.
③ [1893] 1 QB 256. 另参见 Reed, *Internet Law: Text and Materials*, op. cit. fn. 4, p. 161。

广告内容对任何阅读广告的人都有公开的效力,而卡罗尔只可以与证书申请人沟通。但是,如果卡罗尔将证书放在自己的网站上,则与在卡利尔案中的沟通形式基本相同。根据该案还可以确定,接收人没有必要向卡罗尔传达他对任何要约的承诺。① 然而,两者的相似之处也就只有这些了。在卡利尔案中,广告中包含了一个精确的要约,并指明了一种履行模式。林德利法官(Lindley LJ)将其视为"在某些事件中明确承诺支付100英镑"。他还认为,根据"将100英镑存入联盟银行,表明我们对此事的诚意"的说法,这一定是一份严格的合同,而不仅是一份承诺。② 尽管这是一份不同寻常的合同,报价是单方面的,但它具备了明示合同的所有条件,而不是默示合同。这种情况甚至不等于卡罗尔在自己的网站上放了一个证书,后者只是陈述一个事实,并没有约束任何阅读它的人。对于卡利尔来说,涉及的问题并不困难,在提出要求的情况下,接受烟弹并遭受了损害,这种"一方因另一方的要求而造成的不便足以引起考虑"。③相比之下,卡罗尔对鲍勃没有任何要求。

然而,拉斯诺贸易公司诉格丽斯有限公司案(Rasnoimport v. Guthrie & Co. Ltd.)(以下简称拉斯诺贸易公司案)是一个更为相似的案例④,如果该案裁决适用的话,则表明鲍勃和卡罗尔之间存在合同,无论卡罗尔是否在自己的网站上公布证书。在该案中,被告(装货经纪人,与船长的身份相同)为船上装载的225包橡胶签发了提单,但实际只装载了90包。提单签发给托运人,托运人再将提单寄

---

① See Lindley LJ [1893] 1 QB 256, p.262, Bowen LJ, p.269,但无论如何,这都是卡利尔案的一部分。然而,是否需要告知承诺则取决于要约的条款,见勃文法官(Bowen LJ)第270页的观点。
② [1893] 1 QB 256, p.261. Also Bowen LJ, p.268.
③ Bowen LJ, p.271.
④ [1966] 1 Lloyd's Rep 1.

给原告,原告凭提单付款。该案情况与我们自己的例子非常相似,所有被明确告知的都是装运的事实,但与卡利尔案不同,该案没有明确的承诺。而且提单不是直接向原告发出的,而是向托运人发出的,但预期提单会被处于原告地位的人转让和信任。事实上,这种情况确实发生了。原告提出并支付了一份提单,该提单表明 225 包货物已经装船,而事实上船上只有 90 包货物,其余的货物在装船前被第三方偷走,而被告并不知情。当然,原告的损失是他们已支付的 135 包橡胶的价值,因为这些橡胶尚未装船。

与卡利尔案①相比,莫卡塔(Mocatta)法官认为被告对原告负有合同责任(除其他权威外)。问题在于,从关于橡胶已经装好的事实陈述中表达出一种保证或承诺。然而,长期以来,一直有这样的权威,即船主或装货经纪人只对船上装载的货物才有船东签署票据的权利。② 被告通过签发 225 包橡胶的提单,默示保证他们有权为这些橡胶签字(因为如果装载了 225 包橡胶,他们就有权为这些橡胶签字),而他们实际上只有权为已装载的 90 包橡胶签字。该授权保证不仅是对托运人作出的,因为提单是签发给他的,而且是对所有在正常业务过程中可能会根据关于 225 包橡胶已经装运的陈述采取行动和受其约束的人作出的。签订合同是一项要约的行为,由被背书人根据提单上的陈述接受提单。拉斯诺贸易公司案与卡利尔案一样,要约是由被告作出的,对任何相信它的人来说都是公开的要求。因此,如果原告的信赖给他们自身造成了损害,他们就有权因被告违反授权保证而获得损害赔偿,这是一种合同索赔。

拉斯诺贸易公司案类似于卡罗尔通过向夏娃出具证明文件而作出公开的要约,鲍勃出于对该证明文件的信赖使其被接受。卡罗

---

① 尽管拉斯诺贸易公司案显然是卡利尔案的一个重要延伸。
② Grant v. Norway (1851) 10 CB 665.

尔期望证书被传阅,就像拉斯诺贸易公司案中的被告期望提单被协商一样。在拉斯诺贸易公司案中,有可能表达为保证书。在我们自己所举的例子中,签发证明文件也可能理解成一种保证,因为卡罗尔签发证明文件,肯定代表他有爱丽丝的授权,由于申请证书的是夏娃,而不是爱丽丝,因此违反了保证。

拉斯诺贸易公司案中的推理支持卡罗尔和鲍勃之间存在合同关系。问题是要从事实陈述中推定承诺,该案表明,至少可以仅从事实陈述中推理出权威性保证,即使该事实陈述只是以证明别人所作陈述的准确性的形式存在。不过,这是一个一次性的决定,而且很有可能是合同默示的特例。单纯依靠本案可能是错误的。

四、赔偿责任的范围

原则上,合同中的责任是严格的,不存在过失。[①] 但是,如果有合同,赔偿责任肯定会以约定的条款为准。卡罗尔公司通常会说明其为确认爱丽丝的身份所采取的步骤,只有在没有执行这些步骤的情况下才应承担赔偿责任。在执行合同步骤的方式上,可能会隐含着其尽职调查的义务。对责任的限制将受1977年英国《不公平合同条款法》以及1999年《消费者合同中不公平条款规定》中的合同免责条款的规制。

[①] See paras. 4 –8 of the statement of facts: [1966] 1 Lloyd's Rep 1, p.3 –4.

第二节　卡罗尔对鲍勃的侵权责任

一、问题概述

如果卡罗尔的证书是以欺诈方式签发的,那么根据德里诉皮克案(Derry v. Peek)①的原则,卡罗尔就需要承担责任。仅仅卡罗尔一人的欺诈行为肯定是不构成侵权的,更有可能的情况是夏娃和卡罗尔之间的合谋欺诈。卡罗尔仅仅是疏忽的可能性要大得多,在这种情况下,主要的问题是因鲍勃的损失通常只是经济上的损失,传统上是不能从过失中获得赔偿的。② 如果卡罗尔没有过失,则根本不存在责任,举证责任由索赔人承担。

卡罗尔的情况有可能被纳入海德利拜恩有限公司诉海勒合作有限公司案(Hedley Byrne & Co. Ltd. v. Heller & Co. Ltd.)③(以下简称海德利拜恩案)的原则范围内,马丁·霍格(Hogg M.)强烈支持这一观点,理由是"证明文件的全部目的是让第三方信赖"④,但海德利拜恩案的适用范围并不确定,该案与卡罗尔的情况并不完全一致。在海德利拜恩案中,被告银行知道,原告会以其一位客户的财务稳定性为依据,因为原告想知道他们能否安全地向该银行的客户提供大笔信贷。换句话说,被告想到的是特定的原告人的信赖,

---

① [1889] 14 App Cas 337.
② Weller & Co. v. Foot and Mouth Disease Research Institute [1966] 1 QB 569.
③ [1964]AC 465.
④ Hogg M., *Secrecy and signatures*, in Edwards L. & Waelde C. eds., *Law and the Internet: A Framework for Electronic Commerce*, 2nd ed., 2000, Hart, p. 49, note 65.

因为声明是直接向他们作出的,是为了一项特定的交易。这与橡胶的例子非常不同,卡罗尔没有直接向鲍勃作出声明,鲍勃只是许多可能预见的信任该证书的人之一,而卡罗尔通常没有想到任何特定的交易。

不过,海德利拜恩案的责任范围已经超出了原来非常狭窄的限制。① 在史密斯诉埃里克·布什案(Smith v. Eric S. Bush)(以下简称布什案)②中,上议院认为,即使估价师是为抵押人进行估价,也应对财产的购买者负有注意义务,因为估价师知道潜在的购买者(特定的购买者,而不仅仅是任何购买者)会利用该估价来决定是否购买该特定的财产。此外,尽管是经过了抵押人这个中介,买方最终还是支付了估价的费用。在布什案③中,格里菲斯(Griffiths)法官不仅要求估价师承担一般责任,而且要求进行估价陈述的人承担责任。

相较之下,仅仅是出具一份识别爱丽丝的证明文件,就会引起海德利拜恩有限公司的法律责任,这一点是绝对不确定的,因为可以预见的是,不仅鲍勃,而且夏娃(伪装成爱丽丝)出示该证明文件时,任何人都会信任该证明文件,该证明文件不是与任何特定交易有关,而是与一般交易有关。事实上,上议院在卡帕罗工业公司诉迪克曼案(Caparo Industries Plc. v. Dickman)(以下简称卡帕罗案)中认为④,虽然可以预见原告在决定是否购买公司更多的股份时,会依据被告特许的会计师对该公司的审计结果,但会计师并不存在责

---

① 事实上,有一些论述[在海德利拜恩案中,根据德夫林(Devlin)法官的说法,第532页]表明,在拉斯诺贸易公司案的情况下,侵权责任可能是一种替代办法。
② [1990] 1 AC 831. 事实上,有两个联合呼吁,提出了基本上相似的问题,布什案和哈里斯诉怀尔森林区议会案(Harris v. Wyre Forest District Council)。
③ [1990] 1 AC 831, p.862.
④ [1990] 2 AC 605.

任。上议院明确否定了仅仅因为经济损失是过失错报的可预见后果就可以追回的观点,①同时也考虑到因果关系以及承担责任的合理性。② 在卡帕罗案中,即使可以预见经认证的账目会被查阅的人所信赖,账目的认证人也不存在注意义务。布里奇(Bridge)法官将卡帕罗案与布什案的区别归纳如下:③

> 当一份陈述或多或少地被广泛传阅,并可能会被陌生人为各种不同的目的而可预见地信赖,而陈述者并没有明确的理由去预见这些目的,这种情况与后案是完全不同的。后案要求陈述者为了任何目的而对所有人负有关于陈述的准确性的责任。在后来情形下查阅者可能选择信赖该声明的目的,不仅使他(用卡多佐法官的经典话语来说)"在不确定的时间内向不确定的类别承担不确定的金额的责任"④;而且还赋予了一种不正当的权利,使他们为自己的目的而占有归属于声明制作者的专家知识或专业知识的好处。

卡罗尔的立场通常会更接近卡帕罗案,而不是布什案,布里奇法官引文末尾的批评不会适用于鲍勃,因为他显然是要依靠卡罗尔的专业知识。

---

① 根据这一裁决,要证明住房和地方政府部诉夏普案(Ministry of Housing and Local Government v. Sharp)[1970] 2 QB 223 中的疏忽推理是非常困难的。

② 在这方面,斯普林诉卫士保险有限公司案(Spring v. Guardian Assurance Co., Ltd.)[1995] 2 AC 296 中卡帕罗法官认为原告负有注意义务。然而,双方的关系非常密切,本案中没有任何证据表明,依经济损失的可预见性本身就足以对疏忽性错报提起诉讼。

③ In Caparo [1990] 2 AC 605, p. 621.

④ Ultramares Corp. v. Touche [1931] 174 NE 441, p. 444.

奥利弗（Oliver）法官也采用了类似的有限流通和一般流通区分的观点，不过他实际采用的检验标准可能会让鲍勃从卡罗尔那里获得救济：①

(1)卡罗尔的意见是为了某一目的而需要的，不论该目的是特别指明的或一般描述的，该目的都是在给予该意见时，可以实际上或推断地知道的；(2)可实际上或推断地知道，顾问的意见会按个别情况或以某一可确定类别的成员身份传达给被咨询人，以便被咨询人为该目的而使用该意见；(3)可实际或推断地知道，如此传达的咨询意见很可能会被顾问为此目的而不经独立调查而采取行动，以及顾问如此采取行动会对被咨询人不利。

归根结底，问题在于卡罗尔是否对鲍勃承担责任。② 一方面，如果鲍勃是可预见地会信赖证明文件的人之一，那么这个问题的答案很可能是否定的。另一方面，如果鲍勃是众所周知的，或者说如果卡罗尔知道这是一场特定的交易，那么卡罗尔就可能要承担侵权责任。在史密斯诉埃里克·布什案中，原告确实是唯一可预见的第三人。相较之下，卡罗尔的证书通常会或多或少地投入到流通中，甚至比拉斯诺贸易公司案（Rasnoimport）中的提单更为寻常。诚然，人们设想，实际上是打算让处于鲍勃地位的人信任它，但卡帕罗表示，这本身并不足够。

在尼鲁电池制造公司诉迈尔斯通贸易有限公司案（Niru Battery

---

① [1990] 2 AC 605, p.638.
② Henderson v. Merrett Syndicates [1995] 2 AC 145.

Manufacturing Co. v. Milestone Trading Co. Ltd.)①中,根据海德利拜恩案②,SGS 公司(一家独立检验公司)被认定对尼鲁电池制造公司(买方)负有责任,因为其虚假和疏忽地证明了货物(用于电池的铅锭)已经装载。事实与前面讨论的情况类似,SGS 公司是向卖方而不是向索赔人签发了证书,与索赔人没有合同关系。但是,双方之间的关系相当密切,SGS 公司知道买方的身份,买方是一家伊朗公司,而且为了满足伊朗政府的要求,必须要有证书。③ 如果证书仅仅是为一般流通而颁发的,就不会产生责任。可以说,本案与布什案非常相似,SGS 公司知道特定购买者的身份,也知道他要求他们提供证书的原因。

权威的审查表明,卡罗尔通常不对鲍勃负责。然而,法律有可能会扩大范围,以填补空白。法律并非一成不变的,有人说过,疏忽的类别可以"通过与既定类别类比而逐步增加"。④ 在这里,这样做是有道理的,因为如果鲍勃没有对卡罗尔提起诉讼,他很可能没有办法对任何人提起诉讼。⑤

那么我们可以合理地得出结论,在这种特殊情况下,海德利拜恩有限公司的责任是可能发生的。

二、赔偿责任的范围

卡罗尔只有在自己有过失的情况下才会承担责任,且此时举证

---

① [2002] EWHC 1425(Comm),affirmed [2004] 1 Lloyd's Rep 344. 该案也在[2004]QB 985 上有报道,但王座法庭案例报告省略了本案有关方面的判决。
② [1964] AC 465.
③ 参见一审判决第 66~67 段。
④ Caparo Industries Plc. v. Dickman [1990] 2 AC 605, at p.618 and p.634, per Lords Bridge and Oliver.
⑤ White v. Jones [1995] 2 AC 207,扩大赔偿责任的理由之一(以3:2 的多数)。

责任由鲍勃承担。因此，原则上，证书中的限定都应该能够保护卡罗尔。

但是，这要有一个限定条件。1977年英国《不公平合同条款法》第2条规定，无论如何，对于损失："一个人不能通过提及任何合同条款或通知来排除或限制他对过失的责任，除非该条款或通知符合理性要求。"在布什案中，上议院认为，这一规定适用于免责声明，在最开始的时候就阻却了责任的产生。据推测，如果卡罗尔声明"不接受本证书所隐含的任何声明的责任"，这一条款就能被适用。然而，如果卡罗尔清楚地说明了他为确定爱丽丝的身份所采取的行为，那么除了该声明的准确性之外，很难要求卡罗尔承担任何责任。因此，只有在卡罗尔没有采取这些措施的情况下，才应该承担责任。同样地，如果卡罗尔声明，只有在 x 英镑以下的交易才可使用该证明书，那么，如果鲍勃在更高价值的交易中使用该证明书，卡罗尔就不应该承担任何责任，这并不是因为该声明等同于免责条款，而是因为鲍勃的信赖并不合理。但必须指出，布什案使这一问题相当不明确。

第三节 爱丽丝的责任

假设爱丽丝在使用她的私人密钥方面存在过失让夏娃冒充了她，那么爱丽丝可能承担合同责任的问题，如本书第六章第三节所考虑的 Bolero 方案，在这个方案中，所有各方相互之间都可以存在合同关系，但卡帕罗案几乎排除了过失责任免责这一点。这种情形确实比起诉卡罗尔要简单，因为爱丽丝和鲍勃之间通常不会有任何形式的沟通。

第四节　关于普通法赔偿责任的结论

在没有法律规定的情况下,卡罗尔对鲍勃的责任是不能预见的,但鲍勃可以预见的是,由于卡罗尔的过失而造成的损失。此外,鲍勃如何保护自己也是很难预见的。如果没有责任,至少有一个可论证的立法空白,特别是由于爱丽丝的过失,造成了一个明显的空白。如果电子商务要繁荣发展,除了欧盟采取的立场(本书第七章第五节第四小节将对该立场进行研究)之外,英国也有充分的理由进行立法。

第五节　立法:一般原则

许多已颁布电子签字立法的国家还建立了责任制度,以处理上文所考虑的责任问题。但似乎还没有达成明确的国际共识。不过,认证机构的赔偿责任多限于尽职调查(欧盟),或参照立法要求(如美国犹他州,现已被取代),或参照证书中的声明(新加坡)。

如果某一特定制度适用于商业活动的某一领域,那么应有理由允许当事人选择是否受制于该制度。例如,对非正式的认证人(如缅甸使用的信托链)实行特殊制度是非常不合理的。如果法律要求颁发许可证,这并不是问题,且根据欧盟指令,强制许可被明确排除在外。但是,根据欧盟指令附件 1 的规定,"合格证书必须包含:……表明该证书是作为合格证书签发的",因责任只施加于合格证书的签发人,所以责任只能施加于数字证书颁发机构。

美国犹他州和新加坡也规定了用户责任(实际上,爱丽丝对其私钥的泄露负有责任)。

一、犹他州

现已被取代的美国犹他州参照法律要求限制数字认证机构的责任,其法律第303条第3款规定:

> (3)持牌认证机构通过签发认证书,向所有合理信赖认证书中所载信息的人证明:
> ……
> (d)有执照的认证机构已遵守本州关于颁发证书的所有适用法律。

同时,也为认证机构遵守相关法律提供了完全的豁免权,其法律第309条第2款规定:

> (2)除非特许认证机构放弃适用本款,否则特许认证机构:
> (a)对用户因信赖虚假或伪造数字签字而造成的任何损失不负赔偿责任,但条件是,就虚假或伪造数字签字而言,认证机构遵守了本章的所有重要要求;
> ……

该条款继续将超出认证书中规定的金额的责任限制在其建议的信赖额度内。

二、新加坡

新加坡采用的原则是，认证机构可以发布认证惯例声明，在这种情况下，认证机构的责任由该声明确定（见下文新加坡 1998 年《电子交易法》第 30 条第 1 款）；否则，责任由一般要求确定（一般要求对严格责任作了明确规定，见下文新加坡 1998 年《电子交易法》第 30 条第 2 款）。新加坡 1998 年《电子交易法》第 30 条规定：

(1)认证机关通过签发证书，向任何合理信赖证书或可由证书中所列公用钥匙验证的数字签字的人表明，认证机关已按照以提及方式纳入证书的任何适用的认证惯例声明签发了证书，或信赖者已得到通知。

(2)在没有第 1 款认证作业程序声明的情况下，认证机关声明它已确认：

  (a)认证机构在颁发证书时已遵守了本法案的所有适用要求，如果认证机构已公布证书或以其他方式向信赖人提供证书，则表明证书中列出的认购人已接受该证书；

  (b)在证书中识别的登记人持有与证书中列出的公钥相对应的私钥；

  (c)用户的公钥和私钥构成一个有效的密钥对；

  (d)该证书内的所有资料均为准确的，除非认证机关已在该证书内声明，或已在该证书内以参考的方式加入声明，指明资料的准确性未获确认；

  (e)认证机关不知悉任何实质事实，而该实质事实如已包括在证书内,则会对(a)至(d)项所陈述的可靠性产生不利影响。

(3)凡有一项适用的认证实务陈述已以提及的方式纳入证书,或有信赖人已被通知该等陈述,则在该陈述与认证实务陈述不相抵触的范围内,第2款须适用。

对已被认证密钥的用户,也要承担相应的责任。该法第38条第2款规定:

(2)接受认证机构签发的认证书,认证书中所列的订阅者即向所有合理地信赖认证书中所载信息的人证明:

(a)该用户合法地持有与认证书中所列的公开密钥对应的私人密钥;

(b)用户向认证机关作出的所有陈述,以及对认证证书所列资料有重大影响的陈述,均属真实;

(c)签署人所知道的认证书中的所有资料均属真实。

该法第39条规定:

(1)一旦接受认证机构签发的认证书,认证书中所识别的用户就有责任采取合理的谨慎措施,以保持对与该认证书中所列公用钥匙相对应的私人密钥的控制,防止其泄露给未获授权制作用户数字签字的人。

(2)在该证书的运作期间和该证书的任何暂停期间,这种责任应继续存在。

虽然没有明确说明对谁负有责任，但可以推测，一定是像鲍勃这样的人，他很可能依靠给予用户的任何身份来证明。例如，如果爱丽丝丢失了她的私人密钥，使夏娃能够冒充她的身份，这将使她承担赔偿责任。

三、2001年联合国国际贸易法委员会《电子签名示范法》

正如新加坡的立法一样，2001年联合国国际贸易法委员会《电子签名示范法》在其第8条至第10条中对签字人和数字认证机构的责任作出了规定：

第8条　签字人的行为
(1) 如果签字制作数据可用于制作具有法律效力的签字，各签字人应：
　　(a) 采取合理的谨慎措施，避免其签字制作数据被擅自使用；
　　(b) 有下列情形之一的，应当毫不迟延地利用认证服务提供者根据本法第9条提供的手段，或以其他合理的手段，通知签字人可能合理预期的信赖电子签字或提供支持电子签字服务的任何人：
　　　　(i) 签字人知道签字制作数据已失密；
　　　　(ii) 签字人所了解的情况使签字制作数据可能有失密的重大风险。
　　(c) 在使用证书支持电子签字的情况下，应采取合理的谨慎措施，确保签字人作出的与证书整个生命周期有关的或拟列入证书的所有重要陈述的准确性和完整性。

(2) 签字人应承担其未满足第 1 款要求的法律后果。

第 9 条　认证服务提供者的行为

(1) 如果认证服务提供者提供服务以支持可作为签字用在法律上的电子签字,该认证服务提供者应:

(a) 按照其就其政策和做法所作的陈述行事。

(b) 采取合理的谨慎措施,以确保其作出的与证书整个生命周期有关的或包括在证书中的所有重要陈述的准确性和完整性。

(c) 提供合理便利的手段,使信赖方能够从证书中确定:

(i) 认证服务提供者的身份;

(ii) 证书中所确认的签字人在签发证书时控制了签字制作数据;

(iii) 签字制作数据在签发证书时或之前是有效的。

(d) 提供合理可及的手段,使信赖方能够在相关情况下从证明文件或其他方面确定以下内容:

(i) 用于识别签字人的方法;

(ii) 对签字制作数据或证明文件的使用目的或价值的任何限制;

(iii) 签字制作数据是有效的,且未被泄露;

(iv) 认证服务提供者规定的对责任范围或程度的任何限制;

(v) 是否存在签字人根据本法第 8 条第 1 款 (b) 项规定发出通知的途径;

(vi)是否及时提供撤销服务。
(e)在提供(d)(v)项的服务时,为签字人提供依据本法第8条第1款(b)项发出通知的手段,在提供(d)(vi)项的服务时,确保提供及时的撤销服务。
(f)在提供服务时利用值得信赖的制度、程序和人力资源。

(2)认证服务提供者应承担其未能满足第1款要求的法律后果。

虽然认证服务提供者被要求"按照其就其政策和做法所作的陈述行事",但该条款的主要内容是关于合理地注意遵守程序的。第9条第1款(f)项由第10条规定:

第10条 可信度

为达到本法第9条第1款(f)项的目的,在确定认证服务提供者利用的系统、程序和人力资源是否值得信赖或在多大程度上值得信赖时,可以考虑以下因素:

(a)财务和人力资源,包括是否有资产;
(b)硬件和软件系统的质量;
(c)处理认证和申请认证以及保留记录的程序;
(d)向证明文件中所确认的签字人和潜在的信赖方提供信息;
(e)由独立机构进行审计的规律和程度;
(f)国家、认证机构或认证服务提供者是否有关于遵守或存在上述规定的声明;
(g)任何其他相关因素。

根据该法第 11 条的规定,即使是信赖方的行为也受到控制:

第 11 条　信赖方的行为
相互信赖的一方应承担其不履行义务的法律后果:
(a)采取合理步骤核实电子签字的可靠性;
(b)在电子签字有证书支持的情况下,采取合理的步骤:
　　(i)核实证书的有效性、暂停使用或撤销证书;
　　(ii)遵守与证书有关的任何限制。

为了保持技术中立的立场,联合国国际贸易法委员会《电子签名示范法》实际上规定的是密切界定各方的责任。这是一项非常全面的示范立法。

四、欧盟

欧盟《电子签名指令》第 6 条规定了最低限度的责任标准,但只针对"合格"证书的签发人,如果"证书服务提供者证明其没有过失行为",则可进行抗辩。第 6 条规定:

(1)成员国至少应确保,通过向公众签发合格证书或向公众担保这种证书,证书服务供应商对合理信赖该证书的任何实体或法人或自然人造成的损害负有责任:
　　(a)确保在签发合格证书时,该证书所包含的所有信息的准确性,以及该证书包含合格证书所规定的所有细节的事实;
　　(b)保证在签发合格证书时,合格证书中所确认

的签字人持有与证书中提供或确认的签字核实数据相对应的签字制作数据;

(c)确保签字制作数据和签字核实数据在认证服务提供者同时生成这两种数据的情况下可以互补使用。

(2)作为最低限度的要求,成员国应确保向公众签发合格证书的认证服务提供者对因未登记撤销证书而给任何合理信赖该证书的实体或法人或自然人造成的损失负责,除非认证服务提供者证明他没有疏忽。

以上内容所说的准确性主要涉及信息本身的准确性,而不是是否符合程序。同时,请注意,应由认证服务提供者证明他没有疏忽行事,而不是像英国普通法那样反过来证明。

认证服务提供者也有权参照认证的用途以及使用该认证的任何交易的价值来限制其责任。第6条第3款至第5款继续规定:

(3)成员国应确保认证服务提供者可在合格证书中指明对该证书使用的限制,但这些限制须能为第三方所识别。认证服务提供者对因使用超过限制的认证证书而造成的损失不承担责任。

(4)成员国应确保认证服务提供者可在认证证书中表明对该证书可使用的交易价值的限制,但该限制必须能被第三方识别。认证服务提供者对因超过该最高限制而造成的损失不承担责任。

(5)第1款至第4款的规定不应影响理事会1993年4月5日关于消费者合同中不公平条款的第93/13/EEC号指令。

欧盟立法对订约人的赔偿责任只字未提,而且与贸易法委员会不同,其对信赖方的行为也没有任何规定。

第六节 英国的立场

虽然政府承认在责任的承担方面可能还没有完全执行欧盟的指令,但英国至今还没有立法。① 当然,一般的法律是适用的,但正如我们在上文所看到的那样,它并不清楚是否能充分保护信赖的一方。就侵权行为诉讼而言,举证责任由原告承担,而欧盟《电子签名指令》则要求由被告承担。

英国法律是否符合上述指令第 6 条第 3 款至第 5 款的要求也不清楚。正如我们在第七章第二节第二小节中所谈及的那样,1977 年英国《不公平合同条款法》第 2 条规定:"一个人不能通过提及任何合同条款或通知来排除或限制他对过失的责任,除非该条款或通知符合合理性要求。"②然而,欧盟《电子签名指令》指令第 6 条第 5 款规定,"第 1 款至第 4 款的规定不应影响理事会 1993 年 4 月 5 日关于消费者合同中不公平条款的第 93/13/EEC 号指令"。③ 这些规定引入了合理性的概念,并通过 1999 年《消费者合同中不公平条款

---

① Department of Trade and Industry, Consultation on EC Directive 1999/93/EC of the European Parliament and Council on a Community Framework for Electronic Siganatures, 2001, paras. 39 –42,见 www. minstrel. org. uk/papers/1999 –93 – ec/1999 –93 – ec-dti-consult. txt。

② 注意本条款的适用不一定非得在当事人之间签订合同。

③ 全文见 http://europa. eu. int/smartapi/cgi/sga_doc? smartapi! celexplus! prod! DocNumber& lg = en&type_doc = Directive&an_doc = 1993&nu_doc = 13。

规定》作为英国法律的一部分加以实施。① 因此,在英国,对条款的控制似乎与欧盟相同,至少在信赖方是消费者的情况下是如此。然而,如果信赖方是企业,英国的 1977 年《不公平合同条款法》可能会否决排除条款,而该条款在欧盟的指令下是有效的。

也许有人会说,既然英国没有对合格证书作出规定(因为法律委员会认为没有必要),那么随之而来的责任制度在技术上也是没有必要的。然而,英国似乎最终很有可能不得不执行上述指令第 5 条第 1 款和第 6 条的规定。这意味着上述的法律原则将仅适用于这一活动领域。这是否合理?一种观点认为,如果合格的认证者享有优势,如在形式上的有效性,而认证服务提供者选择利用这些优势,那么让他受制于一个特定的责任制度至少没有不公平的地方。另一种观点认为,在没有责任的情况下,处于鲍勃地位的人没有直接的手段保护自己。

即使英国直接适用欧盟《电子签名指令》,也可以认为普通法责任制度将继续与新的责任制度并存。契约责任是严格责任,因此,即使签发了合格证书,也可能存在英国普通法上的责任,而在欧盟《电子签名指令》下没有责任。此外,如果数字认证机构签发了无资质证书,那么它将继续受普通法管辖。

---

① 可见 www. opsi. gov. uk/si/si1999/19992083. htm,评论和链接见 www. oft. gov. uk/Business/Legal/default. htm。

第八章　隐私问题

本章的第一节是对第六章和第七章内容的承接。英国国家执法部门关注控制加密。同时,对电子商务方面的发展也有关注,而这主要针对能否免费提供强有力的加密技术。还有一些隐私问题,虽然与电子商务没有直接关系,但也影响国家控制。

本章的第二节也是关于隐私的,但与加密没有特别的联系(除了与传输安全有关)。在电子商务交易过程中,可以(实际上必须)获取许多个人数据,这些数据由不担责的私人公司储存和处理。这显然涉及隐私问题,法律需要对这些信息的储存和使用进行控制。

第一节　加密的状态控制

一、争议焦点

从本书第三章内容可以明显看出,电子商务需要强大的加密技术,在数字签名的情况下确定身份和真实性,但同时也要隐藏一些内容,这些内容不仅包括商业秘密,也包括消费者的详细资料。消费者如果认为自己的信息传输是不安全的,那么其会对使用信用卡在网络上购物或者网上银行服务感到反感。事实上,正如我们将在本章第二节中谈及的那样,出于保护数据的考虑,需要以安全的方式即加密的方式存储个人信息。

隐私问题,如今已被认为是一项需要保护的基本人权。隐私争议主要与电子邮件有关,但并不限于此。其中一个观点是,电子邮件本质上不如其他类型的通信安全,特别是在使用卫星传输的情况下,因为电子邮件实际上是在全世界范围内传输的。此外,所有的电子邮件都有可能通过服务器进行传输,有可能被黑客入侵。为了获得类似于用信封寄信的隐私保护程度,而不是像明信片那样公开到让全世界阅读,有必要对电子邮件进行加密。①

在 2001 年 9 月 11 日之前,英国国家执法部门对控制加密技术的看法存在分歧,当下关于安全的论点比以前的更有说服力。执法机关本就拥有截获通信的权力,特别是监听电话的权力,但面对恐怖分子和其他犯罪分子手中的强力加密手段,他们也无能为力。因此,私人掌握的强大加密技术使执法机构感到受了威胁,他们认为这将影响他们打击犯罪的能力。因此,控制加密技术要符合国家利益。

另外,政府可能不鼓励电子商务,因为电子商务需要依赖于对数字签名、存储敏感(有价值)信息的通信进行强加密的技术。而电子商务有时也不希望这些信息被政府人员知道,因为他们可能存在被贿赂或疏忽的可能。因此,如果政府要控制加密,必须以使电子商务团体满意的方式进行。

二、控制方案

在执法需要、公民自由主义和电子商务的需求之间保持平衡并

---

① Singh S., *The Code Book*, Fourth Estate, 1999, Chapter 7.

不是国家在控制加密时面临的唯一困难。另一个困难是,控制加密可执行性很低。一方面,如果不加限制地允许强加密通信,肯定会使"天平"向犯罪分子和恐怖分子倾斜。另一方面,禁止加密,除了会对电子商务造成灾难性后果外,也会使"天平"偏离公民自由。电子邮件比电话交谈更容易被拦截,①尤其是在使用卫星通信的情况下,甚至不需要特殊设备。字词搜索功能使监视更容易。因此,要把"天平"明显地移向一边或另一边是很容易的,但要把"天平"维持在数码通信普及之后,则困难得多。

另外,虽然针对控制加密采取的法律措施会得到守法者的遵守,但执法机构所担心的那些人,即恐怖分子和其他犯罪分子却不可能遵守这些措施。事实上,有人说:②

> 我想起了一个久远的说法,当枪支被宣布为非法时,只有不法分子才会有枪。如果我们宣布公民或公司的加密为非法,情况也很类似。

一位时评员评论说,如果禁止强加密:③

> 不遵守法律的犯罪分子,将是唯一能够继续使用强加密技术的个体。

犯罪分子也有办法掩盖文件或档案已被加密的事实。例如,可以通过修改图片或声音文件的大小来发送加密信息;如果文件够

---

① 电话窃听通常是在交易所进行的,并且需要授权令。
② Atkinson F., *Network Security*, www.mishmash.com/fredspgp/pgp.html.
③ Meryl D., *Eyes Only*, April 1998, http://gizmonaut.net/soapflakes/EXE-199804.html. 类似的观点也经常有人表达。

大,除了刻意寻找,这些修改是无法察觉的。①

因此,禁止加密除了在公民自由主义者和电子商务促进者中非常不受欢迎外,很可能也不会奏效。虽然这并不是立法者唯一的选择,但其他大多数的选择也存在同样的问题。在20世纪90年代,美国政府曾考虑使用Clipper和Capstone芯片,提供加密功能:Clipper用于数字电话,Capstone用于计算机。在有保障措施的情况下,各州当局能够获得私人密钥。这是强制性的密钥托管,政府可以使用托管的密钥。然而,Clipper和Capstone芯片在1999年被放弃了,因为人们意识到这个想法不可行。一方面,到1999年,电子邮件加密软件(PGP)已经进入公共领域,在全世界范围内被广泛地免费使用。犯罪分子也很少使用Clipper和Capstone芯片。另一方面,强制密钥托管会降低甚至可能破坏对电子商务所需的安全通信的信用度,因为商业主体与犯罪分子和恐怖分子不同,他们自然会遵守法律。②

人们可能会认为,国家政府控制加密的另一种选择是利用认证机构,但没有理由让认证机构保存除公钥以外的任何东西的记录,因为公钥是每个人都知道的。例如,在波莱罗案中,正如在本书第五章第一节和第六章第三节中描述的那样,私钥只有个别交易者知道,而信息只有发送者和接收者知道。如果认证机构愿意,它可以适用密钥恢复系统,在这种情况下,它也需要保留私钥,但很明显,将私钥存储在一个地方将构成一个巨大的安全风险。即使保留私钥,对认证机构的控制也只有在涉及认证机构都是需要在获得许可的情况下才能发挥作用,在这种情况下,保留私钥原则上可以成为

---

① 隐藏信息的存在本身就是信息隐写(steganography),而不是密码学。See Singh, *The Code Book*, op. cit. fal., Chapter 1.
② 同样,辛格也进行了一般性讨论,同上。

许可的一个条件。然而,欧盟反对强制许可,赞成自由竞争。① 所以无论在任何情况下,犯罪分子都可以通过使用未经许可的认证机构,或更有可能根本不使用认证机构,轻易地逃避任何此类控制。

因此,对国家来说,可能唯一有效的选择是向知道密钥或公文的人施加压力。在一个正常运行的系统中,这些知道密钥和公文的人只会是通信的各方本身。他们可能不愿意披露这些信息,除非他们是被迫的。因此,英国提供了这种控制加密的强制措施,当然,需要配套的保障措施。②

三、法律

（一）密钥的披露

英国对控制加密规定的主要部分可以在2000年《调查权力管制法》（Regulation of Investigatory Powers Act 2000, RIPA 2000）中找到。③ 该法第49条开始规定了获取加密数据以及密匙的权力,其附表2列出了有权获取密匙的人。第49条第2款规定允许发出披露令,要求拥有密匙的任何人（或多人）交出密匙。第49条第3款规定:

> (3)如果是出于以下原因,那么对任何受保护信息的披露都是必要的:
> (a)为了国家安全的利益;
> (b)为了防止或侦查犯罪;

---

① See section 6.5.7.
② 在英国相关法律颁布之前,一位受挫的执法者的观点,参见 Barrett N., *Traces of Guilt*, Bantam Press, 2004, Chapter 4。
③ 全文见 www.opsi.gov.uk/acts/acts2000/20000023.htm。

(c) 为了联合王国的经济利益。

但是,第 49 条第 2 款受到以下限制,具体为该条第 2 款(c)项和(d)项:

(c) 这种要求(披露令)的实施与实施该要求所要实现的目标相称;
(d) 拥有适当许可的人(如附表 2 所定义的)在不发出通知的情况下以可理解的形式获得受保护的信息是不合理的……

披露令所针对的人包括信息的发送者和接收者,在刑事调查中,他们通常是唯一拥有密钥的人。附表 2 规定了有权获得披露令或"获得适当许可"的人。这些人包括获得法官书面许可的人、获得逮捕证的人、情报部门人员和其他具有法定权力的人。

公民自由主义者认为,这超出了必要的范围:披露的信息应该是发生了的;没有必要额外要求披露密钥。然而,披露密钥的确可以让未来的信息被解密,也可以让披露的信息被验证。当消息或其他信息以加密形式存储在大型硬盘上时,获取密钥可能是获取信息的唯一可行方法。

(二) 加密技术提供者名单

根据英国 2000 年《电子通信法案》第 1 条的规定,[1]国务大臣还必须建立和维持一个经批准的密码披露服务提供者的登记册。

---

[1] 英国 2000 年《电子通信法案》全文见 www.opsi.gov.uk/acts/acts2000/20000007.htm。

该法虽保护个人不被许可的信息提供者披露信息,但其第 4 条第 2 款规定了例外情况,需要被披露的信息包括:

> 为调查任何刑事犯罪或为任何刑事诉讼的目的而披露的任何信息。

原则上,这种登记册可以用于密钥代管制度。然而,这种登记在目前仍然是自愿的,虽然根据该法第 8 条可知,部长有广泛的权力修改法律,但这不大可能改变,而且这实际上也符合欧盟的政策。因此,英国 2000 年《电子通信法案》所赋予的权力似乎不太可能对安全问题产生明显的影响。

对加密信息的法律控制必须平衡各种利益,并集中在多数可能的前提下。英国的立法虽然有可能取得合理的平衡,但是,从犯罪预防的角度来看,这种权力的有效性肯定是令人质疑的。

四、人权方面

隐私问题也引起了人们对人权方面的关注。英国 1998 年《人权法案》对《欧洲人权公约》的有关条款有规定,①《人权法案》第 1 节规定了该公约的内容。1998 年《人权法案》第 3 条第 1 款规定:

> 在可能的情况下,主要立法和附属立法必须以符合《欧洲人权公约》规定的权利的方式来解读和实施。

因此,英国 2000 年《调查权力管制法》和 2000 年《电子通信法

---

① 全文见 www.opsi.gov.uk/acts/acts1998/19980042.htm。

案》都必须被解读为符合《欧洲人权公约》规定的权利。

《欧洲人权公约》第 8 条(属于英国 1998 年《人权法案》的范畴)规定了尊重个人和家庭生活的权利(其中可能包括通信隐私),政府不得干涉这一权利的行使,但是在民主社会中,为了国家安全、公共安全或国家经济利益,为了防止混乱或犯罪,为了保护健康或道德,为了保护他人的权利和自由等依法所需者除外。

1998 年《人权法案》第 6 条第 1 款规定,政府以不符合《欧洲人权公约》规定的权利的方式行事是非法的,但第 6 条第 2 款规定,如果政府是根据主要立法行事,则可免责。

因此,笔者建议,只要政府部门的行为不违反 2000 年《调查权力管制法》的规定,1998 年《人权法案》对 2000 年《调查权力管制法》就没有影响。如果政府的做法超出了 2000 年《调查权力管制法》的规定,便会触犯 1998 年《人权法案》,除非该做法属于《欧洲人权公约》第 8 条的豁免范围,此外,根据 2000 年《调查权力管制法》第 1 条的规定,非法截取也可以是一项罪行。

第二节　数据保护问题

供应商要处理万维网交易,就必须收集一些信息。万维网本身的运作就需要了解客户的互联网协议(IP)地址,此外,供应商还必须收集账单和送货详情。然而,无论是否有必要,万维网都可以从客户那里收集供应商所要求的任何信息,而且供应商原则上至少以万维网可以提供信息为前提进行交易。此外,由于信息是以数字形式提供的,其格式可由供应商决定,因此可以很容易地将其加工成邮寄名单或供应商希望的任何其他形式。另外,还可以通过使用类似的表格或使用储存在客户自己计算机上的信息记录程序(cookies)

来储存客户的偏好。

原则上,存储和处理这类信息并无不妥,事实上,供应商保留这类信息可能对客户有积极的好处。但是,如果客户不希望信息被保留,就会出现实际的隐私问题,因此相关法律需要在客户不同意的情况下提供保障。

在欧盟,数据保护的一般框架是第95/46/EC号指令,[1]1998年该项指令在英国通过《数据保护法案》(Data Protection Act)实施。[2]由第2002/58/EC号指令制定的,[3]第95/46/EC号指令包含了针对特定的活动领域,特别是就我们的目的而言进行的活动,并于2003年在英国通过《隐私与电子通信条例》(以下简称《2003年隐私条例》)实施。[4] 下文将这两项指令分别称为1995年指令和2002年指令。

数据保护计划只适用于个人数据。数据主要是指被处理或要处理而保存的资料,是自动处理的或作为系统本身的一部分的资料,而个人数据能够识别个人,既可以是来自数据本身,也可以是来自"数据控制者所拥有或可能会拥有的其他数据"。个人数据"包括对该个人意见的表达,以及数据控制者或任何其他人对该个人的意图的任何指示。"[5]只有在英国1998年《人权法案》第2条所确定的情况下才允许处理这些数据,而这些情况除了包括遵守法律明文

---

[1] 1995年10月24日欧洲议会和欧盟理事会关于涉及个人数据处理的个人保护和此类数据自由流动的第95/46/EC号指令。有一个完整的链接版本,见www.cdt.org/privacy/eudirective/EU_Directive_.html。

[2] www.opsi.gov.uk/acts/acts1998/19980029.htm.

[3] 欧洲议会和欧盟理事会2002年7月12日关于电子通信部门个人数据处理和隐私保护的第2002/58/EC号指令(隐私和电子通信指令),见http://europa.eu.int/eur-lex/pri/en/oj/dat/2002/l_201/l_20120020731en00370047.pdf。该指令更新并取代了关于电信服务的第97/66/EC号指令。

[4] SI 2003/2426, at www.opsi.gov.uk/si/si2003/20032426.htm.

[5] Data Protection Act 1998, s 1.

规定的义务、司法行政规定外,还包括主体的同意、保护数据主体的重要利益,以及以下情况:①

> 处理是为了数据控制者或第三方或数据披露对象追求合法利益所必需的,除非是由于损害数据主体的权利和自由及合法利益的原因,否则就没必要处理。

最后一种情况在电子商务中很常见,涉及平衡数据控制者和数据主体的利益。

此外,1998年《人权法案》第1节还阐述了关于处理个人数据的一般原则,涉及数据的准确性、主体的访问等。

不过,英国专门针对电子商务的规定载于《2003年隐私条例》,以执行2002年指令。该条例对1998年《人权法案》规定的义务进行了补充和阐述。其取代并废除了1999年《电信(数据保护和隐私)条例》[the Telecommunications (Data Protection and Privacy) Regulations 1999]和2000年《电信(数据保护和隐私)(修正)条例》[the Telecommunications (Data Protection and Privacy) (Amerdment Regulations 2000)],并将互联网通信纳入其中,因此其现在是合并的电信和互联网条例。但2002年指令的问题仍然很明显;条例许多内容是针对移动电话等,而不是互联网,这里只介绍对电子商务重要的条例内容。

《2003年隐私条例》第5条要求服务提供商"采取适当的技术和组织措施,以保障该服务的安全",并告知主体任何明显的剩余风险和可能的防范措施。当个人数据通过不安全的渠道(如模拟移动电话)发送时,安全问题便更明显了,但互联网通信也可能是不安全

---

① Paragraph 6(1).

的。在2002年指令的附文中,有以下一段:

> 服务提供商应采取适当措施保障其服务的安全,必要时与网络提供商一道,向用户通报任何破坏网络安全的特殊风险。对于此类服务的用户和使用者来说,特别重要的是,他们的服务提供商要充分告知他们现有的安全风险,而这些风险不属于服务提供商能够采取补救措施防范的范围。在互联网上提供公开电子通信服务的服务供应商,应告知用户他们可以采取的措施,以保护用户通信的安全,例如使用特定类型的软件或加密技术进行加密。告知用户特定安全风险,并不免除服务提供者自费采取适当和及时的措施以补救任何新的、不可预见的安全风险并恢复服务的正常安全水平的义务。向用户提供安全风险信息应是免费的,但用户在接收或收集信息时可能产生的任何名义的费用除外,例如下载电子邮件信息。服务的安全性根据第95/46/EC号指令第17条进行评估。

安全保障问题往往需要服务提供者和用户之间合作解决,而在英国的法律中,服务提供者只需要采取适当的措施。根据《2003年隐私条例》第5条第4款的规定,服务提供者只有在下列情况下,才能视为采取了适当的措施:

(a)技术发展状况,以及
(b)执行该计划的费用;
与它将保障的风险相称。

《2003年隐私条例》第6条规定,除技术存储或访问外,未经同

意,不得访问或存储当事人计算机终端上的信息:

(a)仅仅是为了在电子通信网络上进行通信或便利通信的传输;

(b)存储或取用对于提供该用户或使用者所要求的资讯社会服务是非常必要的。

例如,消费者完全有理由同意信息被使用以方便或优化其使用万维网的信息记录程序。在 2002 年指令的序言中,有以下两段内容:

(24)电子通信网络用户的终端设备和储存在这些设备上的任何信息都是用户私人领域的一部分,需要根据《欧洲保护人权和基本自由公约》(the European Covention for the Protection of Human Rights and Fundamental Freedoms)加以保护。所谓的间谍软件、网络窃听器、隐藏的识别器和其他类似的设备可以在用户不知情的情况下进入用户的终端,以获取信息、存储隐藏的信息或追踪用户的活动,可能严重侵犯用户的隐私。只有在相关用户知情的情况下,才能为合法目的允许使用此类设备。

(25)然而,这些设备,例如所谓的"信息记录程序",也可以是一个合法和有用的工具,例如,在分析网站设计和广告的有效性时,以及验证用户的身份以参与在线交易时。如果这些设备,是为了合法的目的,如促进社会信息服务的提供,那么就应该允许使用这些设备,条件是根据95/46/EC 指令向用户提供关于信息记录程序或类似设备清晰和准确的目的,以确保用户知道他们终端设备上放置的信息正在被使用。用户应该有机会拒绝在其终端设备上存储信息记录程序或类似的设备。当非原始用户的用户能够访问终端设备,从而能访问储存在这些设备上的任何含有隐私敏感信息的数据时,这一点就显得尤为重要。信息使用权和拒绝权可以行使一次,既包括在同一链接中使用安装在用户终端设备上的各种设备,也包括在随后的链接中可能对这些设备的进一步使用。提供信息、行使拒绝权或请求同意的方法应尽可能地方便用户。如果是出于合法的目的,对特定网站内容的访问仍然可以以在用户知情的情况下接受信息记录程序或类似设备为条件。

因此,只要有适当的保障措施,信息记录程序是可以被接受的。例如,禁止使用网络搜索计算机上的软件或进行音乐的非法拷贝。

有些数据必须保留,是为了继续通信,以及为了计费等需求,但这些数据的存储应该只是暂时的。《2003年隐私条例》第7条规定,"当不再需要通信传输时",通信数据必须被删除或修改,"使其不再构成该用户的个人数据"。"通信数据"被定义为:

> 为在电子通信网络上传送通信或为该通信的计费而处理的任何数据,包括与通信的路线、期限或时间有关的数据。

但是,账单信息可能会被保留,直到:[1]

> 针对到期付款或声称到期付款可提起法律诉讼的期

---

[1] Regulation 7(5).

间结束,如果在该期间提起诉讼,则付款时间以该诉讼最终确定的时间为准。

在侦查欺诈方面也有类似的规定,《2003年隐私条例》第8条第3款也列出了一系列其他的目的。

可能有人反对说,要求删除个人数据可能会让执法政府失去有用的执法工具,特别是在侦查网络犯罪方面。① 与此相对应的是《欧洲人权公约》第8条对隐私明确的保护。利益平衡的问题总是存在的,而这一特定问题的规定是站在公民自由主义者一边的。然而,在任何情况下,强制保留数据对服务提供商来说成本都是非常高的。

《2003年隐私条例》第22条的规定针对的是垃圾邮件或垃圾信:

> 除非电子邮件的收件人已事先通知发件人他同意由发件人发送或在发件人的指示下发送此类通信,否则禁止以电子邮件的方式进行直接营销的主动通信。

这是一项一般的规定,但《2003年隐私条例》第22条第3款规定了一个例外:

> (3)任何人可在以下情况下,为直接营销目的发送或指示发送电子邮件:
>
> (a)该人是在向该收件人出售或洽谈出售的产品

---

① Lodder A. & Kaspersen H. eds., eDirectives: *Guide to European Union Law on E-Commerce*, The Hague: Kluwer Law International, 2002, p.137.

或服务的过程中,取得该电子邮件收件人的联络资料的;

(b) 直接营销只涉及该人的类似产品及服务的;

(c) 在最初收集收件人的详细资料时,收件人已获得简单的方法拒绝(免费,但传送拒绝的费用除外)使用他的联络资料用作直接推销的用途,且他最初没有拒绝使用该资料,在其后每次通讯时也没有拒绝。

《2003年隐私条例》第23条规定禁止为直接营销目的发送匿名电子邮件。

《2003年隐私条例》第28条和第29条规定了国家安全和执法方面的例外情况。

第四部分

合同问题

第九章　合同的订立及相关问题

合同法在互联网上的运作方式与在其他领域的运作方式相同，但在适用合同法时，有一些问题是电子商务所特有的。其中有些问题涉及法律的具体适用（特别是管辖权），有些涉及付款问题，有些涉及消费者权益保护，[①]所以合同订立时的审查就显得非常必要。首先应当明确合同是否已经订立，如果已经订立，则需确定订立的时间和地点，同时还可能需要确定订立合同的主体，以及合同条款的内容。上述问题或多或少均与合同的订立有关。因此，首先从要约和承诺的角度来分析电子商务交易。

第一节　要约和承诺

一、一般原则

合同的订立通常伴随主体间各种形式的磋商谈判和一定时间的揣度酝酿。当缔约进程到达双方达成合意的节点时，交易就被确定下来，此时合同成立。合同订立的同时约束了双方，签订双方有

[①]　这些内容将在本书第十章和第十一章中阐述。

义务履行他们约定的内容,任何一方不履行、不完全履行或履行不力都会导致法律后果的承担。合同一经签订,合同双方在未达成新合同的前提下均必须遵循契约精神。

有学者提出,缔结合同必须达成合意,在英国法律中,这已被正式化为缔约一方发出要约,并被另一方承诺。一旦作出承诺,就迈出了不可撤回的一步,当事人就受到了合同的约束。这与早期的磋商阶段(包括发出请柬)不同。在早期磋商阶段,任何一方都可以任意退出谈判而不承担法律后果。

由此可见,要约和承诺都事前假定会有一个不能取消的合意。承诺的原因很明显,要约也一样,因为如果另一方接受要约,就会形成一个有约束力的合同。通常情况下,很难准确地预判这种情况发生在谈判的哪个阶段。不过承诺必须始终是最后的意思表示,如果仍有合同订立的关键要素尚未确定,承诺就不会产生。

二、重要性的体现

虽然存在一定的困难,但从谈判的角度分析要约和承诺是很有必要的,因为只有在要约被承诺之后才有合同。在一方想要撤销合同,而另一方想要执行交易时,这个结论的重要性就得已彰显。对于消费者群体来说,这最有可能体现消费者的支付意愿。在商业背景下,要约和承诺也会受市场波动影响,如过去的1956年苏伊士运河关闭后的航运市场、中东重大战争(1973~1974年发生的战争,以及1979年再次发生的战争)后的原油市场。假设我们在一个价格飞涨的市场上进行电子交易,卖方希望尽量减少现有的货物,以便能够趁此投机,而买方则会据理力争地讨价还价。① 双方产生的

---

① 显然,在下跌的市场上,情况正好相反。

争议可能就围绕合意能否达成,或者是否有有效的要约和承诺。

作出承诺的时间不仅决定是否订立合同,而且决定何时和何地订立合同。合同订立的时间与条款的增补有关(另见本章第四节)。然而,承诺的时间也可能影响合同的成立,当撤回要约和承诺交叉邮寄时,只有在有效撤回要约之前作出有效的承诺,合同才会成立。

作出承诺的地点以及合同订立地点一般与法律选择无关,但可能与管辖权有关。在恩托斯有限公司诉迈尔斯远东公司案(Entores Ltd. v. Miles Far East Corp.)(以下简称恩托斯案)和布林肯诉钢铁和钢铁贸易公司案(Brinkibon v. Stahag Stahl Und Stahlwarenhandels- Gesellschaft mbH)(以下简称布林肯案)中,它与管辖权之外的送达有关(下文详述),[1]在最高法院规则未被取代的情况下,它仍与管辖权有关。[2]

如果邮政规则适用于合同承诺,我们需要进一步分析是谁提出要约,是谁作出承诺。

三、实践中的要约和承诺

如果合同是通过电子邮件订立的,则很难看出电子背景会对合同订立产生什么影响,所以其分析方法应与通过信件联系的情况完全相同。

对于网签的合同,问题的重点在于定性该网站的地位是类似于街边的实体店还是类似于自动售货机。在大多数交易中,街边商店的类比可能更贴切,但这并不完全正确,需要我们对这两种类比进

---

[1] See section 9.2.2.
[2] 即对于未参与缔结《布鲁塞尔公约》的实体(欧共体或欧洲自由贸易联盟)。另见本书第十章第二节第二小节关于管辖权问题的讨论。

行研究。

(一) 商铺

长期以来,人们一直认为,商店商品的陈列并不是要约,而只是一种要约邀请。①提出要约的是顾客,而不是商店,顾客在付款时被商店承诺。这一观点原本是在顾客向店主索要货物的情况下形成的,但在英国制药协会诉喀什布茨化工(南方)有限公司案 [Pharmaceutical Society of Great Britain v. Boots Cash Chemists (Southern) Co., Ltd.](以下简称布茨案)②中,这一观点被引申到自助商店。该案的争议焦点在于药品的销售是否受到药剂师的监督。当然这取决于销售地点:如果是在柜台,那么它是受监督的,而如果顾客接受在货架上自动取货,那么它就不是。戈达德法官(Goddard CJ)认为销售是要受监督的,他的推理是:③

> 这个问题必须适用生活常识和商业原则。如果认为在自助商店中,物品暴露在外面是一种出售的行为,而一个人可以通过取走物品来接受这种出售行为,那就会违背生活常识和商业原则,并可能造成严重的后果。在顾客取走物品后,商品的所有权会立即转移给他,他虽然坚持要求店主允许他取走物品,但在某些特殊情况下,店主可能认为这样做没有必要。另外,如果顾客拿走了一件物品,他就永远不能反悔并把它放回去;店主可以说:"不能退,已经卖了,你必须给钱。"

---

① Section 9.2.

② 布茨案 [Pharmaceutical Society of Great Britain v. Boots Cash Chemists (Southern) Co., Ltd.] [1952] 2 QB 795。

③ [1952] 2 QB 795, p.802. 这个观点在 CA[1953] 1 QB 401 中得到了认可。

因此，在我看来，这种交易与传统人工实体店的正常交易没有任何区别。如果店主说商品给钱就卖，顾客只要表示同意就可以坚持购买任何物品，我不赞成这样的做法。以读者购书为例，在大多数书店里，顾客即使不买书，也会被邀请进去拿书翻阅。在顾客把书拿给店主或售货员时说，"我想买这本书"，在店主说"好"之前，店主并没有与顾客达成买卖合意。但这并不妨碍店主看到顾客拿起书后说，"对不起，我不能把这本书给你，这是我唯一的一本，我已经答应给另一个顾客了"。因此，本案中仅仅是顾客从货架上拿起一瓶药的行为，并不等于同意接受商品的售卖。它是一种由顾客发出的购买要约，在买方的购买要约被卖方作出承诺之前双方并没有达成买卖的合意。因此买方的购买、价格的接受乃至整个销售过程都是在药剂师的监督下进行的。

反对陈列商品即是要约主要有两个理由：一是避免顾客在真正决定购买之前就被约束；二是让店主可以选择以缺货或其他任何理由拒绝销售。

(二) 票据案例

有部分涉及火车票等票据销售的案例是根据贸易商的销售和客户的承诺来分析的。① 上述情形下，卖方只是签发包含格式文本的单据，买方只是被要求买或不买。铁路公司实际上不存在拒绝销售的选择，最终的决定取决于客户是否选择购买车票。在顾客下定

---

① 参见丹宁法官在桑顿诉鞋巷停车场案(Thornton v. Shoe Lane Parking Ltd.) (以下简称桑顿案)[1971] 2 QB 163, 第 169 页中引用的案例；以及努南案(Nunan v. Southern Railway Co) [1923] 2 KB 703, 第 707 页中引用的案例。

决心购买之前,承诺并不发生,这时消费者至少可以阅读购买须知。在卡利尔案①中,顾客也接受了要约,该案中,广告的投放实质上剥夺了商家的拒绝权。但是在这些案件中,虽然商家被剥夺了合同订立的自主决定权,但顾客是自主的,顾客的承诺仍然是一种自愿行为。② 因此,问题在于如果交易商已将自己的交易自动化,而客户没有自动化,那么将网站类比于此的推理是否合适,值得考虑。这毕竟是对基于网络交易的一种可能性的分析,客户是在与一台机器打交道。

(三)交易的一方实现自动化

关于交易自动化的主要案例是桑顿案③,尽管其实际意义不大。案件中原告是第一次去自动停车场,当他开车到闸门时,机器开出了一张票,他把钱放进槽里付了钱,然后拿走票。该票据内容是"根据……依据该处现实条件签发的"。这些条件当时对原告来说是不可见的,目的是免除人身伤害的责任,但上诉法院一致认为这些条件不生效。丹宁法官认为,在条款被纳入合同前,合同就已经订立,而合同一旦订立,条款就不能再加入合同中。④ 他把本案与铁路的案例区分开来,其认为关于由自动机器发出的车票,一般来说:⑤

> 顾客付了钱,拿到了票,他就不能拒绝了。他不能拿回他的钱。他可以向机器抗议,甚至对着机器发誓,但机

---

① 请参见本书第七章第一节第三小节,在不同的背景下关于本案的广泛讨论。
② 从下面的讨论中可以看出,笔者并不是说,接受必须总是自愿的,无论如何,在特定情况下,在人类作出有意识的选择的意义上需是自愿的。
③ [1971] 2 QB 163.
④ Lord Denning MR (Ibid. , p. 169) cited Olley v. Marlborough Court Ltd. [1949] 1 KB 532.
⑤ [1971] 2 QB 163, p.169.

器仍旧无动于衷。顾客的行为已经无法挽回,当他把钱放进机器的那一刻,合同就订立了。这种情形可以被理解成这样的要约和承诺:当机器的所有者提出要约时,机器已经准备好接受钱了。当顾客把钱放进投币口时,承诺就作出了。

在此分析的基础上,丹宁法官提出了由公司提供要约,由客户接受要约的观点。他还就上述具体案件说:[1]

> ……该提议包含在入口处修车费的通知中,并说明"由车主承担风险"。也就是说,就汽车损坏而言,风险由车主承担。桑顿先生把车开到门口,随着车的移动,红灯变绿灯,随即他收到罚单。

本案要约和承诺的时间比铁路票据案的时间要早。在铁路票据案中客户在承诺之前还没有机会检查票据,在客户有机会阅读车票上的条件或车票所包含的条件之前,合同已经成立。

问题在于上述推理的结论是否适用于其他自动交易,如网购。我个人建议不适用。丹宁法官的推理内容并不是该问题的核心。梅高法官(Megaw LJ)没有对合同的时间作出评价,而是仅根据通知的充分性来判断。[2] 戈登·威尔默(Gordon Willmer)法官确实说过"……在采取了使机器运作这一不可撤销的步骤之后,任何试图引入条件的行为都注定要失败",也许他是在表明合同一定是在那时订立的,但他并没有从要约和承诺的角度进行详细分析。他还

---

[1] [1971] 2 QB 163, p.169.
[2] 本案的这一方面将在本章第四节第二小节和第三小节做进一步讨论。

说:"我不打算对这个棘手的问题阐述更多,这个问题已经被提出来了,即在这个案件中合同是在什么时候签订的。"因此,桑顿在要约和承诺方面,或者说在整个时间问题上的分析,并不是一个非常权威的分析。

事实上,桑顿案中的自动化问题是掩耳盗铃。本案与铁路票据案完全相同,顾客在到达验票闸门时也不可能退出。而在互联网订约的情况下,客户永远不会陷入类似的境地,因此,该案的裁决结果是没有借鉴意义的。

从目前的标准来看,上述案件涉及的似乎是一个非常简单的自动化过程。鞋巷停车场似乎没有保留任何自由裁量权,汽车的移动必然会导致交通灯的变更和罚单发出。在铁路票据案中,实际上正是由于公司缺乏酌情决定权,才决定了机器向客户提供要约和接受承诺。将类似的推理应用于更复杂的自动化程序是行不通的。在这种程序中,机器保留了决定权,如在停车场已满时不允许车辆进入,在大多数网络的合同中也是同理。

四、在电子商务领域的应用

通过电子邮件订立合同,通常由通信者主动联系,没有背离现实生活中的通信规则。

对于网络供应商与身处终端的消费者沟通的情况,合同一般原则决定了初始网页将是一种要约,同商店展示商品类似。布茨案中的推理肯定仍然适用,[1]一般在销售结束前,会有一个对话来确定客户的身份和财务细节,也许还有链接使客户获得更多、更好的产品细节。

---

[1] [1953] 1 QB 401.

另外，布茨（Boots）的理由是，如果店铺的行为构成了要约的发出，那么一个可能的情况是，该公司无法控制与谁做生意，如果产品用完了，就会陷入窘境。网页也同样如此。还有一个观点是，网络环境就像普通的商店一样，客户通常应该提出要约，而商家应该承诺，以便在达成协议之前能够检查库存。

交易商提出要约的情况是否悖于该观点，值得考虑。在所有客户承诺的情形中，贸易商只是在承诺或不承诺的基础上发布了合同条款，然后自己退出交易。电子商务自然也可以在此基础上进行，如在网上发布类似于卡利尔案的广告。但这显然不是常见的情形。笔者建议，通说应以布茨案的论证为准。

虽然网页算是一种要约邀请，但网络交易在某些方面仍可能与布茨案的交易有所不同。接受是承诺的最后一个行为。在大多数网签合同中，除非已经存储，否则服务器会要求客户提供详细资料和信用卡信息，然后要求客户确认订单。这种承诺是公司对客户的承诺。如果客户的确认也是对公司的承诺，那就一定是客户接受了公司的要约，公司后来的任何确认都是在合同订立后的。如果这样的推论是正确的，那就是公司作出了要约，客户承诺。然而，推断客户的承诺也对贸易商有约束可能是不合理的。最恰当的观点是，最终的承诺由公司保留，无论是通过理论上收到订单的确认方式，还是通过产品运输的环节。当然，网站也可以明确地这样保留，使客户成为要约人。

这个观点对下一节内容有影响，如果邮政规则适用于合同承诺而且只适用于承诺的话，则对本章第二节也有影响，[1]因为客户不可能通过自动流程控制要约的内容。这个观点也对后面关于电子代理的章节的讨论有影响，因为如果这个观点是正确的，就可以使用

---

[1] Section 9.7.

一个自动程序过程来接受要约。

现在必须根据欧盟理事会关于电子商务的指令(2000/31/EC)来解读普通法,该指令适用于信息社会服务提供者(但一般不适用于其他贸易商)。在该指令适用的范围内,该指令支持这里得出的结论。该指令将在本书第九章第三节中简要评述,并在第十章中详细讲述。①

第二节 合同的接受:邮政规则的适用性

互联网与传统邮件一样,也不是完全可靠。网络服务器或电子邮件的通信可能会出现丢失、延迟或无法到达目的地的情况。此外,发件者也无法完全确定邮件是否已经到达。②基于传统邮件的特点,法院已经决定,当其被邮寄时,无论现实中何时到达,或者无论其实际上是否到达,都算送达。同样的规则是否适用于电子通信?这就要求我们审查该规则在现实生活中的基本原理。

一、邮政规则的正当理由

众所周知,邮政规则源于亚当斯诉林赛尔案(Adams v. Lindsell)③,它被认为只适用于承诺,虽然这并不意味着它不能适用于其他通信形式,但很明显要约要有效,必须送达受要约人。邮政规则适用有两个主要原因:商业便利和信息交付要约人的代理人被

---

① Section 10.1.5.
② 请记住,收据信息的确认本身可能会丢失,因此不能解决问题。
③ (1818) 1 B & A 681, 由上议院在邓洛普诉希金斯案(Dunlop v. Higgins)[1848] 1 HLC 381 中批准。

视为送达要约人。尽管是在不同的情况下应用,但这两种理由都是邮政规则可以适用的理由。除此之外,还有观点认为,出于道德,可以将沟通延迟或失败的风险置于选择沟通方法的一方。这在互联网环境下不太合理,因为选择很可能是双方均同意的。

(一) 商业便利

商业便利,是指受要约人不需知道他或她的承诺是否已被收到。在哈里斯案(Harris' Case)①中,哈里斯邮寄了一份公司股份申请书,董事们邮寄了他们对其申请的接受书。然而,在收到接受书之前,哈里斯已写信声称拒绝接受任何股份。上诉法院适用邮政规则,认为合同在接受书寄出时即告完成,梅利什法官(Mellish LJ)认为:②

> 在整个论证过程中我都感到非常震惊,如果一个要约可以在任何时候被撤销,直到承诺真正送达,那将会产生非常恶劣的后果。没有一个商人会在收到报价信、接受报价,在寄回函到邮局后和在他知道报价已经收到之前,能够妥当地对报价采取回应。每天商家都可能有大量的商业信件收到并被要求立即处理。例如,一个人向伦敦的商人发出订单,要求购买一定的商品。商人写了一封回信,并接受了他的要约,随即前往市场购买货物,以便履行合同。但是根据我们提出的观点,如果发出报价的人发现市价正在下跌,这对他来说将是一个亏本的交易,他可以在他收到答复之前的任何时候撤销他的报价。对商人来说,

---

① Imperial Land Co of Marseilles, In re(Harris' Case),(1872) LR 7 Ch. App 587.

② Ibid., p.594.

后果可能非常严重,尤其是当交易双方处于距离遥远的国家时,后果可能会更严重。

假设一个利物浦的商人报价给一个在纽约的商人要购买很多的玉米或棉花,在纽约的商人发现他有利可图并写回函接受报价。然后,如果根据我们上述的观点,在承诺信函还在飘洋过海时,利物浦接货的商人如果发现市场行情下跌,可以通过电报发送消息撤销他的要约。

电文是否到达的不确定性和延迟时间的长短相关。互联网通信的延迟时间虽然可能要短得多,但其不确定性可能同样大。然而,延迟时间的长短似乎只被认为与市场的波动有关。当然最关键的因素是信息送达的不确定性。[①]如果这一点是正确的,那么哈里斯案中的原则应该适用于所有互联网通信,即无论是通过电子邮件还是通过万维网。如果有人不同意,你可以将你的电子邮件客户端设置为确认收件或确认阅读模式,这样否定的回应同样可能意味着对确认信息本身的确认,而不是你的原始信息已经石沉大海。同样,如果你从一个网站上得不到任何回应,你也无法知道你的原始通信是否已经送达。

人们普遍认为电报在传统的邮递情形中具有商业便利性,同样在互联网情形下的电子邮件也具有便利性。

(二)与要约人代理人的联系

为适用邮政规则而提出的另一个主要观点是,与要约人的代理人的通信被视为与要约人本人的通信。房屋火灾及运输意外保险有

[①] 参考布兰登(Brandon)法官对布林肯案的看法,在第48页,他强调,为了适用邮政规则,需要在"寄出承诺与收到承诺之间有一段相当长的时间"。然而,这似乎是一个孤独的声音。

限公司诉格兰特案(Household Fire and Carriage Accident Insurance Co.,Ltd. v. Grant)与哈里斯案①类似,那份接受书虽然是由该公司的秘书寄来的,却始终没有送达。对此塞西杰法官(Thesiger LJ)的观点是,邮局是当事人的共同代理人,因此,②即使承诺从未到达,也有一个约束要约人的合同。事实上,只有信使成为要约人的代理人时,这一观点才有说服力。当然,如果这一原则适用于要约的撤回,且受要约人收到了信息,受要约人也需要将邮局作为他或她的代理人。林德利法官认为,在伯恩诉范蒂恩霍温案③(以下简称伯恩案)中并没有这样做,在那里要约和撤销都是如此:

> 一旦承诺被交付给邮政,合同就像受要约人把他的信交到要约人本人或其代理人一样,是完整的、绝对的和有约束力的。

虽然撤销要约在受要约人收到要约之前邮寄,但受要约人在收到要约后立即寄出其承诺,则承诺被认为发生在撤销要约之前,合同被认为已经订立。

如果将交付给代理人等同于交付给本人的原则应用在互联网环境中,则与要约人服务器的通信必须算作与要约人的通信。

(三)选择通信方式的人承担风险

第三种观点是,既然是要约人而不是受要约人选择了通信方式,那要约人应该承担通信丢失或延迟的风险。换句话说,既然选择了一种不安全的通信手段,就暗示他放弃了实际通知接受的要

---

① (1879) 4 Ex D 216.
② Ibid., p.221.
③ Byrne & Co. v. Leon Van Tienhoven & Co., (1880) 5 CPD 344, p.348.

求。在恩托斯案,帕克法官(Parker LJ)总结的一般规则是,接受要约应通知提出要约的人。① 但是,就邮政规则而言:②

> 由于关于承诺的实际通知的要求是为了要约人的利益,要约人可以放弃这一要求,并同意承诺人以其他一些行为代替这一要求。如在广告个案中,要约人可明确表示他已满足某一条件的履行。此外,他也可以通过暗示一种预期的接受方法,例如通过邮政或电报来暗示。在这种情况下,他并没有明确放弃实际通知,但他被认为是出于权宜之计而含蓄地这样做的。因此,在亚当斯诉林赛尔一案③中,法院指出,除非如此,否则"任何缔约都不可能由邮政完成……"

尽管这一观点也可以理想地适用于互联网环境,如通过电子邮件进行的交易,但在大多数互联网交易中,送达的方式很可能是协商一致的。例如,如果我决定从亚马逊网站购买一本书,那么我究竟选择了何种通信方式并不明显。

尽管如此,电子商务交易适用邮政规则仍然存在商业便利的特点。不过,有一项原则是,"即时通信"不在该规则范围内。

二、即时通信

在恩托斯案中,争议的焦点在于合同签订的地点。④ 该案的通

---

① Byrne & Co. v. Leon Van Tienhoven & Co., (1880) 5 CPD 344, p.336, citing Bowen LJ in Carlill v. Carbolic Smoke Ball Co. [1893] 1 QB 256, p.269.
② Ibid.
③ 帕克法官显然想到了卡利尔案。
④ [1955] 2 QB 327.

信是通过电传进行的,承诺的电传在荷兰发送,在伦敦收到。上诉法院认为,邮政规则不适用于该案,因为合同是在英国订立的。因此,这是一个在司法管辖区之外向被告送达的案件。①

该案经常被用来说明,邮政规则不适用于即时的或类似即时的通信。这可能是邮政被排除在互联网通信之外的一个理由。除了电子邮件和万维网通信是即时的这个原因之外,恩托斯案裁判形成的真正原因是,如果通信中断,当事人会立即知道。也许在恩托斯案发生时,电传仍是一种陌生的技术,因为没想到在通信时,每台电传机上都会有一名办事员:②

> 最后,收下电传。假设伦敦办公室的一名办事员在电传打字机上敲出了一份报价,该报价立即被曼彻斯特办公室的电传打字机记录下来,而曼彻斯特办公室的一名办事员则敲出了一份承诺。如果在输出接受这句话时中间线路不通,电传打印机的马达就会停止,那么显然合同就没有成立。曼彻斯特的办事员必须再打通电话,把完整的文本送过来。但也有可能线路没有断掉,但信息没有传到伦敦。因此,曼彻斯特的办事员可能会敲出他的承诺信息,但这条信息将不会在伦敦记录下来,而这仅仅因为伦敦一端的墨水不合格,或者诸如此类的原因。在这种情况下,曼彻斯特的办事员不会知道故障,但伦敦的办事员会知道,并会立即发送一条信息"未收到"。然后,当故障解决后,曼彻斯特的办事员要再重复他的信息。只有这样,才有合同成立。如果他不重复,就没有合同成立。直到伦敦

---

① RSC 第 11 号令,另参见本书第十章第二节第二小节。
② [1955] 2 QB 327, per Denning LJ, p.333.

收到他的信息，合同才算完成。

丹宁法官补充说："在我迄今所处理的所有即时通信的例子中，发出接受信息的人知道没有收到信息，或者他有理由知道，所以他必须重复。"当然，这是关键的因素。这就是口头和电话沟通，以及恩托斯的早期电传沟通与邮政的区别。这也是"即时通信"与互联网通信的区别，因为在互联网通信中，无法知道通信是成功还是失败。

在布林肯案①中，上议院也是在电传通信的情况下像审理恩托斯案那样对本案进行了审理（尽管本案电传是在英国发出的，而在司法管辖区之外收到的）。然而，上议院拒绝为所有电传通信制定一项规则，威尔伯福斯（Wilberforce）法官认为：

> 自1955年对恩托斯案作出裁决以来，电传通信的使用已大大扩展，而且有许多变体。发件人和收件人可能不是所预想的合同的委托人。他们可能是具有有限权力的雇员或代理人。电文可能不会立即到达或打算立即到达指定的收件人处，电文可能会在夜间发送，并预计会在稍后时间被阅读。在收件人方面可能会有一些错误或失误，以致无法在发件人所设想和相信的时间内收到信息。信息可能是通过第三方操作的机器发送和接收的。此外，还可能出现许多其他变数。没有任何普遍规则能够涵盖所有这些情况，因此必须参照当事人的意图、健全的商业惯例以及在某些情况下通过对所在风险的判断来解决这些

---

① [1983] 2 AC 34.

问题。①

本案与恩托斯案一样,是委托人之间即时沟通的简单案例,根据一般规则,涉及合同(如果有的话)是在收到接受的时间和地点订立的。

弗雷泽(Fraser)法官的观点也没有拓展到所有形式的电传通信。他只认为"通过电传从接受人办公室直接发送到要约人办公室的承诺应该被视为委托人之间的即时通信,就像电话交谈一样。"②他的理由之一是:③

试图用电传发出讯息的一方(接受人)一般可以知道对方(要约人)的机器是否收到他的讯息,而要约人当然不会知道是否有人向他发出不成功的承诺。因此,接受方处于较有利的位置,应该有责任确保他的信息被接收。

换句话说,沟通失败的风险是由承诺人承担的,因为是承诺人,而不是要约人,更有可能意识到这一点。
然而,互联网通信通常不像恩托斯和布林基本的通信那样,因此邮政规则应该适用于它们。

三、邮政规则在电子商务中的应用

在一些情形上大概发送与接收信息双方会有些小的争议,但每

---

① 威尔伯福斯法官引用了家庭火灾和运输意外保险有限公司诉格兰特案(Household Fire and Carriage Accident Insurance Co. , Ltd. v. Grant) [1879]4 Ex D 216,第227页。
② [1983] 2 AC 34, p.43.
③ Ibid.

一方起码要承担本身设置和装备带来的风险。在恩托斯案中，丹宁法官设想了以下情况：

> 假设一个人不知道他的信息没有传到家里，他认为已经送达；如果电话中的听众没有听懂接受的话语，但却不要求重复这些话语；或者电传打字机上的墨水在接收端失效，但办事员却不要求重复信息，就可能发生这种情况：这样，发送接受的人就有理由相信他的信息已经被收到。在这种情况下，要约人显然受到约束，因为他不知道他没有收到接受的信息。

因此，如果通信接收人的计算机屏幕或与打印机或与互联网的连接出现问题，则不要求该人实际阅读接受书。此外，如果将向某人的代理人发出的通信视为向该人发出的通信，那么只需向收件人的互联网服务供应商发出通信即可。

但肯定可以更进一步。互联网通信，无论是通过电子邮件还是通过万维网，和线下邮件都有一个共同的特点，即不可能知道其信息是否已经被对方收到。① 当然，如果在哈里斯案中适用的商业便利观点有说服力的话，这些观点也同样适用于互联网。无疑，互联网延迟的时间可能较短，但这似乎不是关键因素，因为即使是"即时通信"也没有制定任何一般规则。互联网通信，特别是通过万维网进行的通信，根本不像恩托斯案中考虑的两个办事员之间的通信那样，两个办事员都在电报机旁，都在电话那头。如果说这是一个充分的理由，那么为该规则提出的商业便利的理由也对大多数互联网

---

① 由于是交互式的，基于网络的通信可以说等同于即时通信，尽管发送者可能会立即意识到信息没有送达（因为浏览器会显示错误信息）。如果信息到达收信人，返回的网页丢失，他或她将不知道情况；如果浏览器超时，发送者根本不知道通信是否成功。

通信适用邮政规则提供支持。

有一种情况可能是发收双方在同一网络上,例如,双方各有一个工作站与同一台主机相连。这种情况下,信息根本不需要在任何地方移动,而且至少在原则上,这种传输可以是即时的。此外,应该可以立即获得收件人邮箱的确认收信。在信息传送过程中,双方把通信委托给了一个媒介,现在假设主机本身,或者至少收件人邮箱中的信息在收件人有机会阅读之前就被销毁了。但在这里,双方确实把通信委托给了一个共同的代理人,也就是主机。[①] 这也相当于收件人的互联网服务提供商接收到了信息。在这种情况下仍然有充分的理由适用邮政规则,认为电文的递送已经完成。

总之,我认为邮政规则普遍适用于电子商务通信。这是否总是一件好事,将在本节第六小节中讨论。

四、撤回要约

邮政规则只被认为适用于合同承诺。笔者认为,毫无疑问,要约必须到达受要约人,否则就没有明确的承诺基础。在伯恩案中,正如我们所看到的那样,林德利法官认为邮政规则不适用于撤销要约。[②] 在互联网环境下,假设顾客在互联网上购买货物时提出报价,此时已经访问了该商人的网站。在交易商接受之前,客户改变主意并试图沟通撤销要约,但商人并没有收到撤销通知。伯恩案表明,此时,交易商可以接受原来的报价。

然而,我想说的是,互联网订约,无论是通过电子邮件还是通过

[①] Davies L., *Contract Formation on the Internet: Shattering a Few Myths*, in Edwards L. and Waelde C. (eds.), *Law and the Internet: Regulating Cyberspace*, 1st edn, Oxford: Hart, 1997, p. 112–113.

[②] [1880] 5 CPD 344. See section 9.2.1.2.

万维网,都与伯恩案中所考虑的交易完全不同。在该案中,报告并没有提及在发布要约之前双方之间的任何通信,因此没有根据可以推断出受要约人已经让邮局作为他的代理人,代表他接收通信。此时,要约人可以使邮局成为他的代理人,但受要约人并未明确。林德利法官说:①

> 现在可以认为,如果要约是通过邮寄信件作出和接受的,那么合同在接受要约的信件寄出的那一刻就完成了,即使它从未到达目的地。② 然而,当我们审视这些权威时,就会发现,他们所依据的原则是:要约人已明确或默示同意将一封正式邮寄的信件对他的答复视为对自己的接受和通知,或者换句话说,他已将邮局作为他的代理人来接受它的接受和通知。但在我看来,这一原则似乎不适用于撤回要约的情况。

当然,要约人不能够强制受要约人接受代理(基本上是同一推理的延伸),也不能仅仅因为要约人接受邮政延误或丢失的风险,就将这种接受风险的行为强加给受要约人。

大多数网购是不一样的。我们暂时想象一下,一个基于网络的销售,在客户最终接受要约之前,通常会有许多沟通,如选择产品,确定客户,确认财务和交付细节,等等。在这一阶段,必须明确的是,双方已经接受了互联网通信的风险。因此,似乎有足够的理由将邮政规则适用于撤回要约和接受要约。

---

① [1880] 5 CPD 344, p.348.
② 林德利法官指的是哈里斯案等。

五、要约人可以约定

毫无疑问,要约人可以规定承诺的方式,例如,承诺必须到达要约人。在房屋火灾和运输意外保险有限公司诉格兰特案中,塞西杰法官说:①

> 我不准备承认"这一决定"将导致任何巨大或普遍的不便或困难。如果他愿意,他可以始终将他所提议的合同的订立归因于他自己实际收到的接受通知。

显然,这只有在网络环境下才可行,且公司是要约方,例如在卡利尔案的情况下。如果顾客是要约人,那他或她就没有资格规定承诺的方式。然而,如果合同是通过电子邮件签订的,那么还有待要约人作出规定。

六、邮政规则与消费者合同

尽管从已经提出的理由来看,邮政规则应适用于互联网通信,但在基于网络的消费者合同中,该规则的适用并不理想,至少在客户做出了要约的情况下是如此。假设客户点击了"我确认",然后没有任何回应(也许是因为浏览器超时了)。客户无法知道他或她的交易确认是否已经到达服务器,如果已经到达,交易商是否已经接受了他或她的要约,因为服务器的接受可能没有到达他或她的互

---

① [1879] 4 Ex D 216, p. 223. See also Manchester Diocesan Council For Education v. Commercial and General Investments Ltd. [1970] 1 WLR 241.

联网服务提供商。但是,如果邮政规则不适用,则客户不受约束,除非交易商的接受书送达其互联网服务供应商。

第三节 电子商务指令和条例

本节将研究适用于信息社会服务提供者的欧盟理事会《电子商务指令》(2000/31/EC)的影响。① 该指令并不普遍适用于电子商务交易,而只适用于信息社会服务供应商,即互联网服务供应商及网上服务供应商,例如网上报纸、网上数据库、网上金融服务、网上专业服务(医生、律师、房地产中介等)、在线娱乐服务(视频点播、广告等)。该指令第11条要求这些供应商确认收到客户的订单,当订单和确认收到的对象能够被访问时,即视为收到。这本身并不影响目前的辩论。②

然而,将《电子商务指令》引入英国的条例则能更为详细地分析。③ 该指令第10条第1款规定:

(1)除非非消费者的各方当事人另有约定,否则,凡以电子方式订立合同的,服务提供者应在服务接受者下达订单之前,以清晰、易懂和毫不含糊的方式向该接受者提供下文(a)项至(d)项所列的信息:

---

① See generally section 10.1.5.
② 里德(Reed L., *Internet Law: Text and Materials*, 2nd ed., Cambridge: CUP, 2004, p.206)认为,这"将使客户与交易者的最终沟通更可能等于提供"肯定是太强烈了,因为承认可能只是简单的承认,而不是接受。还要注意的是,这篇文章并不影响邮政规则,因为这不需要收据,当规则运行时。
③ 2002年电子商务(EC指令)条例,SI 2002/2013,见 www.opsi.uk/si/si2002/20022013.htm。

(a)缔结合同应遵循的不同技术步骤;
(b)服务提供者是否将已签订的合约定为正式合约,以及是否可以查阅;
(c)在下达订单前识别和纠正输入错误的技术手段;
(d)为缔结合同所提供的语言。

这不适用于通过电子邮件订立的合同,①因为我们说的是基于网络的合同。根据指令第 11 条的规定:

(1)除非不是消费者的当事人另有约定,否则,服务接受者通过技术手段下达订单的,服务提供者应当:
(a)在无不当拖延的情况下,以电子方式向服务接受人确认收到订单;
(b)向服务接受人提供适当的、有效的和可获取的技术手段,使他在下达订单之前能够识别和纠正输入错误。
(2)就上文第 1 款(a)项而言:
(a)确认书在收件人能够查阅时将被视为已收到;
(b)如果该服务是信息社会服务,则确认收到的形式可以是提供已支付的服务。
(3)上文第 1 款的要求不应适用于完全通过电子邮件交流或与其同等的个人通信订立的合同。

---

① See reg 9(4).

这些显然是保护消费者的重要规定,后文将详细讨论。不过,就目前而言,有趣的是指令第12条:

除与第9条第1款(c)项和第11条第1款(b)项有关的情况外,就第9条和第11条而言,"订单"可以是但不必是合同规定的订单。

这显然是假定客户根据指令第9条第1款(c)项和第11条第1款(b)项作出了合同规定。此外,指令第11条第2款(a)项似乎明确地取代了该指令适用的合同中的邮政规则。这些措施显然是为了保护客户,因此这也许是有道理的。

第四节　纳　入　条　款

在实物世界中,交易商喜欢将其标准条款纳入合同。然而,这些条款可能非常冗长,而且可能不在所提供的文件中,例如,票据。票据往往会在另一份包含条款的文件中。即使所有条款都在一份文件中,或以其他方式容易获得,也不能保证另一方当事人会阅读这些条款。

在电子商务中也存在类似的问题。尽管提供标准条款可能比较容易,但它们可能不容易在屏幕上显示,更不用说现在用于访问万维网的一些设备了,如移动电话。在一些情况下,主页很可能被用作商店窗口,而不是用来显示条款,因此条款页面很可能只是通过一个链接进行访问。

关于公司注册的法律似乎几乎完全基于形式,几乎完全没有试图找到任何真正的共识。但这可能是不可避免的,至少便于使条款的内容达到合理程度的确定性。

即使条款被纳入合同,它们也可能是不可执行的,特别是在消费者合同中,由于英国1977年《不公平合同条款法》或1999年《消费者合同中的不公平条款条例》[使颁布的理事会指令(93/13/EEC)生效],许多基于网络的合同都是消费者合同,《消费者合同中的不公平条款条例》因此有必要了解这些情况,但它们似乎不会引起任何电子商务的具体问题。

一、签署的条款

如果条款被签署了,那么无论这些条款是否被阅读过,都会被纳入合同中。最主要的案例可能是埃斯特兰奇诉格劳科案(L'Estrange v. Graucob),[1]在该案中,一台机器的购买者签署了一份文件,根据该文件,"任何未在此说明的明示或暗示的条件、声明或保证,无论是法定的还是其他的,均在此排除"。

反之,如果是由于某种疏忽或错误文件没有被签字,那么这些条款将不构成合同的一部分。在麦卡琴诉大卫麦克布莱恩有限公司案(McCutcheon v. David MacBrayne Co., Ltd.)[2](以下简称麦卡琴案)中,客户将汽车运上渡轮,但没有签署货运收据,而当渡轮沉没时,该收据的条款可免除该公司的责任,客户的汽车成为全损。他以前在收据上签过字,并知道收据上有条件,但在该次事件中(可能是由于船运公司的疏忽),他没有在收据上签字。但该公司被认为不能依靠货运收据的条款来免责。这似乎也是一个非常技术性

---

[1] [1934] 2 KB 394.
[2] [1964] 1 WLR 125.

的判决,正如霍德森(Hodson)法官所言:①

> 目前的法律似乎对持票人很苛刻,除非他们是例外的情况,否则他们不会不厌其烦地对他们的车票进行检查,以确定是否施加了任何条件。如果采取进一步的措施,视为订约方已经签署了一份附有条件条款的文件并受其约束,那是不能容忍的,因为在这里,他并没有这样做,而是考虑到他以前的经验,如果有人问他,他可能会愿意签署摆在他面前的文件。

这实际上是对合同成立的一种完全客观的看法。你受条款的约束不是因为你的实际意图,而是因为你的行为方式表明你受约束。反之,如果你没有这样的行为,你就不受约束。这种完全客观的合同订立观点受到了批评,②但为了在商业交易中实现合理的确定性,这种观点可能是必要的。

当然,在电子商务中,文件不是实际签署的,但客户很可能通过鼠标点击,明确同意条款。似乎没有明确的理由说明签名过程是电子的这一事实与实际签署有什么不同。签名的性质和物理形式并不重要。正如德夫林法官在麦卡琴案③所观察到的那样,"签名实际上就像标志着正式达成协议的握手一样重要"。从客观的行为角度来看,"我同意这些条款",但并不是说"我已经读过这些术语"或"我已经理解了它们"。所以,无论是以钢笔标记还是以鼠标点击的形式,都不应该以行为方式来表明实际意图。

---

① [1964] 1 WLR 125, p. 130. 德夫林法官也采纳了类似的观点,第 136~137 页。

② E.g., Spencer, JR, The rule in L'Estrange v. Graucob [1973] CLJ 104.

③ [1964] 1 WLR 125, p. 133.

二、参照另一文件纳入条款

书面条款也可以通过参考另一份文件而纳入合同,无论该文件是否被实际阅读。如果客户已经阅读了这些条款,那么这些条款将被纳入合同。然而,如果在比较常见的情况下,不能证明客户已经阅读了这些条款,则必须采取合理的步骤将这些条款告知客户。这将取决于,客户是否期望在某一特定地方看到这些条款。在铁路车票的个案中,下列问题似乎已被接纳为相关问题:①

(1)那位旅客知道火车票上印着字吗?(2)他是否知道这张票包含或涉及条件?(3)铁路公司是否以合理的方式通知潜在乘客存在的条件和他们的条款可能被考虑?

在某种程度上,这将取决于条款是否通常会在某一特定文件中找到。如果是这样,客户就会被期望去阅读。

不过,也有权威人士认为,通知的程度取决于条款,对于非常苛刻的条款,需要一个非常明确的信号。② 正如梅高法官在桑顿案中指出的:③

当寻求附加的条件都构成达尼丁(Dunedin)法官所说

---

① 帕克诉东南铁路公司案(Parker v. South Eastern Railway)[1877]2 CPD 416,但此引用实际上取自霍德森法官在麦卡琴案[1964]1 WLR 125,第129页,梅高法官在桑顿案[1971]2 QB 163,第171~172页再次引用。
② 斯普林有限公司诉布拉德肖案[55Spurling (J) Ltd. v. Bradshaw],[1956]1 WLR 461。不寻常的条款需要更明确的通知。See also Interfoto Picture Library Ltd v. Stiletto Visual Programmes Ltd,[1989] QB 433。
③ [1971] 2 QB 163, p.172-173。

的"通常的那种限制"①时,被告可能只需证明附加某些条件的意图已被公平地提请另一方当事人注意即可。当所依据的特定条件涉及某种限制,而这种限制在该类合同中并不常见时,被告必须证明,他附加该种特定性质的不寻常条件的意图已被公平地提请另一方注意。用梅利什法官的话来说,怎样才算是"合理地通知原告的条件"②,这取决于限制性条件的性质。

在桑顿案中,无论公司何时订立合同,除了人身伤害责任以外的条件都对公司是苛刻的,公司都会被认为没有给予充分的通知。事实上,丹宁法官说:③

> 我只想说,它是如此的宽泛,如此地破坏权利,以至于法院不应该让任何人受它的约束,除非以最明确的方式提请他注意……为了给予足够的通知,它需要用红墨水印出来,并有一只红色的手指着它——或者印一些同样令人吃惊的东西。

有理由认为,类似的原则将适用于电子商务。就网络交易而言,由于屏幕较小(特别是移动电话设备),许多条款将通过主页的链接纳入合同中。与票据不同的是,客户可能还没有参考条款的期望。商家最好将链接做得非常明显,甚至可以采纳丹宁法官的建议。

---

① In Hood v. Anchor Line (Henderson Bros) Ltd. [1918] AC 837, p. 846 – 847.
② In Parker v. South Eastern Railway (1877) 2 CPD 416, p. 424.
③ [1971] 2 QB 163, p. 170.

三、合同一经签订,就不得任意添加条款项目

丹宁法官本来准备在另一个基础上对桑顿案作出裁决,即合同一旦订立,增加的条款就不能纳入合同。①

四、交易过程的影响

在前述桑顿案中,桑顿先生是第一次去停车场。如果他是经常光顾的人,他就会知道那些通知,即使按照丹宁法官对合同订立时间的看法,也容易辩称他已经同意了那些条款。以前的交易过程可以使公司更容易地显示出必要的通知,并且客户在合同订立时已经得到通知。② 德夫林法官在麦卡琴案中解释了这一原则在公司注册案中的作用:③

> 以前的交易只有在证明实际而非推定地知道这些条款并同意这些条款的情况下才有意义。如果一项条款没有在合同中明示,那么只有一种其他方式可以使其进入合同,那就是通过暗示。对一方当事人来说,不能对他不知道的条款作出暗示。如果以前的交易表明,一个人在 99 次的情况下都知道并同意一个条款,那么就有理由说,该

---

① 上文本章第一节第三小节。他引用了奥利诉马尔伯勒法院有限公司案(Olley v. Marlborough Court Co., Ltd.)[1949] 1 KB 532。

② 例如,见门德尔松诉诺曼有限公司案(Mendelssohn v. Normand Co., Ltd.)[1970] 1 QB 177 的讨论,然而,由于完全不同的原因,公司无法依赖豁免条款。交易过程必须足够长,且始终如一。

③ [1964] 1 WLR 125, p.134.

条款可以在没有明确声明的情况下导入第 100 份合同。导入的理由可能是充分的，也可能不是充分的，这要视情况而定；但至少通过证明知情，就有了基本的开端。没有知情就什么都没有。

除了在电子商务中也会如此之外，没有任何场合可以假设。

然而，在麦卡琴案中，以前的交易过程被认为是无关紧要的，事实上，基于德夫林法官的观点，看不出如何能够解决该案的问题，因为在这个特定场合，文件是未签署的。德夫林法官在之前说：

> 一个人以同样的形式订立了 99 次合同（更不用说这里指称的 3 次或 4 次），这一事实本身并不会影响没有使用该形式的第 100 次合同。

当然，一份文件没有被签署，那么该文件与以前的在许多场合被签署的事实是不相关的；交易也是与以前的交易不同的。

第五节　签约方的身份：商场——谁和谁签约

商场带来的问题是，以与客户签订合同的一方的身份为准。通常情况下，商城包含各个店铺的链接，但这些链接总是显示在商城框架内。对于访问者来说，可能根本不清楚正在访问的页面是商场的还是商家的。幸运的是，商场似乎越来越明智地意识到其网站可能造成的潜在法律问题，这种类型的混乱现在似乎没有以前普遍。①

据推测,商场希望所有合同只与个体商户签订,而不是与自己签订。问题是他们在这方面的成功程度。这基本上是一个表面上的权限和通知问题,原则上比较简单。

一、商场的赔偿责任

一般而言,向 X 发出的要约不能被 Y 承诺。在特定情况下,在假定要约是由客户发出的情况下,向商场发出的要约只能被商场接受。如果没有人向商人报价,商场不能强迫顾客与商人签订合同。②即使是交易员发出报价,他的身份对客户接受的报价也至关重要。

那么,问题在于,客户是否能合理地认为他或她是在向商场或交易商发出要约。如果框架和 URL 仍然是商场的,那么至少从表面上看,肯定是向商场发出了要约。毫无疑问,如果商场的页面上有明确的声明,说明合同只与交易商签订,情况就不一样了。毫无疑问,如果只是一个从商场到交易商网站的链接,而网站没有出现在商场的框架中,情况也会有所不同;例如,人们不会期望从谷歌链接到贸易商,谷歌成为交易的缔约方。

不过,如果正确的推论是顾客与商场签订了合同,那么,这是商

---

① 例如,里德教授(*Internet Law: Text and Materials*, op. cit. fn. 46, p. 207 - 210)考虑了一个在 2000 年 10 月运营的购物中心。该网站的一部分包括 T3 公司的页面,由未来出版社拥有,网址为 www. t3. co. uk。当我在 2004 年年初访问这个网站时,我认为顾客很难知道他或她是在从 T3 公司还是从个体商户那里购买。我觉得 T3 公司是在为潜在的诉讼埋下伏笔。令人高兴的是,T3 公司已经修改了他们的布局,情况不再是这样了。

② 有关当局,从坎迪诉林赛案(Cundy v. Lindsay)[1878]3 App Cas 459 开始,在英格拉姆诉利特尔案(Ingram v. Little)[1961]1 QB 31 中进行了讨论和审查,但在随后的刘易斯诉阿维雷案(Lewis v. Averay)[1972]1 QB 198 中,讨论和审查的复杂性并未出现在这里。

业当事人之间自己作出的安排所不能影响的。此外,上诉法院还认为,即使顾客应该知道商户之间可能有旨在改变表面状况的安排,也不能推定通知原则可以免除与之订立合同的一方的责任。① 如果商场是表面上的订约方,那么商场只有在订立合同之前直接通知顾客,才会对该订约方地位产生影响。②

二、个人交易者的责任

个人商户可以直接从自己的网站上承担责任,而商城则链接到自己的网站。或者,如果商城有实际或表面的权力代表商户签订合同,商户也可以承担责任。

在大多数情况下,后一种情况不可能出现任何问题,商场至少有代表商户行事的一般权限,即使超出其实际权限,也可能有表面上的权限。③ 因此,只要商场具有一般的授权即可代商户行事,如果未经授权链接到一个过时的镜像网站,宣传旧产品或过时的价格,该商户很可能会受到约束。如果商场事实上连个体商人的一般授权都没有,不能代表他签订合同,那么,商场单方面所做的任何事情都不能获得这种授权,即使他看起来像有授权。④ 毫无疑问,即使商场没有授权,商人自己的网站在链接到商城网站时,通常会直接提

---

① 曼彻斯特信托诉弗内斯案(Manchester Trust v. Furness)[1895] 2 QB 539 (CA),船东试图为货主不交付货物的诉讼进行辩护,声称租船人不是他们自己而是合同方,但没有成功。这一众所周知的权威已经被多次确认。

② 里德教授(Reed L. , *Internet Law: Text and Materials*, op. cit. fn. 46, p. 207 – 210)认为 T3 公司没有给予充分的通知,这也是我自己在 2004 年年初访问网站时的观点,但现在我认为根本没有理由认为 T3 公司是缔约方。

③ 如果链接到的是一个旧网站,其中有(例如)过期的价格,那么商场就要对商户的越权行为负责。

④ Armagas Ltd v. Mundogas SA (The Ocean Frost),[1986] 1 AC 717.

供商品给消费者。不过,如果商场在没有一般权限的情况下向一个仿冒网站建立链接(例如,欺诈者冒充商人,或许是为了获取信用卡的详细资料),个体商人可能不会受到约束。① 例如,如果链接到一个过时的镜像网站,商人也不会受到约束。

即使商户是订约方,商场仍可能对其作出的任何附带承诺承担法律责任。② 因此,商场应非常小心,不要以订约方的身份出现,对于自己作出的任何承诺,也要小心。

第六节 互联网合同:需要多少细节

这并不是一个具体的互联网问题,但似乎毫无疑问,电子商务将沿用并可能加剧沿用最初由电话、电传和传真开始的做法,在这些做法中,合同的内容履行是以一般的程序进行的,合同细节则是以后再进行分析的。这种情况在正在形成的市场上尤其可能出现,因为在这些市场上,速度是最重要的,但合同的细节却相当复杂(尽管往往是标准表格)。

一个很好的例子可能是租船合同。租船合同通常是复杂的文件,尽管大多数或所有内容均为格式条款。(船舶)固定物通常需要被赶制出来,当然,在今天,互联网经常可以派上用场。例如,一个典型的租船合同,从船东那里,可能得到的只是基本的固定报价,

---

① Armagas Ltd v. Mundogas SA(The Ocean Frost),[1986] 1 AC 717. 据推测,如果商场具有一般的权威性,该商人可能会受到约束。

② 例如,里德对巴克莱广场的分析,详见 Reed L., *Internet Law: Text and Materials*, op. cit. fn. 46, p.209。

它被理解为一个标准的形式并将被使用或调整。① 如果承租人提出修改建议,这些建议将被视为反驳,但如果承租人同意,则可执行的协议将被视为已经订立,即使只是在后来才正式确定其他(不那么重要的)细节并起草和签署书面形式。当事人打算以后以书面形式记录可执行协议的事实并不妨碍该协议在以前就可以执行。②

在有价证券市场上,如果市场存在不利,总有一方后来会试图退出诱惑。最简单的理由是,没有签订有效的合同。因此,有必要决定何时存在原则上具有约束力的合同,如果存在,则需要决定"主体细节"等限定条件。

虽然这方面的判例法之间相当难以调和,但至少有一些一般原则似乎已被法院采纳。

一、赞成赋予各方当事人意图的一般原则

一般的立场是,只要双方当事人明确打算受约束,并已达成足以使合同可执行的协议,法院就会以协议条款为准。法院不会着手否定当事人的意图。在土地买卖合同中,除了对土地、当事人的身份和价格商定之外,几乎不需要达成更多的协议(如果有的话)。就货物和服务而言,甚至连价格都不需要商定;法院会暗示一个合理的条款。希拉斯诉阿科斯案(Hillas v. Arcos)也许是最典型的案例,在该案中,尽管双方对质量和价格都保持沉默,但购买选择权还

---

① 关于各种细节,见联合国贸易和发展会议(贸发会议)秘书处关于1974年租船合同的报告第129段。贸发会议的网址为 www.unctad.org。另见第125~135段(航次租船合同)和第136~140段(定期租船合同)。

② 罗西特诉米勒案(WJ Rossiter v. Miller) [1878] 3 App Cas 1124; The Blankenstein [1985] 1 All ER 475(有效的船舶买卖合同,尽管未签署协议备忘录且未支付定金)。See also Debattista C., Charter-party fixtures subject details-further reflections [1985] LMCLQ 241, p.243.

是得到了执行。① 那么,一般来说,只要有足够的确定性来确定协议的基本内容,法院就"会在双方当事人明显打算受约束的情况下对细节进行界定"。默示条款可以在细节中体现。

然而,这一原则是有限度的。在租船合同方面,德巴蒂斯塔(Debattista)认为:②

(a)当事人未提及某事,比较容易确定有合同;
(b)当事人提到一个问题而又没有解决,则更容易认定没有合同。

事实上,一般看来,双方当事人提出问题的情况比他们未提及问题的情况更容易出现。

二、不确定的条款不能执行

如果当事人什么都不说,法院几乎总是可以暗示一个术语来填补空白。如果他们笼统地说了些什么,虽然这是一个很重要的问题,但是没有意义。例如,在斯盖默诉奥斯顿案(Scammell v. Ouston)③中,一份货车销售协议规定:

本订单是在以下谅解的基础上发出的,即购买价款的

---

① [1932] 43 LIL Rep 359. 也许这比正常情况下更容易暗示条款,双方已经处于商业关系中,尽管是上一年。

② 74Debattista, Charter-party fixtures subject details-further reflections, op. cit. fn.72, p.245. 这是一个相当全面的分析,虽然这篇文章现在已经很老了,但后来的权威人士基本上支持他的结论。

③ [1941] AC 251.

余额可以在 2 年内以租购方式获得。

然而,因为没有确定的条款,许多租购安排都是不同的。上议院认为,这一条款过于模糊。甚至不清楚是由卖家还是由押金行提供押金。由于该条款显然是基本条款,因此不存在可强制执行的合同。

如果该条款的基础性较低,那么它就会被忽略,并会有一份具有约束力的合同。①

三、达成的协议无法执行

这也是一项基本原则,即法院不会强制执行约定的协议。② 在福利诉分类教练员案(Foley v. Classique Coaches)(以下简称福利案)中,毛姆法官(Maugham LJ)说:③

> 不容置疑的是,除非商定了合同的所有重要条款,否则就不存在具有约束力的义务。后来达成一致的协议不是合同;如果某项重要条款既没有得到法律的确定,也没有得到法律的默示,而且文件中也没有确定该条款的机制,那么也就不存在合同。

---

① 尼科琳诉西蒙兹案(Nicolene v. Simmonds)[1953] 1 QB 543,据说合同受制于"通常的接受条件"。
② May & Butcher v. R [1934] 2 KB 17,其中有一项协议,即双方应随后确定货物价格。
③ 78[1934] 2 KB 1, p.13.该协议得到了保存,参见本节第四小节和第五小节。

众所周知,"受合同约束"等术语可以否定受约束的意图,①但"承诺"只有在否定受约束的意图时才是致命的。举例来说,一项受制于天气而举行节目的协议,原则上是可以有约束力的。

然而,如果双方当事人明确约定合同"受制于"某项尚未商定的内容,那么即使尚未商定的条款并非基本条款,法院也会推断在此阶段缺乏协议。例如,在索蒂罗斯航运公司诉萨迈特·索尔霍尔特案②中,斯塔顿法官说(关于船舶销售合同):

> 据描述,她在当天被"根据细节签订了合同"。这意味着主要条款已被商定,但在附属条款和细节也商定之前,合同不存在。

这是附带说明,但其他权威机构也指出了同样的观点。在萨玛案③中,帕克法官拒绝坚持在复写电传阶段缔结的租船协议,因为在这一阶段仍需就船舶的修改达成协议。

> 此时,人们对拟议的修改知之甚少。电传明确规定,细节有待商定,除压载水舱外,计划其他内容的修改需与业主讨论。船东当时还没有看到租船人的形式合同。毫无疑问,一方当事人有可能在有许多事情尚未解决时订立合同,并承诺接受他未曾见过的某些条件。然而,目前的情况是,双方明确表示,主要改造的细节有待商定,其他储

---

① 齐灵渥斯诉埃斯切案(Chillingworth v. Esche)[1924] 1 Ch 97(CA)。
② 索蒂罗斯航运公司诉萨迈特·索尔霍尔特案(Sotiros Shipping Inc. v. Sameiet Solholt)[1981] 2 Lloyd's Rep 574。
③ Mmecen SA v. Inter Ro-Ro SA(The Samah and Lina v.),[1981] 1 Lloyd's Rep 40。

水罐的可能改造有待讨论。此外,当希腊海运海外公司,即比雷埃夫斯的普莱恩蒂夫[潜在租船人]代理人,向马里斯先生发送形式租船合同时,他们声明:

……贵方可以根据上述船舶所从事的特殊贸易增加或修改条款。

这承认了该附加条款是一个不寻常的条款,需要有特别规定,而事实上最终也是如此。罗基森(Rokison)"代表承租人"提出,后来引入的特别条款只是对承租人的纽约期货交易所格式条款中已经具有约束力的附加条款的变更。① 但我不能接受这种说法。现实情况是,双方都认识到必须制定特别条款。承租人确实着手起草了这些条款。我的判断是,双方都没有打算将最终的电传当成具有约束力的合同,但是双方当时都没有考虑到他们已经这样做了。此外,即使他们有这样的打算或考虑,他们也不会成功。当事人已经明确表示,某些进一步的事项将被约定或讨论,所以法院不能填补这个空白。因此,我驳回原告关于在1月3日"电传交换之日"作出具有约束力的章程的主张。

以后的类似案例也有同样的效果。② 如果当事人明确使用"受细则约束"等术语,明确表示尚未受约束的意图,法院将使该意图生效。

---

① NYPE 是纽约农产品交易所,制定了一种广泛使用的标准格式定期租船合同。

② 例如,The Nissos Samos,[1985] 1 Lloyd's Rep 378, Granit SA v. Benship International Inc [1994] 1 Lloyd's Rep 526(在没有"以细则为准"字样的情况下,合同被认为已经签订) gnazio Messina & Co. v. Polskie Linie Oceaniczne,[1995] 2 Lloyd's Rep 566。

谈判协议也会产生问题。善意谈判的协议具有不确定性。① 不过,在皮特诉 PHH 管理公司案(Pitt v. PHH Management)②中,锁定条款被认为是有效的,而且有一些权威意见认为,尽最大努力作出的承诺可能是有效的。③

四、达成协议的机制

如果双方当事人将某些东西留待日后自行商定,则合同不存在。然而,假设就基本要素已达成一致,如果有一种机制来商定其他条款,则有可能存在有效的合同。这似乎是萨德布鲁克商业区诉艾格尔顿案(Sudbrook Trading Estate v. Eggleton)的裁决所具有的意义,④在该案中,价格(给承租人购买返修权的期权价格)由两名估价师确定,如果他们没有达成协议,则由一个裁判指定的评估机构裁决。

根据同一原则,仲裁条款可被视为达成协议的机制。德巴蒂斯塔认为,即使在事项仍需明确约定的情况下,加入仲裁条款将其作为解决任何未决不确定因素的机制,仍有可能挽救合同。⑤ 在福利案中,尽管汽油是"按双方不时以书面形式商定的价格出售",但仲裁条款有助于挽救合同。即使在事项仍需明确约定的情况下,如果协议中包含了确定未决事项的机制,那么合同仍可成为可执行的合

---

① Walford v. Miles,[1992] AC 128.
② [1994] 1 WLR 327。在出售土地的谈判中,只要在两星期内交换合同,锁定条款就排除了卖方与其他潜在购买者的谈判。
③ 权威资料例如,Smith, Sir JC and Thomas, JAC, *Casebook on Contract*, 11th ed., Sweet & Maxwell, p.97 及以下。
④ [1983] 1 AC 444.
⑤ Debattista, *Charter-party fixtures "subject details"-further reflections*, op. cit. fn. 72.

同,例如福利案中的仲裁条款,它涵盖了"关于本协议的主题事项或结构的任何争议或纠纷"。

然而,在梅案①中,尽管有仲裁条款,但仍被认定为没有达成协议,因为货物价格将在双方当事人之间随后确定。在梅案中,双方在基本要素上也没有达成协议,因此,问题并不仅仅是一些条款还有待商定。仲裁条款涵盖了"与协议有关或由协议引起的争议",而上议院认为,其并不包括完全没有达成协议的情况。②

相比之下,在福利案中,即使不考虑仲裁条款,也可以说有充分的理由推断出双方对某事的协议,在这种情况下,仲裁可以解决其余问题。福利案涉及土地买卖,并附有一份附属协议,即"按双方不时以书面形式商定的价格出售汽油"③,尽管有本节第三小节的原则,但上诉法院仍认为该协议是可以执行的。将在本节第五小节中讨论的一种可能性是,该协议已经被采取行动,因此至少可以轻易地推断出双方已经达成了某种协议。此外,至少已经商定(并支付了)土地的价格,汽油销售是附属的。④ 上述每一点都是将本案与梅案区分开来的理由,在梅案中,根本就没有任何协议来推断任何合同,因此,即使是仲裁条款也不会得到同意。在福利案中,显然存在一份合同,尽管还有重要事项有待商定,但仲裁条款可以解决如何商定这些事项。

五、根据协议行事的各方

福利案涉及一份供应汽油的协议(该协议是土地销售合同的附

---

① May & Butcher v. R [1934] 2 KB 17.
② 尤其是达尼丁子爵的讲话。
③ 该土地的卖方在其他土地上保留了一个削价站,购买者是长途汽车经营者。
④ 另见希拉斯诉阿科斯案(1932)147 LT 503,该案的判决与福利案相同。

属部分),"价格由双方以书面形式不时商定",尽管双方没有就价格达成确切的协议,但上诉法院认为存在一份可执行的合同。斯克鲁顿法官(Scrutton LJ)说:①

> 在本案中,双方当事人显然认为他们有合同,而且3年来他们的行为就像他们有合同一样;他们有一项仲裁条款,该条款涉及汽油供应协议的主题事项,在我看来,这项仲裁条款适用于任何未能就价格达成一致的情况。类比于捆绑式房屋的情况,这份合约中隐含了一项条款,即汽油须以合理的价格和合理的品质供应。基于这些原因,我认为首席大法官的看法是正确的,即尽管双方没有就汽油的未来价格达成任何协议,但却存在一份可强制执行的合同。

在福利案中,双方当事人是在假定3年有效合同存在的基础上行事的。因此,他们显然已经达成了某种协议。

> 正如我们在本节第四小节中看到的那样,仲裁条款足以解决附属协议的细节问题,但即使没有仲裁条款,斯克鲁顿法官认为合同中也会隐含合理条款。当事人各方在这么长时间内就协定采取行动显然是一个关键因素。对于一个持续承诺的合同来说,这似乎是合理的。毕竟,长期个人贷款协议很少在整个期限内固定价格,而可变利率抵押贷款也是有效的。② 当然,如果法院有足够的信息来

---

① [1934] 2 KB 1, p.10.
② Lombard Tricity Finance v. Paton, [1989] 1 All ER 918.

确定初始价格,双方已经同意了初始价格,或者已根据协议采取了行动,这就足够认定存在一份可强制执行的合同。

六、概述

一部法律在马米多伊尔希腊石油公司诉奥克塔原油精炼厂案(Mamidoil-Jetoil Greek Petroleum Co. SA v. Okta Crude Oil Refinery AD)的广告中总结如下:[1]

> 每个案件必须根据其本身的事实和对其协议的解释来处理。在此前提下:
>
> 在没有合同的情况下,对一个重要条款使用"有待商定"这样的表述,很可能会因为不确定,阻止任何合同的产生。这可以用"不能约定"的原则来概括。
>
> 同样,在不存在合同的情况下,如果没有就协议的基本条款达成协议,也可能会因为不确定,阻止任何合同的产生。
>
> 然而,特别是在熟悉有关行业的当事人之间的商业交易中,以及当事人相信他们有一个有约束力的合同的情况下,法院愿意在可能的情况下暗示条款,以使合同得以履行。
>
> 合同一旦成立,即使是关于未来执行义务的"有待商定"的表述,也不一定会对合同的继续存在造成致命的影响。
>
> 特别是在未来一段时间内履行合同的情况下,如果双

---

[1] [2001] EWCA Civ 406; [2001] 2 Lloyd's Rep 76 (CA).

方当事人希望或需要在制定合同时留有调整事项,法院将协助双方当事人这样做,以便维护双方约定而不是破坏或讨价还价,其依据是,可以确定的东西本身就是确定的。

特别是当一方当事人已经从某些履约行为中获得了利益,而这些履约行为影响了双方当事人关于长期关系的协议,或者不得不以该协议为前提进行投资时,情况更是如此。

为了上述目的,明确规定一个合理或公平的措施或价格将是法院采取行动的一个重要标准。但是,即使没有明文规定,法院也准备以合理的方式暗示条款。

在这种情况下,即使没有商定整个期限的价格,长期协议也得到了维持。

第七节 通过电子代理签订合同

在编写本书时,通过代理人签订合同仍处于研究阶段,但毫无疑问,个人和公司都将把电子代理人送上互联网,通过编程代表他们开展业务。起初,人们希望看到的是实验只限于封闭的系统,软件可以标准化,但从长远来看,我们有理由认为,机器人代理人将在互联网上自由漫游。①

---

① 早在20多年前,当我开始使用计算机时,如果我想给某人发送一个经过文字处理的文件,我必须事先同意所使用的文字处理程序,因为一个程序不会读取另一个程序的文件。如今,大多数通用程序都可以读取彼此的文件,而且,无论如何,微软办公软件似乎已经成为事实上的标准。毫无疑问,我们会看到类似的标准化在电子代理中发展,允许他们自由地相互交流,甚至在开放的网络上。

在美国,1999 年《统一电子交易法》第 14 条规定了自动交易。在欧盟,《电子商务指令》第 9 条第 1 款规定,成员国应确保其法律制度允许以电子手段订立合同。成员国应特别确保适用于合同程序的法律要求既不对电子合同的使用造成障碍,也不导致此类合同因通过电子手段订立而失去法律效力。

至少可以说,欧盟的这一规定包括全自动合同。但是,在使该指令生效的英国条例中,没有任何类似的规定。事实上,英国没有关于电子代理人的规定,英国代理法也没有(至少是明确地)承认非人类代理人。

然而,这并不意味着英国在这方面存在缺陷。尽管里德教授认为通过电子代理签订合同可能很困难,因为很难达成一致意见,[1]但很难看出困难是什么。赋予一个机器人在互联网谈判的权力,肯定会类似于向全世界宣告,机器可以代表主人,[2]如果(正如本章第一节第四小节中所论证的那样)客户接受了合同上的报价,似乎编程网站还可以接受来自客户的提供。里德认为,桑顿案的机器没有谈判能力,但只要它已经被编程,就很难理解为什么这一点应该是重要的,毕竟,一个网站至少可以与客户进行对话,而且肯定可以签订合同。诚然,真正的谈判是另一个发展阶段,但机器只是遵循编程的指令,这些指令是双方意图的证据。[3] 虽然现在就下定论还为时过早,但如果自动合同成为电子商务的普遍特征,那么笔者认为,英国法律存在概念上的工具来处理这一发展。

里德认为,代理的概念,应该扩大到包括机器人在互联网上代

---

[1] Reed L., *Internet Law: Text and Materials*, op. cit. fn. 46, p. 210-212.
[2] Section 9.1.3.3.
[3] 我们正在进入人工智能的领域,以及一种不同类型的编程,但是,最终机器人仍然根据人类用户的指令行事。

表其所有者做出决定的行为,①机器的选择和行为归于所有者,但这可能没有必要。即使英国关于代理的法律规定明确只适用于人类代理人,但其所依据的原则可以更普遍地适用。如果机器人经过了适当的编程,那么它应该不可能超越自己的实际权限,在其实际权限范围内做事情的意图应该很容易被归结为所有者的思想。但是,假设软件出现问题,使机器人超越了其权限,签订了非主人意图的合同,此时,机器人所有者和软件编写者之间会有一个合同问题。但是,就第三人而言,签订的合同应该是有效的。基思(Keith)法官在海洋冰霜案(The Ocean Frost)中对表面授权背后的原则作了如下阐述:②

> 如果委托人通过言语或行为表示代理人具有必要的实际权利,而与代理人打交道的一方依靠这种表示与他订立合同,则产生了表面权利。在这种情况下,委托人不得否认实际授权的存在。在通常情况下,表面上的授权是一般性的,当委托人将代理人置于外界普遍认为有权进行有关交易的地位时,就会产生这种授权。

这一原则在机器人代理的情况下似乎与人类代理一样适用。显然,鉴于机器人越权的潜在后果的严重性,确保软件运行不出错非常重要。

---

① Reed L., *Internet Law: Text and Materials*, op. cit. fn. 46, p. 211.
② Armagas Ltd. v. Mundogas SA (The Ocean Frost), [1986] 1 AC 717, p. 777.

第十章 其他合同问题

第一节 消费者保护问题

由于消费者对销售者知之甚少,而且他们无法像在实体店中那样容易地检查产品,因此,B2C 电子商务可能会给消费者带来别样的烦恼。这些特点并非仅存在于电子商务过程中,还出现了有关电商对消费者端业务的消费者保护条款,尽管这些条款也会影响其他消费者契约。

一、关于销售货物和提供服务的一般法律的适用性

许多国家消费者保护立法在电子商务中的适用方式与在实际环境中的适用方式完全相同。英国 1977 年《不公平合同条款法》和 1999 年《消费者合同中的不公平条款条例》①的一般规定适用于电子商务,如同适用于其他合同一样。

不过,也有一些规定只适用于货物或服务的销售或供应。英国

---

① 该条例使 1993 年 4 月 5 日关于消费者合同中不公平条款的理事会指令(93/13/EEC)生效,www.opsi.gov.uk/si/si1999/19992083.htm。还有 2001 年《消费者合同中的不公平条款(修正)条例》,www.opsi.gov.uk/si/si2001/20011186.htm。

1979年《货物销售法》第12条至第15条在货物销售合同中分别规定了与所有权、适销质量和用途的正确性有关的条款。英国1977年《不公平合同条款法》第6条规定禁止在合同中排除有关所有权的默示承诺,在消费者合同中,也禁止排除其他默示承诺。在商业合同中,允许订立具有隐含条款(除所有权外)的合同,但须经合理性审查。英国1982年《货物与服务供应法》第13条至第16条还规定了服务供应合同中的默示条款,以及对合同外包的限制。

然而,网上交付的对象(例如,音乐片、网上计算机程序、软件等)不会被视为货物,也不可能统一被视为服务。在这种情况下,显然仅适用于销售或提供货物或服务的条款将不被适用。格莱德韦尔法官(Glidewell LJ)在圣奥尔本市和区议会诉国际计算机有限公司案(St Albans City and District Council v. International Computers Co.,Ltd.)(以下简称圣奥尔本案)中就英国1979年《货物销售法》中货物的定义发表了以下观点:①

> 在1979年的《货物销售法》第61条和1982年的《货物与服务供应法》第18条中,货物的定义包括"除了交付中的物品和货币以外的所有个人动产"。显然,磁盘就在这个定义中。所以,一个程序本身并不是……
>
> 假设我买了一本关于保养和修理某种特定车的说明书。如果这些说明书的一个重要的指引部分是错误的,那么任何遵循说明书操作的人都可能对他的汽车引擎造成严重的损坏。说明书是手册不可分割的一部分。手册中包括的指令,无论是在书中还是在录像带中,都是1979年的《货物销售法》意义上的"货物",有缺陷的指令将导致

---

① [1996] 4 All ER 481, p.492.

违反该法第 14 条中的隐含条款。

如果上述说得通,我看不出有什么逻辑上的理由不把它与计算机磁盘联系起来,因为设计和意图指示计算机或使计算机实现特定功能的程序已被编码在磁盘上了。如果磁盘被电脑制造商出售或租用,但程序有缺陷,这显然违反了 1979 年《货物销售法》或 1982 年《货物与服务供应法》所暗示的关于质量和适用性的条款。

就此来说,根据这一推理,在磁盘上提供的程序是"货物",但纯程序不是,至少在 1979 年《货物销售法》和 1982 年《货物与服务供应法》的定义是这样的。如果这个推理是正确的,那么它肯定也会将所有在线交付排除在欧盟《远程销售指令》中的货物定义之外(详见本节第二小节)。

软件的供应仍然可能是属于服务的供应,至少不排除私人定制软件。然而,将"挂钩"电子供应描述为服务供应肯定是不恰当的。

总之,大多数网上交付不涉及有关货物或服务的合同,不属于英国相关法律的调整范围,也不属于下文谈及的欧盟《远程销售指令》的范围。无论如何,可以肯定的是,它们不会被视为货物销售。大部分的网上支付都不会被恰当地描述为服务供应,尽管可能交付定制的应用程序可以被如此描述。另一种可能是持续供应,例如,定期更新杀毒程序。

圣奥尔本案当事人向地方政府供应有问题的软件,由于软件不是货物,所以法定的默示条款中的"适销质量"和"适用性"都不适用。然而,供应商要对违反明示条款或普通法默示条款负责,因此,判决中的裁判说理不能完全诠释圣奥尔本案。软件是由供应商国际计算机有限公司以磁盘形式提供的,程序是由国际计算机有限公司安装在地方政府的计算机上的,地方政府所拥有的不过是使用程序的许可证。格莱德韦尔法官认为,不存在程序的销售或出租,也不存在以这种方式转让程序的货物销售。① 似乎没有人争辩说存在服务的供应。

在这个案例中,不管软件是好是坏,任何事物结果都不会有任何改变。普通法有着与法定条款类似的条款:②

> 1979 年《货物销售法》和 1982 年《货物与服务供应法》所表明的条款最初是由普通法法院归纳出来的,后来法院以此类推将其隐含在其他类型的合同中。

然而,普通法不会做的是对默示义务的订约作出任何限制。这可能会大大削弱对网上交付的保护力度,特别是对消费者的保护。

此外,还有合同履行地点、货物交付地点等本地化问题。这些问题与本讨论无关,但对适当的司法管辖权有影响(另见本章第二节)。

二、欧盟关于远程销售的指令

虽然并非所有的远程销售都涉及电子商务,但所有的电子商务都涉及远程销售的某些特征。因此,如果理事会关于远程销售的指令(97/7/EC)③的某些方面不适用于电子商务,那将是令人惊讶的。欧盟 2000 年的《消费者保护(远程销售)规则》[The Consumer Protection (Distance Selling) Regulations 2000]④将该指令的规定纳

---

① [1996] 4 All ER 481, p.492.
② Ibid., p.493.
③ 该指令的全文可在 www.spamlaws.com/docs/97-7-ec.pdf 中查看。
④ 全文可在 www.opsi.gov.uk/si/si2000/20002334.htm 中查看。

入英国法律。虽然英国实际上只是以最有限的方式执行该指令,但指令本身留给成员国的空间相当多。因此,该规则比指令更详细。

该指令背后的基本思想是要求提供信息,主要是为了确保透明度("确保消费者作出符合消费者保护和竞争政策的知情购买决定")。① 消费者一般能在面对面的交易中获得确切信息,而该指令试图尽可能使他或她处于类似的地位,尽管交易是在远程进行的。

(一)引言

理事会关于远程销售的指令(97/7/EC)在互联网广泛使用之前就已存在,因此并不是特别适合于电子商务。1997年这一日期颇具误导性。事实上,委员会最初的建议可以追溯到1992年,那是对理事会1989年的一项决议的回应。② 由于万维网直到1991年才公开,很可能在这个时候,远程购物和视频电话("带屏幕的电话")被预测将会高速发展,但万维网根本没有被看好。因此,该指令对基于网络的商务规定得很"一般"。

(二)定义和应用

该指令是关于远程销售的,原则上,它将包括大多数电子商务。而实际上,相当多的电子商务部门被排除在外,而且不完全清楚包括哪些内容。指令第2条第1款(《消费者保护(远程销售)规则》第3条)对远程合同的定义如下:

"远程合同"是指供应商与消费者根据有组织的远距离销售或服务提供计划订立的任何关于货物或服务的合

---

① Lodder A. and Kaspersen H. eds., *eDirectives: Guide to European Union Law on E-Commerce*, The Hague: Kluwer Law International, 2002, p.14.

② Ibid., p.12.

同,该供应商为了合同的目的,专门使用一种或多种远程通信手段,直至订立合同的时刻。

请注意合同必须是供应商和消费者之间的合同。因此,这是一项赤裸裸的消费者保护规定,与企业和企业之间的交易没有关系。不过,立法中还有许多其他漏洞,我们现在必须加以考虑。

(三)不包括在线交付

上述定义还要求合同涉及货物或服务。就该指令的目的而言,货物和服务都不属于定义范围。然而,该定义似乎有可能与上文谈及的与英国立法有关的定义相似。在这种情况下,大多数在线交付将被排除在该指令的范围之外。

(四)其他不适用情况

上述定义要求供应商"专门使用一种或多种远程通信手段"。指令第2条第4款对此作了扩展:①

"远程通信手段"是指在供应商和消费者不同时在场的情况下,可用于双方订立合同的手段。本指令所涵盖的手段的指示性清单载于附件一。

上述手段似乎包括互联网通信,虽然电子邮件被列入附件一的清单中了,但万维网却没有被列入。然而,附件一中的清单并非详尽无遗,或者说实际上是指示性的,认为该指令不适用于互联网通信的说法肯定是无稽之谈。

---

① 英国关于远程销售的规定是第3条和第1条。

然而,指令第3条第1款列出了大量的例外情况:
本指令不适用于下列合同:

——本指令不适用于与金融服务有关的合同,附件二列出了一份不完整的清单,①
——通过自动售货机或在自动化商业场所订立的合同,
——通过使用公共付费电话,与电信运营商签订的合同,
——为建造和销售不动产或与其他不动产权利有关而缔结的合同,但租金除外,
——在拍卖会上成交的合同。

也许可以说,自动化的商业场所可以包括网站,但无论如何,真正值得注意的是拍卖。随着eBay等公司成为电子商务市场的重要参与者,这无疑是一个明显的例外。

此外,《消费者保护(远程销售)规则》第6条第2款(颁布时的第3条第2款)将定期送货员向消费者住所或工作场所供应食品、饮料或其他日常消费品的合同排除在第7-19条[第4条和第5条(见第10.1.3.1节)、第6条(见第10.1.3.2节)和第7条第1款(见第10.2.3.5节)]之外。据推测,这是为了排除牛奶和面包配送等,但其影响可能是,例如,除了欺诈保护外,Tesco Direct(互联网)食品配送被排除在一切之外。这又是一个很难找到逻辑依据的重要排除规定,但事实上,这一点并不清楚,因为该规定从字面上看

---

① 这些条文现已被有关消费者金融服务远程推销的理事会指令(2002/65/EC)所涵盖。英国政府对该指令的实施情况的意见,参见 www.hm-treasury.gov.uk/media//E4F28/DMD%20Final_268.pdf。

是含混不清的。它可以被解读为"由定期送货员提供给消费者的住所或工作场所",或者"由定期送货员提供给消费住所(或工作场所)"。前一种解释不会将 Tesco Direct 排除在外,因为向住宅的供应不会由定期送货员进行,而后者肯定会。

土地销售或建筑合同也被排除在外。

正如当时所观察到的那样,该指令是在现代电子商务发展之前设想的,虽然它适用于许多电子商务,但其中确实有一些实质性的排除。此外,根本不清楚哪些是排除在外的,哪些不是。

三、欧盟关于远程销售的实质内容

欧盟关于远程销售的指令的主要目的是要求贸易商提供信息,并允许有一个冷却期。对不提供相关信息的贸易商的制裁是延长冷却期。该要求似乎不是合同条款,从消费者的角度来看,制裁是交易取消。在这种情况下,任何银行卡支付的方式也被取消。如果合同条款与指令/条例不一致,则合同条款无效。①

(一)信息

指令第 4 条和第 5 条要求提供信息,正如我们所看到的那样,该目的主要是确保透明度。② 这些信息包括供应商的身份和地址等事项,这些事项在互联网环境中可能并不广为人知。第 4 条适用于"在签订任何远程合同之前的适当时间"。这些信息是相当基本的,一点也不烦琐。指令第 4 条第 1 款规定的提供信息的全部清单如下:③

---

① Regulation 25.
② 英国相关的法规是第 7 条和第 8 条。
③ See also reg 7(a).

(a) 供应商的身份,如果是需要预付的合同,则提供其地址;

(b) 货物或服务的主要特征;

(c) 货物或服务的价格,包括所有税款;

(d) 交付费用(如适用);

(e) 付款、交付或履行的安排;

(f) 撤回权的存在,但第 6 条第 3 款所述的情况除外;①

(g) 使用远距离通信手段的费用(如不是按基本费率计算的);

(h) 要约或价格的有效期;

(i) 就提供产品或服务的合同而言,如果是永久或经常性履行的合同,在适当情况下,合同的最短期限。

根据指令第 4 条第 2 款,信息"应以适合于所使用的远程通信手段的任何方式,以清晰易懂的方式提供"。指令第 8 条规定,"远程合同所使用的语言由成员国决定"。这些要求可以合理地批评为致使合同签订的效力较低。②

指令第 4 条适用于合同订立之前。需要提供的信息大部分与指令第 4 条中的信息相同,但有关于退货和取消权的额外要求。根据指令第 5 条第 1 款,信息必须"以另一种可获得的长期媒介"提供给消费者:

消费者必须在合同履行期间及时收到第 4 条第 1 款

---

① 这些都是撤销权的豁免:详见下文。

② Brownsword R. and Howells G., *When Surfers Start to Shop: Internet Commerce and Contract Law*, (1999) 19 LS 287, p.301.

(a)项至(f)项所述信息的书面确认或以另一种可获得的长期媒介的确认……

这种媒介可能包括电子邮件通信,但可能不包括网页确认。在英国政府看来:①

> 我们认为,如果订单是通过电子邮件发出的,那么通过电子邮件进行的确认将符合"消费者可获得的另一种长期媒介"的确认定义。但是,我们没有在条例草案中对此作出具体规定,因为《远程销售指令》没有对这一点作出具体规定,只有法院才能确定措辞的含义。

网页确认可能会被认为是永久性的,因为原则上它可以像电子邮件一样,但前提是消费者下载了它(或至少是下载它的信息)。因此,有充分的理由将电子邮件包括在内,但不包括网页确认。

请注意,这些要求是对理事会关于电子商务的指令(2000/31/EC)可能要求的其他信息的补充,这些其他信息下文将予以考虑。②《电子商务指令》仅适用于范围有限的电子商务交易;与上述的规定不同,它没有规定任何特别的正式要求。

(二)撤回:基本权利

指令第6条规定了撤回权,理由是"消费者在订立合同之前无

---

① Department of Trade and Industry Publication, *Distance Selling Directive-Implementation in the UK*, November 1999, para. 3. 5. 在一份较早的文件中,这被限定为"消费者是设施(产生电子邮件的计算机)的所有者",参见 Brownsword and Howells,第16页、第303页。

② Section 10.1.5.

法实际看到产品或确定所提供服务的性质"。这一规定至少将这类交易的部分风险有效地置于供应商而非消费者身上：①

  许多消费品的零售商仍然无法充分利用电子商务方法，因为潜在的购买者不愿意在没有检查产品之前购买，特别是在这是一种新产品或服务或零售商是客户不熟悉的公司情况下。然而，撤回权意味着潜在客户可以充分利用网上购物的优势（更低的价格、送货上门等），如果知道产品或服务不符合他的喜好，他可以撤销合同，而不会受到惩罚或需要任何理由。

  因此，撤回权或许可以被视为将消费者重新置于相当于面对面客户的地位。它归根结底也是一种制裁，是执行该指令的一个重要方面。例如，指令第 6 条第 1 款规定，自第 5 条规定的信息确认之日起，消费者有权以任何理由撤销合同，期限至少为 7 天。如果供应商未能履行第 5 条规定的义务，则允许期限为 3 个月。因此，撤回权的作用之一是鼓励供应商履行其提供信息的义务。

  但是，撤回权对于某些类型的合同是不适用的，指令第 6 条第 3 款规定了例外情况：②

  ……合同
  ——提供服务的合同，如果在第 1 款所述的 7 个工作日期限结束之前，经消费者同意，已经开始履行；
  ——提供货物或服务，其价格取决于供应商无法控制

---

 ① Lodder and Kaspersen, *eDirectives: Guide to European Union Law on E-Commerce*, op. cit. fn. 7, p. 17.
 ② 英国远程销售的相应立法是第 13 条。

的金融市场的波动;

——根据消费者的详述或明显的个性化的商品供应,或由于其性质而不能退货或容易变质或迅速过期的商品;

——提供消费者拆封的录音或录像或计算机软件;

——供应报纸、期刊;

——为博彩和彩票服务。

显然,在大多数情况下,撤回权的行使对供应商是不公平的。

指令第6条第3款没有涉及网上材料的交付问题,如果指令各项规则都未对此作出规定,那么可以说这些材料应被豁免。有可能"由于其性质,不能退货",当然,报纸、期刊的例外情况将排除一些网上销售。然而,在线交付的计算机软件或音频或视频材料很可能不在豁免之列,因为该豁免明确设想了密封的物理媒介的交付。这很可能是学术性的,因为在一般情况下,大多数这些在线销售似乎都不可能属于该指令的范围。①

一个重要的例外,是那些由其性质而无法退货或容易变质或迅速过期的商品。这将包括许多食品,这也是互联网活动的一个很大的领域(再次假设食品交付无论如何都属于指令范围)。②

(三)取消期限

该期限的设定是为了鼓励供应商履行指令第5条规定的义务。英国的相关规定大致反映了指令第6条第1款,但由于指令详细说明了这一规定,所以这里列出的是英国的远程销售规定。该规定第11条如下:

---

① 不属于商品或服务的销售或供应,见本章第一节第一小节。
② See section 10.1.2.4.

货物供应合同的取消期

(1)为了第 10 条的目的,①货物供应合同的取消期从合同订立之日开始,按第 2 款至第 5 款的规定结束。

(2)供应商遵守第 8 条规定的,②取消期在消费者收到货物之日的次日开始的 7 个工作日期限届满时结束。

(3)凡未遵守第 8 条规定的供应商在消费者收到货物之日的次日起的 3 个月内,以书面形式或以另一种消费者可获得的长期媒介向消费者提供第 8 条第 2 款所述的信息,则取消期在消费者收到信息之日的次日起的 7 个工作日期限届满时结束。

(4)第 2 款和第 3 款均不适用的,取消期在消费者收到货物之日的次日起 3 个月零 7 个工作日的期限届满时终止。

(5)对于向第三方交付货物的合同,第 2 款至第 4 款的适用,应视同消费者在第三方收到货物之日收到货物。

显然,第 2 款至第 4 款的目的是鼓励供应商遵守上述第 8 条规定,尽快提供信息。正如指令的解释性说明所述:

如果供应商根本没有遵守信息要求,则冷却期延长 3 个月。

如果供应商晚于本应遵守信息要求的时限,但在 3 个月内遵守,则冷却期从其提供信息之日起起算(第 10 条至第 12 条)。

---

① 其中规定了取消权。
② 相当于英国相关规定的第 5 条。

指令第12条对服务作了类似的规定,但只规定"服务供应合同的取消期从合同订立之日开始",这大概是因为与货物供应不同,服务供应没有单一的交货日期。

除了制裁因素外,没有明显的条件将信息权和撤回权联系起来,因为它们的功能完全不同。然而,指令第5条包括了关于撤回的信息,因此可以说,信息权要先于实际撤回权。

(四)注销的实际程序

关于退货权在实践中如何行使,例如退款、退货和取消信用卡付款,指令都有详细规定。指令第6条第4款将这些规定留给成员国执行。因此,指令第14条要求供应商在30天内将款项返还客户;第15条和第16条涉及取消任何相关的信贷协议;第17条规定消费者有义务合理保管货物并将货物归还供应商;第18条涉及部分交换货物,允许(在适当的情况下)"消费者……从供应商处收回相当于部分交换津贴的金额",问题是可能无法退还部分交换的货物本身。

正如该指令的解释性说明所述,其总体思路是:"根据该条例发出取消通知的效果是,合同被视为未曾订立。"

(五)履约

履约问题,或至少是履约时间的问题,是根据指令第7条处理的。关于履约瑕疵,没有任何规定,与本书第十一章英国1974年《消费者信贷法》第75条相同,[1]但按理说是没有必要的,因为在任何情况下,撤回权都可以为履约瑕疵提供救济(只是期限相当短)。

基本的义务是"供应商应在消费者向供应商发出订单后的第二

---

[1] Section 11.4.

天开始最多30天内履行合同",制裁是再次撤回和取消任何卡付款。请注意,这次撤回权没有例外(当然,鉴于供应商不履行合同,也不应该有例外)。

(六)欺诈

欺诈基本上是一个支付问题,我们将在本书第十一章中详细讨论这个问题。①

四、执行

迄今为止所设立的执行条款相当有限。合同条款只要不符合指令、条例,就无效。然而,条例中没有任何内容将所谈及的任何义务积极地纳入合同,也没有刑事制裁(惯性销售除外)。

此外,除了消费者外,其他人也可能对执行该条例有关注,例如消费者组织和竞争对手。欧盟《远程销售指令》的序言指出:②

> ……不遵守本指令不仅会损害消费者,而且会损害竞争者……因此,可以制定一些规定,使公共机构或其代表,或根据国家立法在保护消费者方面有合法利益的消费者组织,或在采取行动方面有合法利益的专业组织能够监测其适用情况。

因此,指令第11条规定:

---

① Section 11.3.2.
② Paragraph 20.

(1)成员国应确保有充分的和有效的手段来确保遵守本指令,以维护消费者的利益。

(2)第1款中提到的手段应包括这样的规定,即由国家法律确定的下列机构中的一个或多个机构可以根据国家法律在法院或主管行政机构中采取行动,以确保执行本指令的国家规定得到适用:

  (a)公共机构或其代表;
  (b)在保护消费者方面有合法利益的消费者组织;
  (c)具有合法利益的专业组织。

(3)(a)成员国可规定,关于是否存在事先信息、书面承诺,是否遵守时限或消费者同意的举证责任可由供应商承担。

  (b)成员国应采取必要的措施,确保供应商和通信手段的经营者在有能力的情况下,停止不符合根据本指令采取的措施。

(4)成员国可规定由自律机构对本指令规定的遵守情况进行自愿监督,并在成员国为确保遵守本指令规定而必须提供的手段中增加求助于这些机构以解决争端的内容。

在英国,公平贸易局和地方贸易标准局有权利投诉,并可向法院申请强制令。①

五、欧盟《电子商务指令》

欧盟《电子商务指令》主要是在第十二章"中介机构的责任"一

---

① 第26条和第27条(一般执行规定)。

章中有所涉及。但是,指令中要求提供信息的部分与本章有关。①

《电子商务指令》是一项多样化的规定,涵盖了信息社会服务提供者的许多方面,包括其通信的建立、合同的订立和责任,还反映了电子商务活动的生命周期。它只涵盖了有限范围的电子商务交易,而且主要不是为了保护消费者(尽管其中有保护消费者的条款),而是为了确保服务供应商在单一市场内有一个公平的竞争环境。因此,与欧盟《远程销售指令》不同的是,它既包括 B2B 交易,也包括 B2C 交易,例如包括提供在线报纸、数据库、金融服务、视频点播等。

尽管如此,至少在英国,法律主要由服务的接受者来实施。② 这实际上是假设服务的接受者才是主要的受害者。

(一)涵盖哪些交易范围

该指令是关于提供电子服务的,如互联网服务供应商提供的服务。然而,其覆盖面比这要广得多,有效地扩大到任何商业性的电子信息提供。指令第 17 条和第 18 条中有一些定义和例子。第 17 条提到了以前指令中的定义,但又补充说:"这个定义涵盖了通常有偿提供的服务,通过电子设备处理(包括数字压缩)和存储数据,并应服务接受者的个人要求……"因此,我们说的商业性的电子信息提供是商业供应商(而不是非营利组织等),在远距离提供信息或数据,以回应个人请求(但最后一项要求是为了排除一般广播,网站

---

① 欧洲议会和欧盟理事会 2000 年 6 月 8 日关于内部市场信息社会服务,特别是电子商务的某些法律方面的理事会指令(2000/31/EC)(《电子商务指令》)。全文载于 http://europa.eu.int/eur-lex/pri/en/oj/dat/2000/l_178/l_17820000717en00010016.pdf。影响该指令的英国法规,即 2002 SI 2002/2013《电子商务(EC 指令)法规》,网址为 www.ipso.gov.uk/si/si2002/20022013.htm。

② 《电子商务指令》第 13~15 条就违反法定责任诉讼、向法院申请的禁令和撤销合同作出规定。

总是可以满足的)。第18条规定：

> 信息社会服务涵盖了在网上进行的广泛的经济活动，这些活动特别是可以包括在线销售货物，但诸如交付货物或线下提供服务等活动不包括在内。信息社会服务不仅限于引起联机订约的服务，只要是代表经济活动的服务，也扩大到接受服务的人没有报酬的服务，例如，提供联机信息或商业通信的服务，或提供搜索、访问和检索数据的工具的服务。信息社会服务还包括通过通信网络传输信息、提供通信网络的访问或托管服务接受者提供的信息的服务。EEC/89/552号指令所指的电视广播和无线电广播不属于信息社会服务，因为它们不是应个人要求提供的；相比之下，点对点传输的服务，如视频点播或通过电子邮件提供的商业通信属于信息社会服务。例如，自然人在其行业、业务或职业之外使用电子邮件或等效的个人通信，包括这些人之间缔结合同的使用，不属于信息社会服务；雇员与其雇主之间的合同关系不属于信息社会服务；因其性质而无法通过电子手段远距离进行的活动，如公司账目的法定审计或需要对病人进行身体检查的医疗建议，不属于信息社会服务。

然而，该指令与实物货物无关，在指令第21条中有以下限制：①

> ……协调的框架涵盖与在线活动有关的要求，如在线信息、在线广告、在线购物、在线订约，而不涉及成员国与

---

① 该指令第3条还规定了公共政策/安全豁免。

货物有关的法律要求,如安全标准、标签义务或货物责任,或成员国与交付或运输货物有关的要求……

虽然立法的目的是完全不同的,但信息条款无疑将填补远程销售指令的一些空白。

(二) 设立

该指令第 4 条第 1 款规定,信息社会服务提供者从事和开展活动,不得受制于事先授权或任何其他具有同等效力的要求。我们对认证服务提供者和数字签名持有了类似的立场,① 这当然符合单一市场原则。

(三) 通信

该指令第 6 条规定了提供信息的要求。这些要求与欧盟《远程销售指令》的要求重叠,但也有其他要求,如在适当情况下提供专业机构的详细资料等。在英国,《电子商务指令》第 7 条要求所有通信都必须清楚地确定为商业通信,还有其他要求,第 8 条旨在防止垃圾邮件。

(四) 合同

上述问题在某种程度上已经在关于建立联系的第九章第三节中述及。在通过电子代理人订立合同的情况下,我们还检索到了指令第 9 条第 1 款:

成员国应确保其法律制度允许以电子手段订立合同。

---

① See section 6.5.7.

成员国应特别确保适用于合同程序的法律要求既不对电子合同的使用造成障碍,也不导致此类合同因通过电子手段订立而丧失法律效力。

这项规定显然是为了促进电子商务进步。虽然目前没有与本条相当的条例或其他规定,但英国似乎已经遵守了本条。①

《电子商务指令》第 10 条(信息条款)再次与欧盟《远程销售指令》的相关规定重叠。第 11 条要求贸易商确认收到订单。我们已经看到了(在第九章)顾客提出报价的假设,②邮政规则不适用于承诺。

第二节 法律及司法管辖权

电子商务显然是一项全球性的活动,合同当事方很可能在不同的国家。这可能导致关于适用哪个国家的法律以及对被告的管辖权的争议。然而,对法律选择和管辖权原则的全面审查远远超出了本书的研究范围。我们将专注于电子商务特有的问题,特别是管辖问题,因为在电子商务纠纷中,往往很难确定事情发生的确切地点。本地化原则将在本节第三小节进行讨论。

一、适用谁的法律

在英国,合同的法律适用问题由《欧共体关于合同债务的法律

---

① E.g., section 6.5.10.
② Section 9.1.4.

适用公约》(1980年)(以下简称《罗马公约》)①决定,该公约通过1990年《合同(适用法律)法》在英国生效。在互联网背景下,有许多"何时何地"的问题。最重要的规定是:

> 合同应受当事人选择的法律管辖。这种选择必须通过合同条款或案情以合理的确定性表达或证明。当事人可以选择适用于整个合同或仅适用于合同一部分的法律。

解决关于适用谁的法律的任何可能的争议,最安全的方法是明确规定。这是很直接的,但实际上,在网络交易中,当然只有网络经营者可以使用这一规定,而不是客户。司法管辖的选择也要遵守公约第3条第3款:

> 当事人选择了外国法律,无论是否同时选择了外国法庭,如果与选择时的情况有关的所有其他要素只与一个国家有关,都不应影响适用该国法律中不能通过合同减损的规则,以下称为"强制性规则"。

这样规定的目的是确保当事人不会为了规避英国1977年《不公平合同条件法》等几乎肯定会被视为"强制性规则"的法律而在显然是英国的合同中选择外国法律。该条款似乎没有引起任何互联网特有的问题,只是显然有必要将"与选择时的情况有关的所有其他要素"本地化。

---

① 《罗马公约》全文,也载于1990年法令的附表1,可在以下网址查阅:www.jus.uio.no/lm/ec.applicable.law.contracts.1980/doc.html。该法本身的网址是:www.ipso.gov.uk/acts/acts1990/Ukpga_19900036_en_1.htm。

当事人未明确选择适当法律的,适用公约第 4 条:

(1)如果合同适用的法律没有按照第 3 条的规定选择,则合同应受与合同关系最密切的国家的法律管辖⋯⋯

(2)在不违反本条第 5 款规定的情况下,应推定合同与作出合同特有的履约行为的当事人在订立合同时的惯常居所所在国关系最为密切,如果是法人或非法人团体,则为其中央行政机构所在国。但是,如果合同是在该当事人的贸易或职务过程中订立的,则该国应是主要营业地所在的国家,或者,如果根据合同条款,履约是在主要营业地以外的营业地进行的,则是该其他营业地所在的国家⋯⋯

⋯⋯

(5)如果不能确定特性性能,则不适用第 2 款⋯⋯

公约第 4 条总体上似乎没有产生许多互联网特有的问题。但是,公约第 5 条中有具体的消费者条款:

(1)本条适用于以向某人(消费者)提供货物或服务为目的的合同,而该目的可被视为在其行业或职业之外,或为该目的提供信贷的合同。

(2)当以下条件之一发生时,尽管有第 3 条的规定,当事人作出的法律选择也不应剥夺消费者惯常居住地所在国法律的强制性规则对他的保护:

——如果在该国,合同的订立是通过向他发出特定邀请或通过广告进行的,而他在该国以这些方式订立了合同;

——如果另一方当事人或其代理人在本州收到消费者的订单;

——如果另一方当事人或其代理人在该国收到了消费者的订单；

——如果合同是为了销售货物，而消费者从该国前往另一个国家并在那里下了订单，但前提是消费者的旅程是由卖方安排的，目的是诱使消费者购买。

(3)尽管有第4条的规定，但如果本条适用的合同是在本条第2款所述的情况下订立的，在没有根据第3条作出选择的情况下，该合同应受消费者惯常居住地所在国家的法律管辖。

这样做的目的是防止卖家通过诱导消费者离开其惯常居住国，根据对其不利的国家的法律签订合同。然而，为了实施公约第5条第2款规定，我们需要知道网络广告的地址在哪个国家，在哪里收到订单，在哪里下订单，也许还需要知道"他为缔结合同所需的所有步骤"是什么意思。例如，如果消费者在世界各地的网吧漫游，或者可能待在家里，但使用的是海外的互联网，那么可能会产生问题。还要注意的是，该要求只适用于货物销售合同，正如我们所看到的那样，该合同不包括通过互联网交付的电子材料，也不包括使用软件的许可。①

稍后将详细讨论本地化原则的争议(见本节第三小节)。

二、管辖

能否对不服从管辖的被告主张管辖权，取决于被告的住所地在

---

① Section 10.1.1.

哪里。①

如果被告的住所不在欧盟或欧洲自由贸易联盟国家,②则适用英国《皇家法院条例》第11条的规定。③ 该条要求合约是在其司法管辖区内订立,或在其司法管辖区内有违反合约的情况。④ 为了确定合同是否在其司法管辖区内订立,我们已经看到,承诺地点是关键因素。⑤

如果被告的住所在欧盟,则适用《布鲁塞尔关于民商事案件管辖权及判决执行的公约》(Brussels Convention on the Jurisdiction and the Enforcement of Judgments in Civil and Commercial Matters,以下简称《布鲁塞尔公约》),如果被告的住所在欧洲自由贸易联盟国家,则适用《卢加诺公约》。这两项公约十分相似,是后来修订的英国1982年《民事管辖权和判决法》的附表。⑥《布鲁塞尔公约》第5条第1款允许居住在某一缔约国的人在另一缔约国的法院就与履行合同有关的事项被起诉。这就要求履行合同必须本地化,对于通过互联网发送的电子材料本身来说,这也许是个问题(见

---

① 关于一般管辖权,参见 D'Arcy L., Murray C. and Cleave B., *Schmitthoff's Export Trade: The Law and Practice of International Trade*, 10th edn, London: Stevens, 2000, Chapter 22。

② 如今欧洲自由贸易联盟的成员有英国、丹麦、挪威、葡萄牙、瑞士、瑞典、奥地利。关于欧洲自由贸易联盟的总体情况,见 www.efta.int。

③ 这些内容可以在 www.hrothgar.co.uk/YAWS/rsc/rsc-11.htm#rh-rsc-1(1) 上找到。该规则会定期更新。

④ RSC Ord 11 rr 1(1)(d)(i) and 1(1)(e).

⑤ Entores Ltd. v. Miles Far East Corp [1955] 2 QB 327 and Brinkibon v. Stahag Stahl Und Stahlwarenhandels-Gesellschaft mbH [1983] 2 AC 34, in section 9.2.2.

⑥ 《布鲁塞尔关于民商事案件管辖权及判决执行的公约》(1968年9月27日)全文见 www.curia.eu.int/common/recdoc/convention/en/c-textes/brux-idx.htm,以及《卢加诺公约》(1988年9月16日),www.curia.eu.int/common/recdoc/convention/en/ctextes//u lug-textes.htm。

下文)。① 第13条适用于消费者合同,第13条第3款的标准与《罗马公约》第5条第2款的第一条标准基本相同(见上文)。

因此,事情发生的地点对于确定适用于合同的法律,以及在更大程度上对于管辖权问题,都是很重要的。里德教授认为,侵权行为规则要简单得多:"通常在侵权行为发生地的每个法域都有管辖权……[《布鲁塞尔公约》,第5条第3款],适用的法律通常是实施侵权行为的法域的法律。"②这在原则上可以引起诽谤诉讼中的世界性管辖权。这个问题将在第十二章中充分讨论。

三、互联网上的行为发生地

如果我们首先考虑音乐、软件或文件等电子数据的交付地点,乍一看,这似乎与合同中的承诺条款的规定类似,③但事实上,这两个问题原则上是不同的。前者不知道通信是否已经到达的问题可能不那么严重,因为如果通信没有到达,预定的收件人可以简单地要求重新发送。这期间不存在可能撤销要约的问题,也不存在破坏市场秩序的问题。

另外,向收件人的代理人交付即是向收件人交付,这是一个普遍适用的原则,④在这里背离这一原则是不正当的。既然如此,交付应在收件人的服务器上进行,而不一定是在收件人的住所地进行。

---

① Section 10.2.3. 如果英国通过拟议的《布鲁塞尔管辖权条例》(Brussels Regulation on Jurisdiction),这些困难就会消失,详见 http://www2.warwick.ac.uk/fac/soc/law/elj/jilt/2001_1/gillies。

② Reed, *Internet Law: Text and Materials*, 2nd edn, Cambridge: CUP, 2004, p.220.

③ Reed, *Internet Law: Text and Materials*, op.cit.fn.44, p.223-224.

④ 例如,在1979年《货物销售法》第32条第1款中,关于货物销售有一个类似的原则,即向承运人交货被视为向买方交货。

从供应商的角度看,这可能是完全不合理的,也可以说是不公平的,因为管辖权规则可能会对其产生影响。

如果收件人从供应商的网站上收集数据,那么就有理由说交付是在那里进行的。由于没有理由说交付地点一定要与供应商的住所在同一个国家,因此,从收件人的角度来看,这条规则也同样不合理。还有一个问题是,网站本身可能跨越许多管辖地,但是,除非数据本身是由来自多个服务器的数据包组成的(这绝不是不可能的),否则至少应该能够确定实际发送数据的服务器的位置。

立法的逻辑表明,消费者的实际位置应该是决定性因素。当然,从供应商的角度来看,他可能无法知道消费者的所在地。例如,一个旅行的消费者可以很容易地从世界任何地方的网吧进入他的服务器,而供应商将无法知道消费者在哪里。

这似乎是电子商务在没有相反立法的情况下受现行法律管辖的领域之一,现行法律在互联网环境下的运作是混乱的。因此,制定专门针对互联网的立法有充分的理由。例如,在澳大利亚,至少在通信的接收地点方面,强调的是当事人的正常实际位置。这是一条合理的规则,而且与确定服务器位置的规则相比,这条规则的运作可能不会那么不确定。①

---

① 英国 1999 年《电子通信法》第 14 条第 5 款和第 6 款。与之不同,第 14 条第 3 款和第 4 款对交货时间采用了不同的方法,美国 1999 年《统一电子交易法》与此类似。

第十一章　支付问题

本章主要讲的是支付问题，第十章中的消费者权益保护问题也与此相关。退出交易是消费者可以使用的制裁措施之一，当然在退出交易时，有明确的支付要求。

第一节　一般性问题

虽然电子商务交易可能并无特别之处，但在虚拟环境中发生交易风险的可能性却远远大于真实环境。有为数不多的立法保护消费者免受增加的风险，但消费者得到了保护，风险就被转移到了银行或交易商那里[1]，法律在一定程度上决定了这些主体的损失由哪一方承担。

任何远程销售都涉及实体店销售没有的风险，而这些风险在电子市场上可能会增加。从卖方的角度看，买方不能或不愿付款是最大的风险。商业卖家通常通过要求买方付款来规避这种风险，其通常（至少在消费类销售中）要求买方在发送货物、服务或其他产品之前用信用卡或借记卡付款。私人卖家也可以通过要求预先付款来保护自己。例如，eBay 是一家自誉"世界网上市场"的拍卖行，它

---

[1] 通常最初是银行，然后银行可能会把它们转给交易商。

为那些没有与信用卡公司合作的卖家以及拒绝长时间等待个人支票结算的买方提供了自己的支付系统 PayPal。①

为买方提供保护要困难得多。买方面临的风险基本上分为两类:欺诈性卖方风险和不称职的卖方风险(提供有缺陷的货物或服务)。原本在 19 世纪和 20 世纪初为国际商品销售制定的详尽的保护形式,在今天的电子商务环境中没有适用,至少在消费者销售中不存在。② eBay 通过建立一个复杂的反馈系统来评价交易商的信誉,为买家提供了一些保障,但这并不能使买家免受欺诈者的侵害,例如,欺诈者为了积攒信誉度,谨慎地刷一些诚信的交易(特别是这些交易本身可能并不真实)的情况。③ 原则上可以针对欺诈行为采取非常好的保护措施,例如,要求卖方将货物存放在第三方仓库,第三方仓库也可以对货物及其表面质量和状况进行反馈,只有在买方付款的情况下卖方才从仓库交货。然而,这种措施尚未普及*,对于大多数电子商务交易来说,也可能过于复杂和昂贵,否定了其高效和便利等许多优点。而且,它只能用于实物商品的销售。现实是虽然技术可以提供有限的保护,特别是防止欺诈风险,但由于此类交易固有的风险,买方通常必须寻求法律的保护。

第二节 欺诈风险

欺诈风险主要有三种。第一种是截取详细信息,盗取资金如截

---

① 一般见 www.ebay.com。

② 无论如何,连这些措施也不是为了避免来自欺诈性的交易商的损害而设计的,它们也起不到这样的作用。

③ 如果两个欺诈者串通起来,伪造交易和反馈是相当容易的。

* 作者于 2004 年在写本书时尚未普及。——编者注

取购买者信用卡或借记卡的详细资料,然后欺诈者盗刷购买者的信用卡。布朗斯沃德(Brownsword)和豪厄尔斯(Howells)认为,数字现金的普及可能会减少资金被盗取的风险,①本章第七节将讨论这个问题,但在使用数字现金的情况下一般不会为消费者提供法律保护。② 即使是信用卡和借记卡,其截取信息风险也可以通过第五章所讨论的技术手段来解决;用于传输信用卡细节的加密技术至少是可以接受的安全手段。③ 当然,银行卡的细节信息最终必须被披露,然而即使披露给信誉良好的银行,该行的员工也可能是不称职的。但这并不是电子商务的特有风险,因为它同样适用于电话销售,或者实际上是将卡交给商人的雇员的实物销售(尤其是在客户离开现场的情况下),"信用卡信息在餐馆或商店比在网上更容易被截获"④。

第二种是交易者无意履行合同,只想卷走客户的钱。对于那些在网络上冒充合法企业的虚假交易商来说,直接通过信用卡获得付款可能是相当困难的,但众所周知,拍卖网站(如 eBay)上的欺诈性卖家可以拿走购买者的钱,但却不发送任何商品。这种类型的欺诈行为很难通过技术手段加以防范,而且法律不可能提供很有效的帮助,因为在这种情况下不可能通过信用卡付款。

第三种是使用虚假网站,该类网站不是直接从购买者那里收

---

① Brownsword R. & Howells G., *When Surfers Start to Shop: Internet Commerce and Contract Law*, (1999) 19 LS 287, p.299. 对于数字现金,没有理由向商户披露客户财务安排的任何细节。

② 基于卡的数字现金可能会受到第十一章第三节第二小节欧盟指令的欺诈保护,英国《银行法》将自愿欺诈保护扩展到"电子钱包"(见第十一章第五节),但对于其他种类的数字现金根本没有正式的保护。

③ See section 5.5.2.

④ Heckman, CE, *Gateways to the Global Market: Consumers and Electronic Commerce*, OECD, 1998, p.55, quoted by Brownsword and Howells, *When Surfers Start to Shop: Internet Commerce and Contract Law*, op. cit. fn.5, p.299.

钱,而是收集信用卡信息,即使这些信息经过加密传输,它们最终也会完全地透露给卖家。欺诈者会使用偷来的信用卡信息,用自己的账户与合法商人进行交易。网络提供了独特的机会可以让欺诈者假冒为一个有信誉的企业进行虚假交易,如通过创建一个网页使其看起来像一个有信誉的公司(与第三章第七节第四小节讨论的"雅虎印度"案例类似,尽管没有证据表明其存在任何欺诈行为)。如果交易者和消费者都像第五章中描述的那样经常使用公钥,那么技术手段就可以解决这个问题。

不过,欺诈者可能没有必要冒充知名公司,他所需要做的不过是假装是真的而已。技术手段仍然可以用来对付这种类型的诈骗,因为如果使用 SET(安全电子交易协议)加密,商家就无法获取客户的支付细节,①但绝不是所有信用卡发卡机构都支持这种技术。比较常见的安全套接层加密只是对发送给商家的细节进行加密。②

有证据表明,电子商务的欺诈现象多发,③但除了欺诈风险外,还存在供应商履约不力(或履约不能)的风险。例如,提供的货物或服务可能不符合合同规定的质量,或者贸易商可能因破产而不履约。

除了本节讨论的第二种欺诈风险外,立法为消费者提供了相当大程度的保护,使其免受互联网交易风险的影响,最初是由为交易提供资金的银行承担保护费用,但银行往往将费用负担转嫁给商业

---

① 安全电子交易,使用商户和银行的公钥,银行的公钥用于加密客户的支付详细信息(因此商户无法读取)。有关描述,请参见 http://whatis.techtarget.com/definition/0,289893,sid9_gci214194,00.html。另见本书第五章第五节第二小节。

② 安全套接层,最近由 TLS(传输层安全)接替,分别在 http://searchsecurity.tetarget.com/sDefinition/0,sid14_gci343029,00.html 和 http://searchsecurity.tetarget.com/sDefinition/0,sid14_gci557332,00.html。

③ Edwards L. & Waelde C. eds., *Law and the Internet: A Framework for Electronic Commerce*, 2nd ed., Oxford: Hart, 2000, p.58.

交易方。通过互联网进行交易的企业只能好自为之。

第三节 欺诈保护

一、英国 1974 年《消费者信贷法》

英国 1974 年《消费者信贷法》并不是针对互联网交易的。但许多互联网交易涉及信贷,即使只是信用卡。在这种情况下,英国 1974 年《消费者信贷法》对消费者提供了一定程度的保护,即把风险从消费者身上转移到了担保人身上。

英国 1974 年《消费者信贷法》第 83 条适用于受监管的消费者信贷协议,第 8 条第 2 款将该协议定义为"债权人向债务人提供不超过 25,000 英镑信贷的个人信贷协议"。在信用卡销售的情况下,这意味着信用限额不超过 25,000 英镑,①但当第 83 条适用于其他类型的消费信贷时,并不限于信用卡销售。第 83 条第 1 款保障了客户的信用卡在未获授权的情况下不会被人冒用:

(1) 受监管的消费信贷协议的债务人对不作为或被视为不作为的债务人代理人的另一人使用信贷设施所造成的任何损失不向债权人负责。

这个范围似乎足够大,可以防止债权人的损失。然而,如果信用卡不是消费者拥有的,则在英国 1974 年《消费者信贷法》第 84 条

---

① 请注意,与下一节英国 1974 年《消费者信贷法》第 75 条不同,该信用卡限额没有下限。

第 1 款中有 50 英镑限额的例外:

(1) 第 83 条并不妨碍信用令牌协议下的债务人对其他人在信用令牌不再由任何授权人自占有时起至信用令牌再次由授权人占有时止的期间内使用该信用令牌给债权人造成的损失承担 50 英镑的责任。

英国 1974 年《消费者信贷法》第 84 条第 1 款在互联网销售中发生的可能性并不比任何其他销售方式大,事实上,如果送货地址必须与信用卡地址相符,发生的可能性就更小。

英国 1974 年《消费者信贷法》第 83 条不仅适用于信用卡,还适用于任何受监管的消费信贷协议。第 84 条只适用于有信用令牌的情况,这意味着在银行账户被透支的情况下,该卡要么是信用卡,要么是(可能是)借记卡。①

二、《远程销售指令》

在上一章中,我们谈及了远程销售指令。②这是一项保护消费者的规定,适用于一定范围内的电子商务交易。③ 与英国 1974 年《消费者信贷法》不同,它一般适用于远程销售(无论交易是否涉及信贷),但正如我们在第十章中所谈及的那样,它有广泛的例外情况。它只是一部保护消费者的法律,而且正如我们在上一章所看到的那

---

① 英国 1974 年《消费者信贷法》第 14 条有信用令牌的定义。
② 关于远程销售的理事会指令(1997/7/EC)。有关该指令的应用,请参阅第十章第一节第二小节。
③ 进一步参见,关于该指令的应用,Brownsword and Howells, *When Surfers Start to Shop: Internet Commerce and Contract Law*, op. cit. fn. 5, p. 300 及以下。

样,规定的非常形式化,主要调整提供信息的行为。在现实中,它很可能无法提供非常有力的保护。例如,它并没有禁止卖家要求预付款,这种做法显然大大增加了买方的风险。①

然而,与英国1974年《消费者信贷法》第83条一样,《远程销售指令》第8条保护消费者免受他人(包括虚假商户)的欺诈。② 第8条规定:

> 成员方应确保采取适当措施,允许消费者:
> ——如果在本指令所涵盖的远程合同中欺诈性地使用其支付卡,可要求取消付款;
> ——在被欺诈性使用的情况下,应将已支付的金额重新记入贷方,或将其退回。

这是针对欺诈行为的比较严格的保护措施,包括取消任何已支付的金额。特别值得注意的是,该指令第8条涵盖了支付卡,无论交易是否涉及信贷,而英国1974年《消费者信贷法》第84条第1款没有相应的规定。

使《远程销售指令》第8条生效的立法是欧盟的《2000年条例》,③《2000年条例》第18条对该指令适用但英国1974年《消费者信贷法》不适用的交易作出了适当规定,并根据该指令也适用的情况修订了第83条。欧盟《2000年条例》的解释性说明如下:

> 该条例修订了英国1974年《消费者信贷法》,取消了受监管的消费者信贷协议下债务人因滥用与远程合同有

---

① 例如,布朗斯沃德和豪厄尔斯的讨论第305页。
② 进一步参见本书第十章第一节第二小节。
③ SI 2000/2334,全文可在 www.ipso.gov.uk/si/si2000/20002334.htm 找到。

关的信贷令牌而给债权人造成的前 50 英镑损失的潜在责任。

因此,实际上,在该指令适用的情况下,欺诈的全部风险都落在了出资人身上,除非他们能够使用下文所考虑的收费条款。①

第四节 商家违约

虽然《远程销售指令》第 8 条的保护提供了防止欺诈的"防火墙",但其并没有针对供应商的不良表现提供保护措施。在这方面,英国的国内法规定得更好。②

英国 1974 年《消费者信贷法》第 75 条允许债务人就供应商的虚假陈述或违约行为向债权人提出索赔。该条只适用于三方协议,或实际上适用于信用卡销售。本条规定:

(1)如果债务人—债权人—供应商协议中属于第 12 条第 1 款(b)项或(c)项范围内的债务人就该协议提供资金的交易对供应商提出任何有关虚假陈述或违反合同的索赔,他应向债权人提出类似的索赔,而债权人应因此与供应商一起对债务人承担共同和个别的责任。

(2)在不违反双方协议的前提下,债权人有权就其为履行第 1 款规定的责任而遭受的损失(包括其为抗辩债务

---

① Section 11.6.
② See Generally Brownsword & Howells, *When Surfers Start to Shop: Internet Commerce and Contract Law*, op. cit. fn. 5, p. 306. 然而,第十章第一节第三小节所述的指令下的撤销权将提供一种防止性能不佳的替代形式。

人提起的诉讼而合理地导致的费用)得到供货方的赔偿。

(3) 第 1 款规定不适用于以下情形的索赔——

(a) 根据非商业协议;

(b) 索赔涉及供应商以不超过 100 英镑或超过 3 万英镑的现金价格支付的任何单一物品。

(4) 即使债务人在进行交易时超过了信用额度或以其他方式违反了协议的任何条款,本条仍适用。

(5) 在根据第 1 款针对债权人提起的诉讼中,根据法院规则,他有权让供应商成为诉讼的当事人。

由于任何虚假陈述或违反合同的行为都包括在内,如果它们引起了债务人对商家的诉讼,①本节既包括破产诉讼,也包括不履约或履约不良诉讼,但该条只适用于信用卡(三方信贷安排),而不适用于其他形式的信贷。在海外销售中,本条的重要性明显提升,因为在海外销售中,针对商家的补救措施可能是无效的。

当然,虚假陈述或违约的索赔可以包括相应的损失,所以本条并不是简单地规定给予购买者部分或全部产品购买价格的退款。

需要注意的是,在上述规定限制下低价值的交易就失去了保护。英国 1974 年《消费者信贷法》第 75 条第 3 款将本条的适用范围限制在购买价格在 100 英镑至 30,000 英镑的情况下,然而似乎许多互联网交易价格都可能低于这个金额。

该法第 75 条第 1 款提到了第 12 条第 1 款(b)项和(c)项,根据这两项规定,购买必须是根据发卡人(债权人)和商家(供应商)之间预先存在的安排进行的。这被认为能够排除大多数海外和国内销售的规定,因为零售商是由持卡人的银行以外的银行招募到网络

---

① 英国 1974 年《消费者信贷法》第 75 条第 1 款,尽管实际上不必起诉商家。

(如 Visa) 的。曾经发卡机构接受了海外交易的自愿责任,但在 2004 年 11 月,这个问题被提交到了高等法院,格洛斯特(Gloster) 法官在公平贸易办公室诉劳埃德银行有限公司案(Office of Fair Trading v. Lloyds TSB Bank plc.)①中驳回了关于供应商和持卡人 的银行之间必须有合同的论点。然而,在同一案件中,她也认为国 际贸易不受该法第 75 条的影响,至少在消费者和供应商之间的合 同受外国法律管辖的情况下是如此。然而,她拒绝对国际交易进行 严格界定。

在电子商务第 10 次报告第 123 段中提到了贸易和工业部的 警告:②

> 我们建议,如果法院裁定英国 1974 年《消费者信贷 法》第 75 条不适用于海外交易,那么工贸部应迅速提出立 法,填补这一空白。

隐患是很明显的。如果信用卡公司试图依靠这个漏洞,政府就 会采用立法填补这个漏洞。因此,我们应该等待事态的发展。

第五节 信用卡、借记卡和数字货币的比较

在使用信用卡的情况下,法律对消费者的保护一般来说是相当 好的,可以提供有效的保护,防止供应商欺诈、违约和虚假陈述。虽

---

① [2004] EWHC 2600,载 www.bailii.org/ew/cases/EWHC/Comm/2004/2600.html。

② 载 www.parliament.the-stationery-office.co.uk/pa/cm199899/cmselect/cmtrdind/648/64802.htm。其中粗体部分强调的是原文件中的内容。

然低价值的交易被排除在外,但小额交易可能会成为电子商务的一个重要部分。

英国1974年《消费者信贷法》第83条的保护范围扩大到有透支的借记卡,但一般借记卡不受保护(因为没有信贷)。不过,银行有一套自愿性的业务守则,即《银行守则》,①根据该守则,银行同意将英国1974年《消费者信贷法》第83条的保护范围扩大到所有借记卡。该法第75条根本不适用于借记卡,即使是透支的借记卡,该法第187(3A)条也把它们排除在外,因为它们是"从往来账户以电子方式转账的安排"。

同样地,数字货币(见第十一章第七节)也不是一种信贷形式,因此一般不会获得法律的协助,但英国《银行法》将英国1974年《消费者信贷法》第83条所规定的保护范围扩展至"电子钱包"。②如果数字货币被用于小额交易,那么在任何情况下其都不受法律保护,以防止商家的虚假陈述。但随着像PayPal这样的项目的发展,数字货币的使用是否将会在很大程度上被限制是绝对无法确定的,但数字货币总是涉及预付款,能很好地消除银行和交易商的所有风险。

第六节 退款安排

英国1974年《消费者信贷法》第75条第2款明确允许银行在供应商虚假陈述和违反合同的情况下要求商人赔偿。鉴于虚假陈述或违约是商人所为,对此很难提出异议。

信用卡公司也会在消费者不在场的情况下对零售商使用退款

---

① 载 www.bankingcode.org.uk/pdfdocs/bankcode.pdf。
② 第十二段第十二行至第十四行。

条款,当然这是电子商务销售的通常情况。① 实际上,这给零售商带来了客户拒绝订单的风险。所以显然,这些退款条款理应具有效力。② 当然,如果一个欺诈性的交易人员只是拿着消费者的钱消失了,退款条款对银行来说可能没有什么用处。然而,如果信用卡信息是由诈骗者通过欺诈获取的,那么退款条款将对那些后来通过欺诈获得的信用卡信息的合法商人不利。这实际上会给合法的电子商务交易者带来相当大的负担。

第七节 数字货币

万维网上的许多交易价值量很低,电子商务的一个优点,特别是对消费者来说,就是可以进行低价购买,而不必与其他不需要的购买一起捆绑打包。例如,在实体买卖中,音乐通常是以 CD 的形式出售的,很多歌曲被包装在同一张 CD 上。实体买卖中以任何方式销售音乐都是不经济的,从消费者的角度来看,这更是不划算的,因为消费者可能只喜欢 CD 上的一首歌曲。相比之下,许多在线发行商,如 MSN 和 Napster(在其传输合法的形式下)允许下载的单曲的价格,往往不到 1 英镑,流媒体(只听一次)往往只有 0.01 英镑。随着带宽的普及,我们可以期望其他媒体也有类似的可能,如电视和电影。③

---

① Brownsword & Howells, *When Surfers Start to Shop*: *Internet Commerce and Contract Law*, op. cit. fn. 5, p. 308 et seq.

② Brownsword & Howells, *When Surfers Start to Shop*: *Internet Commerce and Contract Law*, op. cit. fn. 5, p. 308 et seq.

③ 超级巴士可能相当极端,但据估计,信用卡成本通常可高达交易价值的 7.5%: Chissick M. & Kelman A., *Electronic Commerce*: *Law and Practice*, Sweet & Maxwell, 1999, p. 125, cited by Miller in Edwards and Waelde, *Law and the Internet*, op. cit. fn. 11, p. 75, note 87。现在是(2001 年)第三版。

低价买卖的问题在于,在传统支付方式下,交易成本可能过高。例如,在我写本书的时候,megabus.com 提供网上预订的巴士票,从斯旺西到伦敦的票价最低为 1 英镑。然而,支付方式是传统的信用卡,50 便士的预订费会让这种廉价优势的光芒黯淡下来,因为 50% 的交易成本确实很高(当然,如果同时预订多趟行程,这个比例可能合理)。

MSN 解决了其音乐销售的交易成本问题,允许购买 40 英镑以内的大额信用额度,从而最大限度地降低信用卡交易成本,但该信用额度只能在 MSN 上使用。当然,通过要求提前付款,它也否定了消费者使用信用卡的优势之一,即在必须还款之前享有的免息期。电子商务最需要的是数字货币,数字货币远比传统的信用卡更适合小额交易。

有一些数字货币系统非常适合小额支付,但它们在英国并没有广泛地普及。2000 年左右,索尔·米勒(Saul Miller)介绍了其中一个最全面的 Mondex 系统,[①]这是一个智能卡系统,它允许在自动取款机上为卡充值现金,然后在参与的商户处作为现金使用,或者用于支付电视或移动电话通话时间的费用,或者用于在互联网上转移资本。参与的商户可以在自己的开户银行兑换电子货币。使用电子货币的交易成本,特别是在低价消费中,比传统信用卡低得多。维萨卡(Visa offers)是一种类似的智能卡系统,但似乎仅限于替代实物现金。[②]

而有一个数字货币系统是即使在英国也很流行的 eBay 的

[①] 据我所知,Mondex 于 2005 年 1 月删除了其网站。它显然没有取得很大的成功,例如,http://networks.silicon.com/webwatch/0,39024667,39126725,00.htm。

[②] http://international.visa.com/ps/products/vcash/.

PayPal 系统。① 这不是一个基于银行卡的系统,而是完全虚拟的。任何人都可以开 PayPal 账户,并将信用卡中的资金转入该账户。当进行销售时,如在 eBay 上,买方将其 PayPal 账户中的钱通过电子邮件发送至卖方账户,卖方收到来自 PayPal 系统的电子邮件并确认。这些钱可以保留在卖家的 PayPal 账户中,也可以转入另一个银行账户。该种交易的交易成本比信用卡低,但更适合大宗交易:卖家每笔交易支付 3.4% + 20 便士手续费,这对于小额销售来说,成本太高,可能是因为最终必须支付信用卡成本(为账户充值)。

一、一些法律问题

对电子货币发行人进行法律监管,部分目的是给消费者保障。监管的核心是理事会指令(2000/46/EC)(《电子货币指令》)。虽然该指令的详细内容超出了本书的研究范围,②但其第 1 条第 3 款(b)项对电子货币的定义或许具有启发性:

> 向发行人提出的索赔所代表的货币价值:
> (i)储存在电子装置内;
> (ii)在收到金额不少于所发出货币价值的款项时发出;
> (iii)除开证人外的承诺接受为付款手段。

---

① 参见 http://pages.ebay.com/paypal/buyer/protection.html?ssPageName = MOPS123:PayPal。在英国,金融服务管理局已将 PayPal(欧洲)有限公司列为电子货币发行商。Kohlbach M., *Makingsense of Electronicmoney*, http://www2.warwick.ac.uk/fac/soc/law/elj/jilt/2004_1/kohlbach.

② 见科尔巴赫(kohlbach),同上。

由此可见，上述所有方案大体上都属于电子货币定义的范畴。

很明显，数字货币的使用没有信用因素，所以英国 1974 年《消费者信贷法》的规定都不适用(除非有透支设置)。① 数字货币的优势不明显，没有人会持续使用，也没有商家有义务接受它。另外，虽然以银行卡为基础的系统也比实际的现金安全，因为卡上有自锁功能，可以防止丢失或被盗。但由于卡不是货币，如果卡被盗并出售，购买者将无法获得其所有权。② 在任何情况下，一个适当的基于计算机的系统，如 PayPal，将会避免这两个问题。

此外，虽然由于缺乏消费者信用保护，数字货币系统的优势似乎体现于商业交易和银行业务，但该系统的运作成本比信用卡低。对于非常小额的支付来说，欺诈并不是一个实际的问题，即使是通过传统的信用卡支付，也无法杜绝虚假意思表示。③

PayPal 主要是用于大额购物，如果使用信用卡，其将受到英国 1974 年《消费者信贷法》的保护。PayPal 也有自己的保护计划，④它只提供最高 1000 美元的免费保险，如果作为买方"你支付了一个物品，但从来没有收到它，或收到一个物品，明显与描述不符"，这将受到 PayPal 自身保护计划的保护。一个没有法律规定支持的自愿性计划，从消费者的角度来看并不理想。PayPal 的优势在于，即使在买卖双方都没有处理信用卡的设施的情况下，也可以使用 PayPal，而且从买方的角度来看，没有披露任何财务细节(从而大大降低了

---

① 不过，请参见本书第十一章第五节中对英国《银行法》的提及。当然，英国 1974 年《消费者信贷法》第 75 条在任何情况下都不适用。

② 也可参见 Miller in Edwards & Waelde, *Law and the Internet*, op. cit. fn. 11, p.74。

③ See section 11.5.

④ http://pages.ebay.com/paypal/buyer/protection.html? ssPageName = MOPS123:PayPal.

实践中的欺诈风险)。原则上,数字货币可以包括多种货币,①商家也不必担心退费条款。数字货币在电子商务中会有不错的前景。

二、参与方无力偿债

对电子银行的监管显然是为了减少电子货币发行者的破产风险。然而,破产的情况时有发生;如果购买者使用数字现金支付了款项,而他或她也已经支付了款项,但货币发行人在供应商赎回款项之前就发生了破产,这显然会引起问题。

这在很大程度上将取决于双方之间的确切合同约定。2000年时,索尔·米勒描述了 Mondex 电子钱包的各种情况 Mondex 电子钱包项目有一个值得注意的特点,即商人唯一明确的是,合同是他与他自己的参与银行签订的,与 Mondex 没有直接的合同关系。②这可能会削弱商人的交易地位,但实际上,这使发行人退出项目或破产的问题直接成为商人与其银行之间合同条款的问题。参与商户的破产显然可能存在,因为该商户可能不再能够赎回其数字货币,但他仍可将其用于其他参与商户,因此不太可能损失其全部价值。

类似的项目没有必要像 Mondex 那样复杂。简单得多的是,发行人与参与的买方和卖方之间订立直接合同关系。例如,在 PayPal 中,所有使用该系统的卖家和买家都开设了 PayPal 账户,PayPal 与各国银行合作,允许参与者以电子方式将其 PayPal 资金提取到其

---

① 避免交换成本,例如,www. paypal. com/eBay/cgi-bin/webscr? cmd = p/sell/mc/mc_intro-outside。

② In Edwards and Waelde, *Law and the Internet*, op. cit. fn. 11, p. 64 et seq.

当地银行账户。① 看来,唯一的合同关系很可能是参与者与 PayPal 本身之间的直接关系。

在这种安排中,如果发行人破产,就会出现问题,除非参与的银行同意即使在这种情况下也能赎回电子货币,但这种情况不太可能发生。除非发行人已为电子货币拨出单独的款项,在这种情况下,电子货币将以信托方式为持有电子货币的商人持有,否则,持有电子货币的商人便会成为发行人的一般债权人。②

在线下交易中,如果买方以支票付款且支票不兑现,买方就必须再次付款。银行显然是买方的代理人,"期望客户对其代理人的违约行为承担责任,并非不合理"。③ 通常情况下,以不可撤销的跟单信用证支付货款的买方,如果银行不付款,也要再次付款。④ 但是,一般情况下卖方和买方相互认识,银行也是由买方选择的,而且"信用证的唯一目的是向卖方提供担保,以取代他为换取信用而放弃的运输单据所代表的担保"。⑤

然而,对于信用卡消费来说,情况有所不同,如果发卡人资不抵

---

① www.paypal.com/eBay/cgi-bin/webscr? cmd =_help-ext&eloc =958&loc =953&unique__id =4719&source_page =_home&flow =.

② Kohlbach, *Making Sense of Electronic Money*, op. cit. fn. 31. 在英国,"该服务是一项电子货币支付服务,而非银行或托管服务,我们并不是作为受托人处理你选择保留在你账户中的余额",但在美国,PayPal 作为促进者,帮助你接受第三方的付款并向第三方付款。我们根据你的指示和要求,作为你的代理人,使用我们的服务,我们代表你执行任务。PayPal 在任何时候都会将你的资金与我公司资金分开持有,不会将你的资金用于其经营开支或任何其他公司用途,也不会在破产或任何其他用途时自愿向其债权人提供资金。英国的参与者是无担保的,而美国的参与者可能是信托下的受益人。

③ Millett J. in Re Charge Card Services Ltd., [1987] Ch. 150, p. 166.

④ W. J. Alan & Co. Ltd. v. El Nasr Export and Import Co., [1972] 2 QB 189, p. 212, but see also Maran Road Saw Mill v. Austin Taylor Ltd., [1975] 1 Lloyd's Rep. 156 and ED & F. Man Ltd. v. Nigerian Sweets & Confectionery Co. Ltd., [1977] 2 Lloyd's Rep. 50.

⑤ Millett J. in Re Charge Card Services Ltd., [1987] Ch. 150, p. 168.

债，买方不需要再次付款。① 许多信用卡消费都是在柜台进行的，在陌生人之间进行，卖方不知道购买者的地址，而且"发卡公司的身份必然是一个协议问题，因为信用卡必须是客户授权使用的，而且供应商有必要的设备来接受"。②

　　数字货币的使用是更接近于信用卡支付还是更接近于跟单信用证支付，这可能取决于所达成的协议的性质。然而，PayPal 交易看起来更接近信用卡支付而非跟单信用证支付。PayPal 交易虽然会泄露交付细节，但双方通常互不相识，而且双方必须就电子货币发行者的身份达成一致。因此，我建议卖方承担发卡人破产的风险，如果破产发生在买方赎回其电子货币价值之前，买方无须再次付款。

---

　　① Re Charge Card Services,［1989］Ch. 497（CA），支持 Millett J. 的观点，其中跟单信用证案例被认为不适用。
　　② Millett J. in Re Charge Card Services Ltd. ,［1987］Ch. 150，p. 168.

第五部分

其他电子商务问题

第十二章 中介机构的责任

我们在本书第一章和第二章中谈到了中间商如何参与互联网的运作,中间商必须复制并储存信息;我们在第四章中谈到了侵犯版权的后果。然而,第三方内容的发布也会使中介机构在其他方面承担法律责任。例如,刑法中有关淫秽出版物、亵渎和煽动行为的规定,以及诽谤的侵权行为。本章集中讨论诽谤,与上述刑法领域的内容相比,诽谤更有可能成为电子商务的主要问题。关于诽谤的案例也很丰富。不过,涉及的相关豁免权是一般性的,也涵盖了刑法方面的豁免。在电子商务背景下,刑法最有可能与广告控制等领域相关。

这里所述的豁免也适用于第四章所述的侵犯版权行为。

第一节 诽谤罪的实质性侵权行为

一、诽谤的定义

诽谤的侵权行为侧重于对名誉造成损害。这是一种严格责任的侵权行为,因为即使被告没有损害名誉的意图,而且被告的行为是合理谨慎的,也可能要承担责任。但是,有一些抗辩理由,包括声明是真实的,或发表这些声明符合公众利益,或这些声明是特许声明。①

传统上对诽谤和诬蔑进行了区分。诽谤是书面的,本身是可以起诉的,而诬蔑一般需要证明特别的损害结果。

原则上,参与诽谤的每个角色都要承担责任。这些角色不仅包括提交人,而且还包括报纸,以及在互联网背景下诽谤性材料所在网站的主机等。

二、其他司法管辖区的诽谤行为

互联网的全球性质使对诽谤行为的研究有必要了解其他地方的法律,有许多来自英国以外的关于网上诽谤行为的案例。整个英语世界的法律最初是以英国的法律为基础的,因此,在许多国家(如澳大利亚),相关诽谤行为的法律基本上还是一样的,但对来自美国的关于诽谤行为的案例应谨慎对待。美国法律对名誉的保护远不如英国,对诽谤诉讼的一些抗辩理由在英国是不存在的,如受害人是公众人物的理由。② 在美国,中介机构承担法律责任的可能性远远低于英国。③

在美国,宪法第一修正案产生的影响,使言论自由具有宪法地位(这当然与下文谈及的中介责任有关)。事实上,美国 1996 年《电讯法案》主要是为了保护儿童不受互联网上色情制品的影响,

---

① 关于诽谤法的详细讨论超出了这本书的范围,但是请参见 Collins M., *The Law of Defamation and the Internet*, OUP, 2001。

② 无论如何,在没有恶意的情况下,Reed, *Internet Law: Text and Materials*, 2nd ed., Cambridge: CUP, 2004, p.113 引用了纽约时报诉沙利文案(New York Times v. Sullivan)案 376 US 254 (1964)。

③ See section 12.2.1.2.

但之后该法案的大部分内容都被推翻了,因为相关内容侵犯了美国宪法第一修正案中言论自由的宪法权利。①

因此,在戈弗雷诉恶魔网络有限公司案(Godfrey v. Demon Internet Co. Ltd.)(以下简称戈弗雷案)中,莫兰德法官(Morland LJ)对美国判例法提出以下意见也就不足为奇了:②

> 美国在互联网的早期发展中走在前列。在将美国的案例应用于英国的诽谤案件之前,必须要注意的是由于美国宪法第一修正案的影响,美国和英国的诽谤法在责任划分上出现了很大的分歧。

在英国,发表诽谤性材料的责任是严格的,但可以对此提出抗辩(抗辩理由比美国更有限)。在戈弗雷案中,莫兰德法官再次评论了他之前引用的美国判决,他指出:③

> 在英国法律中,被告出版商必须证明自己是无责的,而在美国法律中,被诽谤的原告必须证明出版商不是无责的。

事实上,偶然的隐喻可以构成诽谤诉讼的基础。④ 然而,一些司

---

① See further ACLU v. Reno, Supreme Court of the U. S., 26 June 1997,全文载于 http://floridalawfirm.com/reno.html。然而,同一法案中的 ISP 豁免仍然有效。见本书第十二章第二节第一小节。
② [2001] QB 201, p. 204.
③ [2001] QB 201, p. 204.
④ 正如里德指出的,Reed, *Internet Law: Text and Materials*, op. cit. fn. 2, p. 117。

法管辖区区分了故意和过失的诽谤。①

因此,可以公平地得出结论,诽谤诉讼在英国比在美国,甚至在世界许多其他地方更有可能成功。

三、诽谤与互联网:互联网上的问题

除了下文与第十二章第二节所讨论的对中间人的有限豁免相同外,诽谤法在互联网上的适用性与在其他地方也完全相同。然而,互联网的一些特点影响了它在实践中的适用方式。其中一些特点只是因为互联网的使用方式而产生的。这些特点包括:②

(a)电子邮件列表(很容易回复整个列表,认为您只回复了一个人);

(b)转发电子邮件;③

(c)Usenet新闻网的"火焰"文化,它早于现在的互联网商业文化(在很大程度上比万维网早)。

互联网的国际性质也引起了一些问题。这些问题包括管辖法院的不同,原则上包括在世界任何地方因诽谤被起诉的可能性。英国(和一些其他英语司法管辖区,如澳大利亚)为受害人提供的诽谤保护远比其他司法管辖区要好,特别是比美国要好。由于互联网出版物的影响范围遍及全球,即使它们的主要目标是本地的,但世界任何地方的任何互联网出版商都有可能在英国法院被起诉,并受到英国诽谤法的约束。

---

① Reed, op. cit. fn. 2, at p. 113 cites Finland.

② 所有这些都在 Edwards L. & Waelde C. eds., *Law and the Internet: A Framework for Electronic Commerce*, 2nd ed., Hart, 2000 中提到的。

③ 如果电子邮件是由病毒或"蠕虫"转发的,就会出现复杂情况(也许这是援引本书第十二章第二节无害传播防御的一个好理由)。

有人指出，全球覆盖并不是互联网所独有的，尽管该性质肯定会加剧其他地方出现问题的可能性。然而，报纸特别是广播也可能出现同样的问题。以下意见摘自道琼斯公司诉古特尼克案（Dow Jones & Co. v. Gutnick）（以下简称道琼斯案）：①

> 在辩论的过程中，人们强调万维网的出现是一个相当大的技术进步。事实也是如此，但广泛存在的传播通信问题的出现比互联网和万维网要早得多。自从报纸和杂志在广泛的地理区域内向大量的居民分发以来，法律就不得不处理这种情况。广播和电视提出了与广泛传播印刷材料相同的问题，尽管电子通信手段的出现使材料的国际传播变得更加容易。
>
> 有人认为，万维网与无线电和电视不同，因为无线电和电视广播公司可以决定信号的传播范围。然而，卫星广播现在允许广播和电视非常广泛地传播，因此，说万维网具有独特的广泛性是不对的。它并不比某些电视服务更普遍或更少。归根结底，指出特定传播形式的覆盖广度或深度可能会掩盖一些基本事实。无论任何一种特定的传播方式的覆盖面有多广，那些通过特定方式提供信息的人都知道他们的信息可能受到的影响。特别是在万维网上发布信息的人知道他们提供的信息可以不受地域限制地提供给所有人。

下文将要充分讨论的道琼斯案是澳大利亚的互联网诽谤案，②

---

① Dow Jones & Co. Inc. v. Gutnick, [2002] HCA 56, p.38 及以下。下面将详细讨论这个案例。
② Section 12.1.5.1.

但英国早先对别列佐夫斯基诉麦克案(Berezovsky v. Michaels)(以下简称别列佐夫斯基案)①的判决(也在下文中)涉及的是杂志出版物,引起的问题与道琼斯案类似。因此,互联网确实没有在这一领域产生新的法律问题。然而,在世界范围内出版,甚至成立互联网服务供应商变得很容易,而且很难发现在互联网上发生的事情,往往会使以前存在的这类问题更加严重。另外,虽然可以控制对网络材料的访问,但在司法管辖范围内这样做是很困难的。以下言论也摘自道琼斯案:②

> 由于网络的性质,我们不可能完全确保地球表面的任何地理区域与特定网站的访问隔离。网站的访问者会自动透露他们的互联网供应商 IP 地址。该地址是一个数字代码,用于识别每台登录互联网的计算机。访客也可能会透露某些关于其使用的浏览器和计算机类型的信息。用户的 IP 地址通常由互联网服务供应商分配给他们。无论用户在何时何地浏览网络,其 IP 地址都是一样的。但有些 ISP 并不分配一个永久的 IP 地址,而是分配一个新的 IP 地址。相反,有些 ISP 每次在用户登录网络时,他们都会分配一个新的 IP 地址。由于这些特点,目前网站运营商还没有办法在任何情况下都能确定寻求访问网站的互联网用户的地理来源。
>
> 出于类似的原因,就订购账户而言,检查用户提供的信用卡的发卡地点并不是确定寻求访问网站的用户的地理位置的普遍可靠手段。因此,即使假设可以参照访问者

---

① [2000] 1 WLR 1004.
② [2002] HCA 56, paras. 84 et seq.

信用卡的来源,实行一种地理限制,将澳大利亚(也是澳大利亚东南沿海地区)隔离开来,持有美国银行发行的信用卡的澳大利亚居民将能够访问可能禁止持有澳大利亚信用卡的澳大利亚居民访问的网站,尽管这两个用户实际上都位于澳大利亚。

除了通过参照地理、国家和次国家边界来控制对网站的访问的这些困难外,互联网最近还见证了使互联网用户能够掩盖其身份(和地点)的技术(匿名技术)的迅速发展。由于这些发展,导致尚未出现成本低廉、实用和可靠的身份验证系统,无法普遍可靠地识别互联网用户的源点。这就是为什么互联网技术本身的性质使在特定法律管辖区的互联网用户试图访问某个网站的内容,几乎成为不可能,或烦琐而昂贵。实际上,一旦信息被发布在互联网上,通常世界各地的所有互联网用户都可以访问。即使能够准确地确定互联网用户的正确管辖区,目前也没有足够的技术使非订阅内容提供者能够隔离和排除对特定管辖区所有用户的访问。

四、诽谤还是诬蔑

我们已经看到,诬蔑与诽谤不同,诬蔑不需要证明对原告的损害。诽谤是书面的,什么形式应被视为书面形式,只需重述第六章的论点即可,但这里要求书面形式的理由与第六章的论点不同。在目前的语境中,一个可能的理由是,"书面语至少有一个完整的部分语境"[1]。因此,这存在一个永久性的问题。显然,万维网和更永久

---

[1] Weir T., *A Casebook on Tort*, 10th ed., Sweet & Maxwell, 2004, p.526.

的公告栏应该被合理地视为书面，但电子邮件和 Usenet 更像是口头演讲。在林多斯诉哈德威克案(Rindos v. Hardwick)①中，法官认为公告板上的帖子是诽谤。弗朗西斯·奥本(Francis Auburn)在评论这个案例时指出：②

  与林多斯诉哈德威克案所描述的公告板不同，新闻组上发布的信息是非正式的，更类似于对话，而不是传统的信件。

然而，在戈弗雷案③中，Usenet 上的帖子被认为是诽谤。

虽然这个问题很难有肯定的答案，因为在这两起案件中，都没有详细考虑诽谤和诬蔑之间的区别，但似乎大多数互联网出版物都会被认为是书面的。这在原则上似乎也是正确的。虽然弗朗西斯·奥本的观点是可以论证的，但一封约定俗成的信件或备忘录可以是诽谤，即使它很可能被立即扔掉。如果需要，电子邮件和 Usenet 上的帖子可以保存，这种情况下它们肯定更像传统的信件而不是言论。

五、管辖权和适用法律

保护因诽谤受损的名誉，还要取决于司法管辖权，在英国的诽谤诉讼只保护英国的名誉。我们已经看到，美国和英国的法律对诽谤诉讼采取了相当不同的做法，美国法律对出版商要友好得多。然而，一个来自美国但在互联网上发布的言论，可能会被英国的互联网服务供应商重复，或实际上该供应商是最初发表该言论的人(而

---

① 西澳大利亚最高法院，1993 年第 1994 号，1994 年 3 月 31 日作出判决。
② 载 http://webjcli.ncl.ac.uk/articles1/auburn1.html。
③ [2001] QB 201；[1999] 4 All ER 342.

发表该言论的人不一定知道该互联网服务供应商的位置)。此外,无论诽谤的来源在哪里,如果受害者在英国名誉受损,即使其不是英国国民或只是定居在英国,也可以在英国提起诽谤诉讼,也可能受到英国法律的约束。因此,英国的诽谤法至少在原则上可以适用于英国公民在互联网上可以阅读的任何言论。因此,任何在互联网上发表文章的人,无论在世界的任何地方,都需要比在当地发行的报纸上发表文章时更加小心其他司法管辖区对诽谤行为的约束。

(一)管辖权

如果被告在英国,那么英国法院有管辖权。如果作者或 ISP 或其他中间人在海外,问题就变得更加有趣了。如果适用欧盟《布鲁塞尔公约》或《卢加诺公约》,则可对上述人员提起诉讼:①

  与侵权行为、不法行为或准不法行为有关的事项,在损害结果发生地的法院审理。

否则,②RSC(Reverse Subtract with Carry)指令第 11 条允许:

  如果索赔是基于侵权行为,而且损害是在管辖范围内遭受的,或者是由于在管辖范围内实施的行为造成的,则经法院许可,可在管辖范围外送达令状……

不过,这须符合 RSC 指令第 4 条第 2 款规则:

---

 ① 《布鲁塞尔公约》《卢加诺公约》第 5 条第 3 款(两公约相同)。另见本书第十章。
 ② 即被告的住所不在欧盟和欧洲自由贸易联盟成员国。一般见本书第十章第二节第二小节。

除非在法院看来,该案件是根据本命令在司法管辖区外送达的适当案件,否则不得给予上述许可。

然而,很明显,管辖地决定于侵权行为或损害结果发生的地点。事实上,正如我们看到的那样,如果事件发生在英国,几乎总是会赋予英国法院管辖权,并使英国法律适用于争端。

美国许多州通过美国1952年颁布的《统一实施的单一出版物法》,采用了统一出版物规则。① 该规则实际上规定,就单一出版物而言,只能提起一项损害赔偿诉讼。此外,就报纸和杂志而言,该单一出版物的出版地是报纸或杂志的出版地。② 以此类推,在互联网上,出版地即服务器。因此,至少就美国法律而言,在美国服务器上发布材料的作者只需考虑美国的法律,即出版地的法律。

然而,英国并没有与美国1952年《统一实施的单一出版物法》相对应的法律,在英国,出版在任何情况下都不被视为由出版者单方面确定的事件,而是一种双边行为,也包括收件人收到来文。③ 在英国以及大多数英语国家的司法管辖区,每一次传播都是一次单独的诽谤,而发布是向收件人的传播。斯泰恩(Steyn)法官在别列佐夫斯基案中指出,"发表发生在听到或读到文字的地方"。④ 因此,如果一个在英国的人阅读了美国服务器上的通信,就英国法律而言,发布就发生在英国。这通常足以确定管辖权。

此外,诽谤罪保护的是管辖区内的名誉损害。即使原告和被告都是外国人,而且言论源于国外,只要原告的名誉在英国受到损害,

---

① In Dow Jones,[2002] HCA 56, para. 29. 有人指出,该规则适用于大约 27 个国家。此外,在以下段落中,还将介绍该规则及其历史和发展。

② Ibid., para. 32.

③ 尤其见下文道琼斯的讨论。

④ [2000] 1 WLR 1004, p. 1012. 本节后面将详细讨论该案例。

就可以在英国主张管辖权。

人们可能会认为,在英国《皇家法院条例》第 11 条适用的情况下,RSC 指令第 4 条第 2 款规则可能导致案件在这种情况下中止诉讼。事实上,在斯皮利亚达海事公司诉卡苏莱克斯有限公司案(Spiliada Maritime Corp v. Cansulex Co. Ltd.)(以下简称斯皮利亚达案)①中,上议院考虑了中止诉讼的原则,在该案中,上议院认为,索赔人有责任证明英国法院显然是合适的法院,为了所有当事人的利益和正义的目的,应该在英国审理该案。斯皮利亚达案的作用,实质上是:②

> 如果有其他主管和适当的法庭,为了当事人的利益和正义的目的,在那里对案件进行更适当的审判,则将裁定中止诉讼。③ 法院将寻找与诉讼有最真实和实质性联系的法庭。④ 相关因素包括便利性、是否有证人、费用和当事人的住所。

然而,尽管有斯皮利亚达案,但在别列佐夫斯基案中,⑤该案的事实主要不是由于使用互联网而引起的,在一个类似的案件中,没有裁定中止。一家美国杂志(《福布斯》)声称,一位俄罗斯政治家鲍里斯·别列佐夫斯基(Boris Berezovsky)是一名罪犯,并将他描述为"克里姆林宫的教父"。该杂志几乎所有的销量(约 80 万份)

---

① [1987] AC 460.
② The quote B from Auburn, op. cit. fn. 17.
③ Auburn, op. cit. fn. 17, notes Spiliada Maritime Corp. v. Consulex Ltd., [1987] AC 460, p.476, per Lord Goff.
④ Auburn, op. cit. fn. 17, notes The Abidin Daver, [1984] AC 398, p.415.
⑤ [2000] 1 WLR 1004 (HL).

都在美国,但在英国只有少量的销量(约 2000 份)。显然,别列佐夫斯基只是希望洗清自己的罪名,对经济赔偿并不做要求,①但作为一个公众人物,他并不认为自己在美国成功的机会很大。他也有理由希望不在俄国起诉。正如霍夫曼(Hoffmann)法官所提到的那样:②

> 他不想在美国起诉,因为他认为……他败诉的可能性太大。③ 他不想在俄罗斯起诉,因为其他人可能认为他胜诉的可能性太大。他说,在俄罗斯法院的成功不足以为他的声誉平反,因为这可能被归咎于他对俄罗斯司法机构的腐败影响。

然而,别列佐夫斯基不时到英国出差,并声称他在这里英国要保护他的名誉。上议院认为(尽管是以微弱多数),可以向管辖区外的出版商送达令状,英国是一个适当的诉讼地,因此,这不是一个适合中止诉讼的案件。

这似乎是一个纯粹发生于俄罗斯的案件,据称所有事实都发生在俄罗斯,而且所有证人都是俄罗斯人。然而,正如斯泰恩法官所言,④《福布斯》在俄罗斯只卖出了 19 本,而且无论如何,俄罗斯法院不会保护在英国遭受的名誉损害。美国的法庭似乎也是比英国更适合的法庭,但"原告与美国的联系微乎其微。他们不可能现实地声称自己的声誉需要在美国得到保护"⑤。当然,如果服务器和

---

① 别列佐夫斯基不想要损害赔偿,只想为自己辩护,他觉得在英国法庭上最有可能得到赔偿。(See the end of Lord Hoffmann's speech, p. 1024.)
② Ibid.
③ Lord Hoffmann cites New York Times v. Sullivan, (1964) 376 US 254.
④ [2000] 1 WLR 1004, p. 1014–1015.
⑤ 斯特恩法官,第 1015 页。虽然别列佐夫斯基是主角,但福布斯也曾对参与诉讼的尼古拉·格洛科夫发表过贬损性言论。

要保护的名誉在不同的司法管辖区,这将始终是一个问题。至少可以说,英国与其他地方相比,与该诉讼有着更密切的联系。

正如我们所看到的那样,除了偶然的情况外,该案件并不是一个互联网案件,但该案件的判决对电子商务的影响是显而易见的。

持反对意见的霍夫曼法官和霍普法官对英国是否真的有名誉需要被保护表示质疑。该案件完全基于在俄罗斯的活动,只是在那些和俄罗斯的公司交涉中维护外国银行和机构的人的心中存在名誉。如果在英国的名誉更加明确(情况会大有不同),去假想除此之外他们本就会顺从大多数人的意见是没有根据的。事实上,他们认为,法官作出了正确的事实推断,而且在法律方面没有误导自己,因此,上诉法院不应干涉。

在澳大利亚的道琼斯案中,[1]问题本质上与别列佐夫斯基案类似,但是它发生在互联网背景下。原告声称自己被诽谤,[2]需要在维多利亚州保护自己的名誉。他反对的出版物是《巴伦在线》(Barron's Online),该出版物隶属于在美国注册的道琼斯公司(该公司还出版了《华尔街日报》)。《巴伦在线》的主机设在美国新泽西州的道琼斯自己的服务器上,当然,维多利亚州的互联网用户也可以访问。澳大利亚高等法院认为,原告在维多利亚州的名誉受到损害,可以在维多利亚州的法院提起诉讼。[3] 但有一个问题是发布地点在哪里。可以说,互联网不同于传统的发布,因为接收者可能会从服务器收集声明,在这种情况下,发布也会在那里发生。[4] 这一

---

[1] [2002] HCA 56,全文见 www.austlii.edu.au/au/cases/cth/high\u ct/2002/56.html。

[2] 维多利亚没有采用新样式的"索赔人"。

[3] 问题是澳大利亚法院的管辖权以及适用的法律(见第69段)。据称存在实质性诽谤,但没有对实质性诉讼进行审判。

[4] 里德的观点,Reed, *Internet Law: Text and Materials*, op. cit. fn.2, p.114。

观点在澳大利亚已被有效地驳回,但尚未在英国得到检验,而且似乎不太可能成为英国法律的一部分。

维多利亚州规则第7条第1款的相关规定如下:

(1)原诉程序可以在澳大利亚境外送达,而无须所在法院的命令:

……

(i)该诉讼基于维多利亚州境内发生的侵权行为;

(j)诉讼是针对在维多利亚州全部或部分遭受的损害以及在任何地方发生的侵权行为或不作为所造成的损害提起的。

在前述案件中,第7条第1款(j)项显然已得到满足,因为无论侵权行为在哪里发生,古特尼克(Gutnick)所申诉的只是他在维多利亚州的名誉受到损害。因此,没有必要同时满足第7条第1款(i)项的要求,但法院认为,第7条第1款(i)项的要求已得到满足。因此,该案的侵权行为是在维多利亚州实施的,在维多利亚州造成了名誉损害。因此,维多利亚州法庭也是审理该案的适当法庭。①

关于《布鲁塞尔公约》,欧洲法院在舍维尔案(Shevill v. Presse Alliance SA)(C-68/93)②中认为,其在诽谤案中的效果是"赋予其管辖范围内发生损害的任何法院以管辖权,该法院仅对在其管辖范围内发生的损害拥有管辖权"。它的结论是:③

对于在几个缔约国发表的报纸文章所造成的诽谤,如

---

① [2002] HCA 56, para.48.
② [1995] 2 AC 18, p.31.
③ [1995] 2 AC 18, p.31.

果原告就该诽谤发表所造成的损害在一个缔约国寻求救济,根据《布鲁塞尔公约》第5条第3款所作的解释是,原告可以在该诽谤首次流通地或原告寻求救济的损害发生地对出版商提起救济诉讼,但条件是,根据适当的侵权法,损害总是发生在该地。

在适用互联网的情况下,这意味着在互联网服务供应商的所在地或为名誉损害发生地。①

由此看来,只要通信是在英国收到的,名誉损害是在英国境内发生的,英国就能主张管辖权。当然,只有原告在英国的名誉受损才会受到能在英国提起诉讼的保护。

(二)适用法律

英国采用的是所谓的双重可诉性规则,根据这一规则,如果侵权行为在英国或侵权行为发生地国家都可以提起诉讼,那么索赔人就可以在英国起诉侵权行为。② 如果我们假设英国具有管辖权,那么只有在侵权材料的公布地在国外的情况下,才会削弱英国法律的严格性。然而,正如我们所看到的,即使该侵权作品在外国出版,这也仅会减轻英国法律的严厉程度,根据英国法律,无论在哪里收到诽谤性材料,都会被视为发表发生。因此,在别列佐夫斯基案中,侵权行为是在英国实施的,适用的法律将是英国法律。

在道琼斯案中,人们还认为,管辖权问题和法律选择问题都取决于发布地点。③

---

① 在别列佐夫斯基案中,霍夫曼法官指出([2000] 1 WLR 1004, p.1018)根据《布鲁塞尔公约》法院没有权力以不方便为由拒绝行使管辖权。
② Boys v. Chaplin, [1971] AC 356.
③ [2002] HCA 56, para. 47. Also paras. 105 et seq.

如果英国法院具有管辖权,但材料发布和名誉损害发生在英国以外,则双重可诉性规则可能具有可适用性。在这种情况下,侵权行为不一定发生在英国境内,博伊斯诉卓别林案(Boys v. Chaplin)中的双重可诉性规则将适用。①

当然,英国和澳大利亚采取的立场意味着,网络出版商原则上可能受世界各国诽谤法的约束,但不能保证服务器所在国的单一法律的适用。有人反对说,这可能会阻碍互联网的运行。例如,道琼斯公司认为,"万维网上材料的发布者最好只能根据其维护网络服务器的地方的法律来管理其行为,除非该地方法律存在冒险或机会主义"。还有观点是要求出版商顾及到世界上每一个国家的法律。另外,将材料放在万维网上,在大多数情况下,就是在全世界范围内发布,如果我在英国发表的言论在阿富汗等同于亵渎,那么阿富汗的公民反对,我真的不会感到惊讶。基于同样的道理,很难理解为什么美国公民在自己的国家内诋毁他人的名誉而不受惩罚。从原告的角度来看,别列佐夫斯基的考虑也是有必要的,因为可能很难找到服务器的位置,而且都可能涉及不同司法管辖区的服务器,但如果材料都是在英国境内公布,司法管辖区这个问题就不需要原告操心了。在某种程度上,上述反对意见似乎过于夸张了,因为在诽谤的情况下出版商只需要关注受害者起诉对名誉造成损害案件的司法管辖区。也许更重要的是,司法管辖区的选择取决于所获得的任何判决是否可以在实践中执行(并考虑到成本)。如果我在阿富汗没有资产,也没有去阿富汗的计划,英国法院不执行海外法院的判决,我可能愿意承担在阿富汗犯亵渎罪的风险。同样,正如我们看到的那样,美国公民可以相当坚定地把对诽谤的考虑限制在美国

---

① 另见 Red Sea Insurance v. Bouyges SA, [1994] 3 All ER 749, 以及 Lilian Edwards 在 Edwards & Waelde, *Law and the Internet*, op. cit. fn. 9, p. 260 中的讨论。

的法律范围内,除非他们在有关国家有资产或打算访问该国。在道琼斯案中,这被认为是限制了万维网对诽谤诉讼的影响。

六、英国行动的执行

在英国起诉并追回损害赔偿的行为,只有在被告在英国拥有资产,或者被告本国的司法管辖区的法院会执行英国的判决时,才有价值。在道琼斯案中,被告虽然总部设在美国,但却是一家国际企业,无疑在维多利亚州拥有资产。别列佐夫斯基显然只是为了洗刷自己的名声,并没有兴趣提出损害赔偿要求。

但在类似别列佐夫斯基案的其他案件中,假设原告希望获得损害赔偿或冻结令,而被告是一家位于美国的互联网服务供应商,资产仅在美国。现在,如果原告要依靠美国执行在英国的判决,由于言论自由在美国具有宪法地位,他(她)绝对不可能会成功。[1] 因此,如果位于美国的互联网服务供应商参与诽谤在其他地方有声誉的人,它们实际上可能享有豁免权。

第二节 ISPs 的立场

在诽谤发生的情况下,互联网服务供应商的责任很重要,其要承担兜底责任,因为言论的始作俑者可能是未知的。[2] 兜底责任是

---

[1] Youm, KH, *The Interface Between American and Foreign Libel Law: US Courts Refuse to Enforce English Libel Judgments*, (2000) 49 ICLQ 131; also Edwards & Waelde, op. cit. fn. 9, p. 260.

[2] 这是戈弗雷案[2001]QB 201 中的立场,见本书第十二章第二节第二小节。报告全文也在 www.bailii.org/ew/cases/EWHC/QB/1999/244.html。

原告选择起诉有能力支付巨额损害赔偿的被告,当然,如果诽谤言论的发起人不详,原告无法起诉互联网服务供应商,则无法获得救济。

我们在第四章中看到,单纯的渠道可以适当地免除对内容的责任。① 它们的作用可被视为类似于电话公司的作用,但对于互联网服务供应商来说,情况就不一样了,它们不仅能储存信息,而且还能传输信息;就网站而言,它们或多或少是永久性的。一个更好的类比可能是报纸或杂志出版商,但互联网服务供应商对内容的控制要比报纸等更难。②

关于互联网服务供应商责任方面的法律不能说是令人非常满意。这些法律存在两个特别的问题:一是互联网服务供应商越不负责任,就越不可能被追究责任;二是法律鼓励投诉人,无论他们多么无理取闹。美国在 1996 年解决了这两个问题,但由此产生的法律不可能被视为一个好的解决方案,至少在美国以外的国家是这样。我们需要的是一个保护负责任而非不负责任的互联网服务供应商的解决方案。世界上似乎没有一个国家完全做到了这一点。

本章主要考虑英国的法律对电子商务的管辖,不仅考虑其是什么,而且考虑其应该是什么。在回答第二个问题时,将与其他地方的立法进行比较。虽然所有被考虑的司法管辖区都希望促进电子商务的发展,但是,其他方面不同的价值观念很可能妨碍法律的全球统一。例如,美国高度重视言论自由,对电子商务的监管也采取不干涉的方式。相比之下,新加坡的监管力度更大,似乎更重视对声誉的保护。英国和欧盟介于两者之间,例如,欧盟不赞成强制许可制度。

我们回顾一下美国法律。至少在某种程度上,美国的案件反映了英国法律的内容。

---

① 本书第四章第三节第一小节。《电子商务指令》第 12 条一般也保护单纯的渠道免于承担责任。

② 参见 Edwards & Waelde, *Law and the Internet*, op. cit. fn. 9, p. 261。

在美国和英国,人们一直认为,图书馆、书店和报摊只是信息的载体,不对诽谤性内容承担责任。他们有权依靠"无害传播"进行辩护。英国早期的一个权威结论是上诉法院对埃芒斯诉波特尔案(Emmens v. Pottle)①(以下简称埃芒斯案)的判决。在该判决中,一名报纸卖主被判不为其诽谤性内容承担责任。伊舍(Lord Esher)法官说:②

> 我们必须考虑被告的立场是什么。一家报纸的业主让其雇员出版该报,他是该报的出版人,他要对其雇员的行为负责。报纸是由他的雇员印刷的,因此他要对报纸中的诽谤行为负责。但被告并没有对原告撰写诽谤言论,他们只是传播了包含诽谤的内容。问题是,作为这种传播者,他们是否发表了诽谤言论?如果他们知道报纸上的内容,且无论他们是否因传播该报而获得报酬,他们都会发表该诽谤内容,那么他们会对此承担责任。这一点,我想是毋庸置疑的。但在这里,根据陪审团的裁决,我们必须认为被告不知道该报刊含有诽谤内容。如果他们证明他们不知道那份诽谤文件,那将是很有说服力的。如果陪审团的观点是正确的,即被告人不知道该报刊很可能含有诽谤内容,而且,他们不应该知道这一点,这必然意味着,他们已经采取了合理的谨慎态度。本案的结论是,被告人是无辜的传播者,他们没有义务知道该报刊很可能含有诽谤内容。既然如此,我认为被告人不需要为诽谤行为负责。

博恩法官(Bowen LJ)说:③

---

① [1885] 16 QBD 354.
② Ibid., p. 357.
③ Ibid., p. 358.

陪审团认定的事实是,被告人是无罪的,他们不知道该报刊含有诽谤性内容,而且他们没有理由认为该报刊可能含有诽谤内容。在我看来,被告人与其他无辜的物品携带者一样,不需要承担更多的责任,因为他没有理由认为该物品可能会有危险。但我绝不会说,如果报纸的卖家知道或应该知道该报纸可能含有诽谤内容,他不会对其中的诽谤内容负责。

关于该案的这些观点,我们可以提出一些看法。第一,辩护理由取决于被告人是否撰写了诽谤内容。① 第二,被告人必须不知道也不应该知道出版物中含有诽谤内容。第三,至少在普通法中,抗辩理由的作用是,无辜的传播者根本不被视为出版者。这一点从伊舍法官的观点中可以看出,是否承担责任取决于是否被视为出版人,而埃芒斯案的被告并不是出版人。但是,不是无辜传播者的次要出版商在普通法上是出版商,应承担法律责任。②

维泽特利诉穆迪精选图书馆有限公司案(Vizetelly v. Mudie's Select Library Co. Ltd.)(以下简称维泽特利案)③,与埃芒斯案的情况有所不同,在该案中,一家流通图书馆的业主被认定为出版商而负有责任,因为他们不知道但应该知道一本书中的诽谤内容。史密斯法官(Smith LJ)说:④

被告公司的董事之一穆迪(Mudie)先生的证词显示,

---

① "第二出版商"是一个现代术语,用于指(像 ISP)出版但不是出版材料的创作者的人。
② 当然,要有辩护理由,如所发表的声明是真实的,或有特权的。
③ [1900] 2 QB 170.
④ Ibid., p.176 –177.

除了他本人和他的共同董事外,该机构没有人对书籍进行任何监督,而且书籍太多,他们无法检查它们是否含有诽谤内容。他承认,他们曾经有一两本含有诽谤内容的书籍,但他们以前从未因诽谤而被起诉,而且他们没有雇佣读者。对他们来说,冒出版含诽谤内容的书籍并因这些诽谤内容而被起诉的风险,要比雇佣读者成本低。陪审团在被告作出这样的承诺后,得出的结论是,被告没有采取应有的谨慎措施,以确保他们所发行的书籍不包含诽谤内容。被告没有从陪审团那里得到像埃芒斯案中那样的结论,这是否令人感到惊讶呢？在我看来,从穆迪先生的论述中可知,有足够的证据证明陪审团得出的结论是被告未能证明自己的辩护,而他们没有发现书中含有对原告的诽谤,是由于他们的疏忽。既然如此,他们就没有做到埃芒斯案中被告成功做到的事情,即证明他们没有发表诽谤内容。

请注意,"这些书太多了,被告无法检查它们是否包含诽谤性言论"并不是抗辩理由。他们应该检查它们,那样的话他们就会知道诽谤的内容了。还要注意的是,这里的被告人与埃芒斯案中的被告人不同,他们被认定为出版商,这也是他们为什么要承担责任的原因。

至少在英国的普通法中,互联网服务供应商的待遇与新闻媒体和流通图书馆的待遇类似。既然如此,他们因内容庞大而实际上不可能对内容进行监控,大概不能作为抗辩理由。但我们需要研究一下判例法。

一、美国法律

(一)1996 年以前的美国法律

在 1996 年之前,美国的案例至少有一部分是以英国普通法为基础的,可以暂且将其作为英国普通法的指标。此时的美国法律也受到宪法第一修正案的影响,该修正案规定了言论自由,因此美国的案例往往比英国普通法更有利于被告人。

美国第一起 ISP 诉讼案是库比公司诉康普赛公司案(Cubby Inc. v. CompuServe Inc.)(以下简称康普赛案)①,该案中,一家竞争对手[鲁莫维尔(Rumorville)]在一个本地在线论坛(新闻论坛)上发表了关于计算机数据库(称为 Skuttlebut)的言论。就本案而言,康普赛公司并未对这些言论具有诽谤性提出异议,但否认其发表了这些言论。② 新闻论坛虽然由康普赛公司主办,但由第三方卡梅隆通讯公司(Cameron Communications Inc.,CCI)管理,该公司对该论坛进行了编辑控制,但康普赛公司既没有委托也没有为该论坛上的任何材料付费,CCI 也没有向其支付任何费用。康普赛公司唯一的经济收益是向所有康普赛用户收取标准在线时间使用费和会员费,而无论他们使用的是何种信息服务。此外,康普赛公司没有对论坛进行编辑控制。

纽约地方法院采取的办法是将该互联网服务供应商(康普赛公司)视为等同于图书馆、书店或报摊的地方,认为"康普赛公司的……产品实质上是一个电子的、营利性的图书馆"。因此,康普赛

---

① [1991] 776 F Supp 135 NY DC,网址:www. bitlaw. com/source/cases/copyright/cubby. html。

② 除了诽谤外,还有(未成功的)商业诽谤、不正当竞争索赔,康普赛公司应承担替代责任。

公司被认为只是一个分销商,而不是一个出版商。① 适用的检验标准基本上是英国普通法规定的标准,因为康普赛公司"既不知道也没有理由知道所谓的诽谤性言论"。此外,康普赛公司与CCI之间的合同安排可能会阻止康普赛公司对内容进行任何监督。无论如何,法院认为,这些材料在上传后可即时取用,而康普赛公司在上传前肯定没有对材料进行编辑控制。此外,"康普赛已……授权CCI控制新闻论坛内容的组合"。因此,这不存在像维泽特利案中那样不切实际的检查,而且根据英国普通法,康普赛公司似乎也不可能承担任何责任。不过,美国适用的无害传播检验标准可能比英国普通法规定的检验标准更有利,因为:

> 要求发行者只有必须知道出版物的内容时,才能对发行该出版物承担责任,这一要求深深植根于第一修正案,并通过第十四修正案适用于各州。

因此,虽然美国的诽谤法是以普通法为基础的,但如果假定互联网服务提供商责任也受到美国宪法的限制,那么就不一定能认为美国的诽谤法与普通法相同。如果有限制,预计美国法律会对被告更有利。②

另外,斯特拉顿奥克蒙特公司诉神童服务公司案(Stratton Oakmont Inc. v. Prodigy Services Co.)(以下简称斯特拉顿案),③是

---

① 英国普通法意义上的出版商,而不是主要出版商,因为英国1996年《诽谤法》对出版商进行了有效定义(见本书第十二章第二节第二小节)。

② 然而,根据今天的英国法律,可能会以同样的方式决定,见本书第十二章第二节第二小节。

③ [1995] NY Misc Lexis 229, NY SC, 423 Media L Rep 1794 (NY Sup Ct, 25 May 1995).另见 www. law. uoregon. edu/faculty/kaoki/site/secure/cases/defamatory/stratton_oakm ont_v_ prodigy. php。

另一起商业诽谤案,涉及一家证券投资银行公司的总裁对商业欺诈的指控,该指控被张贴在神童公司的公告板上。神童公司的问题在于,它远没有像康普赛公司那样将编辑工作委托给第三方,而是积极主动地控制其网站上的活动。事实上,它做了广告,并且确实以它提供的有节制的家庭服务为商业优势:

> 毫不讳言,我们所追求的价值,是对我们渴望服务的数百万美国家庭的文化的重新认识。当然,没有哪家负责任的报纸在刊登它所刊登的广告、它所刊登的信件,以及面对它的编辑所容忍的裸露程度和毫无根据的流言蜚语时,会无动于衷。

因此,法院认为,神童公司将自己置于报纸而非发行商的地位,并认为它由此施加的编辑控制使它成为诽谤材料的出版商,这也许并不奇怪:①

> 康普赛和神童公司之间的主要区别有两个方面:首先,神童公司向公众及其成员表明,它控制着计算机公告板的内容。其次,神童公司通过其自动软件筛选程序和制定董事会领导必须执行的准则来实施这种控制。例如,神童公司积极利用技术和人力,以攻击性和"低级趣味"为理由,删除电脑公告栏上的通知,神童公司显然是在对内容作出决定……②这种决定构成了编辑控制。虽然这种控制并不完全,早在通知送达时就开始执行,最晚在提出投

---

① 出版商再次被用于普通法意义上,而不是英国 1996 年《诽谤法》规定的更严格意义上的。

② 法院注意到迈阿密先驱出版公司诉托尼洛案,418 US 241(1974)。

诉时才开始执行,但这并不能忽视或逃避一个简单的事实,即神童公司明确了自己的角色,决定什么是适合其成员在其公告板上张贴和阅读的内容。根据上述情况,法院不得不得出结论,就原告在该诉讼中的索赔而言,神童公司是一个出版商而不是分销商。

法院还注意到,神童公司在其有意识的选择监测的过程中获得了市场优势。

法院认为,神童公司至少有 200 万用户在其公告栏上交流,每天有 6 万条信息发布在神童公司公告栏上,因此,人工审查信息是不可行的。如果考虑到这一点,就等于允许英国维泽特利案中失败的抗辩,但无论如何,神童公司已积极主张对公告栏进行一定程度的编辑控制。根据英国普通法,神童公司本应承担法律责任。

莉莲·爱德华兹(Lilian Edwards)指出,这一观点是非常不可取的,因为它鼓励 ISPs 不节制内容,并指出:[1]

> 针对神童公司和康普赛公司的裁决中最令人遗憾的是,从这两个截然不同的结果中最容易得出的观点是,为了避免责任,互联网服务供应商应尽可能少地监测和编辑信息的内容或其携带的其他材料。

事实上,在斯特拉顿案中,法院似乎以言论自由为由,积极鼓励互联网服务供应商采取不干涉的方式,并指出"神童公司目前的自动扫描、准则和董事会领导制度可能会对网络空间的通信自由产生负面的影响,而这种负面的影响似乎正是神童公司所希望的,除了

---

[1] Edwards & Waelde, *Law and the Internet*, op. cit. fn. 9, p. 263.

审查制度所附带的法律责任审查"。

爱德华兹还指出,斯特拉顿案对互联网的发展起到了不良的推动作用,因为在互联网上,商业互联网服务供应商越来越希望提供更多的净化信息。一般来说,无罪传播辩护的角度是,供应商是否知道诽谤性材料的存在。然而,与报纸不同,互联网服务供应商一般不会有资源去冒险为诽谤诉讼辩护,因此,对任何投诉的最理性反应是删除诽谤性或涉嫌诽谤的材料。如果该材料实际上不是诽谤性的,那么在互联网上可以合法进行的辩论实际上就会被搁置。

主要出于促进电子商务发展的愿望,美国立法机关迅速采取行动,推翻了斯特拉顿案。下文将进一步讨论由此产生的立法的利弊。

还有必要考虑伦尼诉神童公司案(Lunney v. Prodigy)(以下简称伦尼案)[1],虽然该案判决是在下文考虑的1996年立法之后作出的,但该案事实发生在1996年之前。法院认为,无论如何,都没有必要适用法律来要求被告人不承担法律责任,[2]因为法院认为互联网服务供应商不是出版商。[3] 该案涉及一名冒名顶替者,他冒充十几岁的伦尼(Lunney)发送电子邮件,并在公告板上张贴信息。这些信息具有刑事上的攻击性,伦尼被警方调查,将这些违法信息归咎于他。该行为被认为是诽谤,受害者是一个少年。此外,冒名顶替者的身份并不为人所知,因此,如果神童公司不承担任何责任,就没有补救措施。

---

[1] Alexander G. Lunney v. Prodigy Services Co. ,[1999] 94 NY 2d 242, www. law. cornell. edu/ny/ctap/l99 _0165. htm, 也可另见 http://legal. web. aol. com/decisions/dldefam/lunneyappeal. html。

[2] 从而避免了泽兰诉美国在线案(Zeran v. AOL)(以下简称泽兰案)中的追溯性论点。

[3] 法院选择依据安德森诉纽约电话公司案所创立的普通法原则,35 NY 2d 746。

由于伦尼案的 ISP 和法院都与斯特拉顿案相同即神童公司和纽约上诉法院,有人认为,斯特拉顿案应当被驳回,①但事实并非如此。就电子邮件而言,人们接受神童公司只是一个渠道,用的是电话公司的比喻。此外,有人认为,"强迫互联网服务供应商检查和筛选数以百万计的电子邮件通信,以承担诽谤责任为代价,对公众没有好处"。人们认识到,"由于公告栏的经营者对它们的认知程度普遍较高",因此应区别对待公告栏。然而,尽管神童公司对自己的编辑控制权有所保留,但在公告栏方面,他们也被认为不承担责任。从两个案例中得出了不同的事实推论。② 法院同意上诉法庭的意见:

> 即使神童公司公司"行使权力,从某些公告栏信息的文本中删去某些粗俗的内容",这也不会改变其在"它没有参与传输的数百万其他信息"的传输过程中的被动特征。

我们将看到,在戈弗雷案中,莫兰德法官认为伦尼案在英国不会有同样的判决,③尽管他没有对康普赛案作出类似的评论。我们已经从维泽特利案的研究中看到,在英国法律中,行使编辑控制权的能力才是关键,不管这样做是否可行。康普赛案则不同,康普赛公司将编辑控制权完全委托给第三方,甚至没有保留控制权。因

---

① Edwards & Waelde, *Law and the Internet*, op. cit. fn. 9, p. 262.
② 当然,神童公司很有可能在这两种情况之间改变了自己的做法,因为这些都不是一成不变的。不管怎么说,神童公司最近已经和雅虎联手了,而且没有任何家庭友好政策的暗示,详见 http://myhome.prodigy.net。
③ 莫兰德的言论是在《电子商务指令》生效之前发表的。请进一步参阅第十二章第二节,了解目前英国是否会以同样的方式判决伦尼案。

此,根据英国普通法,康普赛公司案很可能以同样的方式判决,如今21世纪在英国也可能以同样的方式判决。

(二)1996 年后的美国法律

为了应对斯特拉顿案,以及该案对互联网发展可能产生的负面影响,国会颁布了美国 1996 年《通信规范法案》(Communications Decency Act,CDA),其中第 230 条为互联网服务供应商提供了相当好的全面保护。这虽与英国现行法律相差甚远,但值得简要研究,如果英国认为可取,可以将其作为借鉴。

美国立法机构关注的是,在控制内容的同时,放松对互联网的管制。因此,美国 1996 年《通信规范法案》加强了对主要出版商(特定淫秽材料的原创者)的执法力度,同时保护仅仅托管第三方内容的互联网服务供应商。从泽兰案中的以下判决可以看出该法案的立法意图:①

> 序言和历史都表明,国会制定第 230 条的目的是通过确保网络言论的中间人,如美国在线(AOL)等服务提供商,不对第三方内容造成的伤害负责,从而促进对互动计算机服务的有力讨论。
>
> 第 230 条的序言宣布了国会的结论,即"交互式计算机服务为真正多样化的政治话语、独特的文化发展机会和无数的智力活动途径提供了一个论坛",而且该服务"在政府最低限度的监管下,为所有美国人带来了好处"。……序言还宣称,"美国的政策是……维护互联网和其他交互式计算机服务目前存在的充满活力和竞争性

---

① 参见 http://legal.web.aol.com/decisions/dldefam/zeranapb.html。

的自由市场，不受联邦或州的监管约束"。……从整个第230条的背景来看，这些声明反映了国会的观点，即交互式计算机服务提供者可能会因传播他人制作的内容而承担侵权责任，这将不可避免地损害这一显然为国家带来巨大希望的新兴通信媒介的发展。

同时，第230条的序言再次表明，国会认识到有必要阻止和惩罚真正有害的网络言论，并选择通过加强联邦刑事法律的执行来打击这些言论的实际肇事者。序言部分宣称，"美国的政策是……确保严格执行联邦刑法，以阻止和惩罚利用计算机进行淫秽、跟踪和骚扰的行为"。因此，国会作出的政策决定，不是通过惩罚中间人，而是通过加强对非法内容的罪魁祸首的法律惩制措施，来阻止侵权的网上言论的发表。

第230条的立法历史进一步证实了国会的意图，即对互动式计算机服务传播第三方的侵权在线言论免责。众议院对该法案的辩论表明，国会认为互动服务提供商不应该对有害的第三方内容负责，因为媒体的性质使他们不可能审查和编辑第三方内容。

任何一个像神童公司这样的实体都不可能有责任对来自各种渠道的信息进行审查，然后再放到他们的公告板上。我们谈论的东西比我们的日报要广泛得多。每天我们谈论的事情都有成千上万页的信息，把对这些信息的审查的责任强加给他们是错误的。第230条将解决这个问题……

因此，第230条旨在为网上服务提供商提供"合理的方法……帮助他们自我规管而不受法律制裁"。

……

国会豁免互动服务提供商对第三方内容的赔偿责任的意图,在 CDA 的会议报告中得到了进一步的证明,该报告指出,第 230 条的目的之一是推翻一个报告的案例,在这个案例中,互动服务提供商被认定可能对第三方的侵权内容负责。在斯特拉顿奥克蒙特案中,法院决定将神童公司视为信息发布者,因为神童公司向公众展示自己是一个面向家庭服务,并试图对第三方内容进行编辑控制的公司,正如会议报告所述:

第 230 条的具体目的之一是推翻斯特拉顿奥克蒙特案和任何其他类似案件的裁决,这些裁决将网络服务供应商和用户视为非其自身内容的出版者或发言者,因为他们限制了对反面信息的访问。委员会认为,这些决定严重影响了授权父母决定其子女通过交互式计算机服务接收通信内容的重要联邦政策的实施。

美国 1996 年《通信规范法案》第 230 条规定的主旨是通过减少对中间商的控制来促进互联网的发展。同时,该规定加强了对淫秽和其他犯罪内容始作俑者的执法力度。具有讽刺意味的是,阿克鲁诉雷诺案(ACLU v. Reno)使立法的第二项内容基本上失去了效力,[1]该案拒绝引用旨在保护儿童免受互联网色情制品影响的条款,因为这些条款侵犯了宪法第一修正案中的言论自由权。然而,第 230 条中的 ISP 豁免权在美国仍然有效。第 230 条规定:[2]

交互式计算机服务的提供者不得被视为另一信息内

---

[1] 载美国最高法院 1997 年 6 月 26 日,http://floridalawfirm.com/reno.html。
[2] 也可参见里德的观点,Reed, *Internet Law: Text and Materials*, op. cit. fn. 2, p. 130 及以下。

容提供者提供的任何信息的发布者或发言者。

此外：

不得提出诉讼请求,也不得强加任何责任。

遗憾的是,肇事者的身份并不总是为人所知,这导致即使是非常恶劣的诽谤行为的受害者也完全得不到补偿。在泽兰案中,①一个"目前身份不明的人"在 AOL 的公告板上张贴了"严重攻击性"的信息,表示泽兰销售"淘气的俄克拉何马 T 恤",从而从俄克拉何马市联邦大楼爆炸案中获得好处。泽兰向美国在线投诉,告知他们这些帖子是个骗局,应迅速将其删除,且在此之前,泽兰收到了威胁电话,甚至是死亡威胁。因此,这是一起真正令人愤慨的诽谤案件,实际肇事者身份不明。

然而,美国上诉法院认为,美国在线受到第 230 条的保护,事实上,该条几乎提供了全面的保护。② 美国在线的责任取决于他们是否被视为出版商,而第 230 条否认了这一点,当然,在普通法中,任何诽谤索赔都是如此：

> ……根据公认的普通法原则,因传播诽谤性或其他侵权材料而造成的损害,只能由被视为"发表"该材料的一方承担赔偿责任。基础的法律类入门书规定,只有当一个实体"发表"了诽谤性言论时,该实体才可能对该言论造

---

① [1997] 129 F3d 327. 全文可参见 http://legal.web.aol.com/decisions/dldefam/zeranapb.html。

② 里德认为,泽兰案走得太远了。Reed, *Internet Law: Text and Materials*, op. cit. fn. 2, p.137 –138.

成的损害承担责任。

这样做的逻辑是,如果信息是由第三方提供的,则对中间商提供全面的豁免。①

在布卢门撒尔诉德鲁吉案(Blumenthal v. Drudge)(以下简称布卢门萨尔案)中,人们认为以此确立的新规目的在于推翻斯特拉顿案的裁决:

> 本节的具体目的之一是推翻斯特拉顿案和任何其他类似案件的裁决,这些裁决将这些供应商和用户视为非他们自己的内容的出版者或发言者,因为他们限制了对负面信息的访问。委员会认为,这些决定严重影响了授权父母决定其子女通过交互式计算机服务接收通信内容的重要联邦政策的实施。

然而,正如布卢门萨尔案②本身所显示的那样,立法还不止于此,它针对所有第三方内容为中间商提供了全面的豁免权。尽管指控具有诽谤性,但美国在线还是受到了美国 1996 年《通信规范法案》的保护,尽管他们实际上是委托并支付了第三方八卦新闻的费用,这可能是为了增加他们自己的吸引力。美国哥伦比亚特区地区

---

① 泽兰案试图提出另一种过失分销索赔,但由于实际上是一种变相的诽谤行为而失败。"分销商责任"只是"出版商责任"和"根据公认的普通法原则,传播诽谤性或其他侵权材料造成的损害责任只能由被视为'出版'材料的一方承担"。该案的另一个问题是美国 1996 年《通信规范法案》是否适用于生效前发生的事实。

② 全文见 http://www.techlawjournal.com/courts/drudge/80423opin.htm, 以及美国在线自己的网站: http://legal.web.aol.com/decisions/dldefam/blumenmo.html。另见 Reed, *Internet Law: Text and Materials*, op. cit. fn. 2, p. 132; Edwards & Waelde, *Law and the Internet*, op. cit. fn. 9, p. 268。

法院显然对这种情况不满意,认为:

> 由于它有权对与之签订合同的人进行约束和对其传播的文字行使编辑控制权,因此,似乎只有按照适用于出版商的责任标准或至少对像书店老板或图书馆一样,按照适用于发行商的责任标准来要求美国在线才是公平的。但国会做出了一个不同的政策选择,如果互动服务提供商在提供他人准备的内容方面发挥了积极的作用,也为其提供豁免。在与服务提供者群体的某种默契交换安排中,国会赋予了服务提供者侵权责任豁免权,以鼓励互联网服务提供者对互联网上的淫秽和其他内容进行自我监督,即使自我监督不成功或甚至没有尝试过。

如下文所述,英国和欧盟都没有普遍采纳美国法院在布卢门萨尔案的立场。

(三)ISP 全面豁免的利弊

英国的法律被普遍认为不尽如人意,美国的法律立场也是经过慎重选择才得出的。因此,如果要进行法律改革,ISPs 全面豁免是一个可以考虑纳入的模式。它的主要优点是不会阻碍互联网的发展;①此外,由于对所有的 ISPs 一视同仁,所以不会像 1996 年前的美国法律那样,阻碍 ISPs 承担责任。泽兰案说明了该弊端:发生了一起严重的诽谤,受害人受到了死亡威胁,但最后没有其他当事人

---

① 泽兰案指出,"让交互式计算机服务承担第三方通信造成的损害责任,不符合这一新的重要通信媒介蓬勃发展的趋势"。

要承担责任。① 由于互联网服务供应商享有豁免权,因此根本没有补救措施。英国法律委员会认为,"泽兰案的判决对保护名誉的重要性微乎其微"。②

二、英国法律

(一)普通法和英国 1996 年《诽谤法》

我们已经了解英国普通法发展出无害传播的抗辩理由的过程,至少在原则上,它可以保护互联网服务供应商。英国 1996 年《诽谤法》加深了这一点,并(或许)为中间商提供了额外的保护。③ 目前尚不清楚 1996 年《诽谤法》是巩固还是修正了普通法,如果是修正,普通法是否继续与《诽谤法》并存亦尚未可知。但就目前而言,可以肯定的是,《诽谤法》只是巩固了先前存在的法律,④尽管(而且相当混乱地)采用了对出版商的不同定义。《诽谤法》第 1 条第 1 款规定:

(1)在诽谤诉讼中,如果一个人满足如下情形之一,

---

① 正如法律委员会所指出的,《诽谤与互联网——初步调查》,第 2 号范围研究,2002 年 12 月,第二段第 52 行;2022 年 12 月出版的 *Scoping Study* 卷 2 中的一篇文章《诽谤与互联网——初步调查》。另见第二段第 54 行。该报告载 www. lawcom. gov. uk/files/defamation2. pdf。

② Ibid. , para. 2. 54.

③ Rogers, *Winfield and Jolowicz on Tort*, 16th ed. , Sweet & Maxwell, 2002, p. 427, fn. 86.

④ 在戈弗雷案,莫兰法官受到 1996 年前英国判决的严重影响。他还引用麦凯法官(Mackay LJ)对 1996 年《诽谤法》第 1 条的评论,他在动议驳回莱斯特法官(Lord Lester LJ)的修正案(Hansard, House of Lords Discussions, HL Deb, Cols 214 −215, 1996 年 4 月 2 日)时说:"这是为了提供一种现代的等同于普通法的无害传播辩护……"([2001] QB 201, quoted by Morland J. at p. 207)。

他就可以为自己辩护：

(a) 他不是所申诉的声明的作者、编辑或出版者；

(b) 他对其公布的言论采取了合理的谨慎态度；

(c) 他不知道，也没有理由相信他的所作所为导致或促成了诽谤性言论的发表。

请注意，这些都是并列的要求。该法第 1 条第 3 款规定了第 1 条第 1 款的内容：

(3) 如果一个人只参与了以下工作，则其不应被视为诽谤性言论的作者、编辑或出版者：

(a) 印刷、生产、分发或销售载有该诽谤性言论的印刷品；

……

(c) 处理、复制、分发或销售记录该诽谤性言论的任何电子媒介，或操作或提供任何设备、系统或服务，以检索、复制、分发或销售该诽谤性言论或以电子形式提供的任何设备、系统或服务；

……

(e) 作为通信系统的操作者或接入者，而该诽谤性言论是由一个他无法有效控制的人传送或提供的。

在不属于(a)项至(e)项的情况下，在决定一个人是否被认为是某项声明的作者、编辑或发布者时，法院可以通过类比的方式考虑这些规定。

请注意,第 1 条第 3 款(a)项至(e)项是备选方案。第 1 条第 3 款(e)项适用于互联网服务供应商,①但不适用于布卢门萨尔案的情况(假设美国在线公司对该案的内容有一定的控制权)。然而,就目前而言,本款的唯一意义在于,为了分析第 1 条第 1 款(a)项,将发布者界定为不包括次要的发布者,如分销商,而非诽谤性言论的始作俑者。② 正如我们所见的那样,相比之下,普通法把所有分发者视为出版者,但无辜的传播者除外。

然而,作为次要出版商的互联网服务供应商并不能根据第 1 条第 1 款(a)项自动提出抗辩,因为他们还必须符合第 1 条第 1 款(b)项和(c)项的规定,而这两项规定将普通法中的无害传播抗辩条款具体化。

英国与诽谤相关的权威案件是戈弗雷案。③ 恶魔网际网络公司(Demon Internet Limited)被认定为诽谤戈弗雷先生(物理、数学和计算机科学讲师),因为戈弗雷订阅了一个 Usenet 新闻组(soc. culture. thai),该新闻组中的资料据称来自他本人,但这些资料是"肮脏、淫秽和诽谤性的"。④戈弗雷向该公司投诉,但该公司没有采取任何措施删除该材料,直到该材料大约 10 天后,在正常情况下过期。⑤ 该材料是由美国的"不知名人士"发布的。⑥ 恶魔网际网络公司能够证明他们不是第 1 条第 3 款所指的出版商,因此符合第 1 条

---

① Edwards & Waelde, *Law and the Internet*, op. cit. fn. 9, p. 265.
② "虽然这一术语未出现在立法中,但通常用于描述参与传播诽谤性言论的人,但作者、编辑和商业出版商除外。"(*Law Commission*, op. cit. fn. 79, para. 2. 2.)
③ [2001] QB 201; [1999] 4 All ER 342; [1999] EWHC QB 244, www. bailii. org/ew/cases/EWHC/QB/1999/244. html, and noted by Akdeniz Y., Godfreyv DemonInternet on Nominet's site at www. nic. uk/ReferenceDocuments/CaseLaw/GodfreyVDemonInternet. html.
④ Para. 12 of the judgment.
⑤ Para. 14 of the judgment.
⑥ Para. 12 of the judgment.

第1款(a)项的规定,①但却被《诽谤法》第1条第1款(b)项和(c)项所囿,②因为他们即使在被提醒有可能是诽谤性内容的情况下,也没有删除违法的新闻张贴。因此,本案并不能确立英国互联网服务提供商的一般责任,因为本案的要点在于恶魔网际网络公司被告知通信的内容而没有删除。

假设恶魔网际网络公司没有被告知该材料内容可能具有诽谤性质,只是简单地刊登了该新闻,而没有对其内容进行调查。在这种情况下,也许他们能够满足《诽谤法》第1条第1款(c)项的要求,但也许不能满足第1条第1款(b)项的要求,因为第1条第5款对该项作了限定:

> (5)为施行本条的目的,在决定某人是否采取合理的谨慎态度,或有理由相信他的行为导致或促成诽谤声明的发表时,须考虑以下因素:
> (a)他对声明的内容或发表声明的决定的责任程度;
> (b)该出版物的性质或情况;
> (c)作者、编辑或出版商以前的行为或品格。

人们很容易认为,《诽谤法》只是坚持了类似于美国1996年

---

① 里德(Internet Law: Text and Materials, op. cit. fn.2, p.114)建议恶魔网际网络公司在普通法中被认定为出版商,尽管恶魔网际网络公司很可能是,但根据1996年《诽谤法》,他们实际上被认定不是出版商。Morland LJ[2001]QB 201,第206页有明确声明。出版商的两个定义混淆了这个问题。

② 判决第20段(只有在三个小节都满意的情况下,辩护方才能成功)。莫兰法官没有区分第1条第1款(b)项和第1条第1款(c)项,但问题肯定是第1条第1款(c)项。法律委员会指出(Defamation and the Internet, op. cit. fn.79, para.2.9),本案"不涉及与互联网出版物有关的'合理谨慎'问题,目前在这一点上没有判例法"。

《通信规范法案》之前的美国立场(及其不良影响)。然而,我们已经看到,美国的案例虽然以英国的普通法为基础,但也深受第一修正案的影响,莫兰德法官认为,这些案例"由于大西洋彼岸对诽谤的态度不同,因此帮助不大"。① 他还注意到,《诽谤法》并没有采用美国 1996 年《通信规范法案》的方法或目的,②也没有引用伦尼案,因为神童公司在英国会被视为出版商。③ 因此,他实际上是在说,1996 年以前的美国立场比英国普通法更有利于互联网服务供应商。④

(二)英国法律和《电子商务指令》

自戈弗雷案裁决以来,英国于 2002 年 8 月实施了《电子商务指令》,⑤相关条例为 2002 年《电子商务(EC 指令)条例》。⑥ 关于中间人责任的规定是该条例第 17 条至第 20 条,使该指令第 12 条至第 14 条生效。

互联网服务供应商托管责任由该条例第 19 条规定,使《电子商务指令》第 14 条生效:

> 托管服务
> 如果提供的信息社会服务包括储存服务接受者提供

---

① [2001] QB 201, p. 209 (para. 36 of the judgment).
② Para. 45 of the judgment.
③ 93[2001] QB 201, p. 212 (para. 49 of the judgment).
④ 然而,在康普赛案(Cubby v. CompuServe)中,并没有明确的批评,因为在该案中,编辑职能完全委托给了第三方。
⑤ 欧洲议会和欧盟理事会 2000 年 6 月 8 日关于内部市场信息社会服务,特别是电子商务的某些法律方面的欧盟理事会电子商务指令(2000/31/EC),全文见 http://europa.eu.int/eur-lex/pri/en/oj/dat/2000/l_178/l_17820000717en00010016.pdf.
⑥ SI 2002/2013, 全文见 www.opsi.gov.uk/si/si2002/20022013.htm, 有关背景信息,请参见 www.dti.gov.uk/industries/ecommunications/electronic_commerce_directive_0031ec.html。

的信息,在下列情况下,服务提供者不应对储存信息造成的损害或任何其他金钱补救或任何刑事制裁负责:

(a)服务提供者:

(i)并不实际了解非法活动或信息,而且在提出损害赔偿要求时,不了解服务提供者本可看出该活动或信息是非法的事实或情况;

(ii)在得知或意识到该活动或信息是非法的事实或情况后,迅速采取行动,删除该信息或使其无法访问;

(b)接受服务者不是在服务提供者的授权或控制下行事。

该条规定与该指令第14条的措辞几乎相同。① 它补充了《诽谤法》第1条的抗辩理由。它的适用范围显然包括网站,或许还包括基于网络的电子邮件,其所指的提供的服务包括"存储服务接收者提供的信息"。该条款对公告栏或新闻组的适用性不那么明确,尽管张贴的内容似乎有可能被视为是由服务接收者提供的。

该条例第19条似乎比英国1996年《诽谤法》为携带第三方内容的互联网服务供应商提供了更大的保护,但没有与1996年《诽谤法》第1条第1款(b)项相当的规定。因此,如果戈弗雷案发生在21世纪的英国,很可能互联网服务供应商不需要承担任何责任(并假设该条例适用于新闻组和公告板)。②

---

① 《电子商务指令》第14条使用"非法"一词。"非法"在英国法律中是一个更恰当的术语,包括侵权行为。

② 假设,在泽兰案中,美国在线可以被视为迅速清除材料一旦通知它。在伦尼诉神童公司案中,神童公司在收到通知后的两天内移除了终止材料。

该条例第 19 条涉及的通知和删除条款与《诽谤法》第 1 条第 1 款(c)项并无二致,尽管它要求互联网服务供应商知道有关材料是"非法"的,实际上确实是诽谤性的(没有抗辩),但它可能提供更大的豁免权。不过,也可以说,该条款与英国 1996 年《诽谤法》第 1 条第 1 款(c)项完全相同,没有提供更大的保护。① 当然,戈弗雷案的判决不会受到影响,因为恶魔网际网络公司在被投诉后没有迅速采取行动删除材料。在任何情况下,《诽谤法》通知和删除条款都是一个实际或推定的通知条款,如果迅速删除了这些材料,就可以作为抗辩。

保护仅针对携带第三方内容的互联网服务供应商,该条例第 19 条第 1 款(b)项取消了托管服务的接受者在提供者的授权或控制下行事的豁免,从而确定了布卢门萨尔案中双方的责任。② 法律委员会还指出:③

> 该指令第 14 条的规定也不适用于那些通过选择和汇编其他来源的信息来"汇总"信息的人。有一个例子是 Factiva.com,这是一家道琼斯和路透社的公司,它为用户提供全球新闻和商业信息,其内容大约有 8000 个来源,包括报纸、杂志和公司报告。

然而,法律委员会指出,由于业务规模庞大,互联网服务供应商在将每个项目放在网站上之前,很难检查其内容。尚不清楚整合者

---

① Law Commission, *Defamation and the Internet*, op. cit. fn. 79, paras. 2.22 – 2.23.
② Edwards & Waelde, *Law and the Internet*, op. cit. fn. 9, p. 268 – 270.
③ Law Commission, *Defamation and the Internet*, op. cit. fn. 79, para. 2.25.

是否属于上文提到的《诽谤法》第 1 条中的发布者。①

(三) 互联网服务供应商及其用户

可以对英国法律提出的建议是,在现实中,由于互联网服务供应商并不真正处于为诽谤诉讼辩护的地位,因此无罪传播的抗辩成为投诉者的章程:②

> 我们获悉,有些互联网服务供应商每年接获超过 100 宗的投诉,尤其是代表公司寄发的律师函,投诉其不满客户设立的网站的数目,令我们关注。根据目前的法律,最稳妥的做法是由网络服务提供者删除这些材料,无论被指控的诽谤材料是否符合公众利益或是否属实。

还有人担忧,由互联网服务供应商删除材料的做法可能会激起互联网上的合法辩论:③

> 如果互联网服务供应商对允许发布的内容更加谨慎——通过筛选提交材料或暂停网站——他们可能会使关于言论自由的辩论变得更加激烈,或损害电子商务的发展。

---

① Law Commission, *Defamation and the Internet*, op. cit. fn.79, para. 2.26.
② Law Commission, *Defamation and the Internet*, op. cit. fn.79, para. 1.5. 全文在 www.lawcom.gov.uk/files/defamation2.pdf。
③ 关于戈弗雷案的评论,详见 http://news.bbc.co.uk/1/hi/sci/tech/695596.stm。《欧洲人权公约》第 10 条也可能涉及: Law Commission, *Defamation and the Internet*, op. cit. fn.79, paras. 2.36 及以下。

此外，如果 ISP 删除被投诉的内容或封锁用户的网站，那它与自己的客户之间的合同关系应当怎样处理。显然，不能要求 ISP 对实施诽谤的侵权行为承担责任，因此，如果内容确实具有诽谤性，ISP 不应承担违约责任。而且互联网服务提供商可能无法判断内容是否具有诽谤性，如果内容被证明不具有诽谤性，这可能会使互联网服务供应商产生违约行为。该违约问题可以根据与用户签订的合同条款来解决，但在起草合同条款时必须给予互联网服务供应商较大的自由裁量权。这可能是商业客户所不能接受的，在消费者合同中，任何此类条款都必须符合英国 1977 年《不公平合同条款法》第 3 条和第 11 条规定的合理性标准。

正如莉莲·爱德华兹所指出的那样，还有一种办法是，互联网服务供应商可以要求用户提供赔偿，尽管这些赔偿在实践中可能难以执行，而且可能不受商业用户的欢迎。① 另一种选择是购买责任保险，并将费用转嫁给所有用户。

(四) 英国的法律改革

无论英国法律是否与 1996 年前的美国法律相同，或对被告人更有利或更不利，都会出现互联网服务供应商因负责任而受到惩罚的问题。② 其他的问题是，互联网服务供应商很难控制内容，③我们也已经看到了无论投诉多么没有价值，一个不名一文的战术目标在面对投诉时都会面临困难。

---

① Edwards & Waelde, *Law and the Internet*, op. cit. fn. 9, p. 267. 消费者合同中的赔偿在任何情况下都受英国 1977 年《不公平合同条款法》第 4 条的约束。

② Edwards & Waelde, *Law and the Internet*, op. cit. fn. 9, p. 263. 根据《诽谤法》第 19 条，视而不见的 ISP 不太可能承担责任。

③ 如我们所见，神童公司声称他们每天有 60,000 个帖子。那是很多年前的事了，今天我们可以假设更多的数字。

从原告的角度看,ISP 的责任也可能是偶然的。在戈弗雷案中,假设互联网服务供应商位于英国境外,戈弗雷可能会发现提起诽谤诉讼,或至少执行其判决的难度要大很多。①

我们看到改革的一种可能性是美国方案。在戈弗雷案中起诉 ISP 的一个原因是发帖人不明。美国的解决办法可能会使像戈弗雷这样的人根本得不到任何补救。我们还看到有人表示,美国法律不能很好地保护名誉权。

英国法律委员会考虑将英国 1996 年《诽谤法》第 1 条的保护范围扩大到认为材料虽然是诽谤性的,但不是诬蔑性的二级出版商。②这将降低法律可被用作投诉人特许证的程度。然而,这将要求互联网服务供应商对材料的真实性作出判断,这在实践中绝非一件简单的事情。③

法律委员会也考虑了另一种可能性,即使用业务守则。④ 为了改革的有效,业务守则必须非常明确,并包括解决争端的程序,特别是如果期望互联网服务供应商能够判定内容的真实性。笔者认为,最理想的情况是,遵循业务守则的互联网服务供应商应免于承担责任。有些司法管辖区已经采用了业务守则,下文我们探讨新加坡的做法,一部分原因是新加坡的价值观念与美国的价值观念截然不同,另一部分原因是新加坡有丰富的案例。

---

① 莫兰法官认为损失不大,最终的和解金额为 15,000 英镑,加上法律费用估计为 200,000 英镑,详见 http://news.bbc.co.uk/1/hi/sci/tech/695596.stm。网站上也有评论,详见 http://news.zdnet.co.uk/internet/0,390203692078072,00.htm。

② Law Commission, *Defamation and the Internet*, op. cit. fn. 79, para. 2.55. 这样做的目的是保护 ISP,例如,该 ISP 认为可以提供辩护,如真相,或者出版物是正当的。

③ Law Commission, *Defamation and the Internet*, op. cit. fn. 79, para. 2.59.

④ Law Commission, *Defamation and the Internet*, op. cit. fn. 79, paras. 2.62 及以下。

最后，法律委员会认为，"在使用业务守则这类短期项目中，不宜就各种建议的相对优点作出结论"。① 同时，很少有人认为目前的法律是令人满意的，希望这一问题在适当的时候得到更详细的审议。

三、新加坡的做法：业务守则

新加坡是少数几个通过了业务守则的司法管辖区之一，正如我们所看到的那样，这是英国法律的一个可能的前进方向。然而，新加坡的业务守则并没有提供特别明确的指导，使互联网服务供应商即使在遵守业务守则的情况下也要受到一般法律的约束。

与美国一样，新加坡政府急于推动电子商务和互联网的发展。例如，新加坡媒体发展局发布的《互联网行业准则》第3条第1款(a)项规定：②

> MDA完全支持互联网的发展。因特网是一种重要的通信媒介，也是信息、教育和娱乐的丰富来源。

新加坡1998年《电子交易法》第3条第1款(b)项规定，该法的目的包括：

> 促进电子商务……并促进发展实施安全电子商务所需的法律和商业基础设施。

---

① Law Commission, *Defamation and the Internet*, op. cit. fn. 79, para. 2.66.
② www.mda.gov.sg/wms.file/mobj/mobj.496.internet_industry_guide.pdf, 详见下文。

然而,在其他方面,新加坡与美国的价值观却大相径庭。新加坡没有第一修正案,相比之下,在新加坡名誉受到保护的可能性比美国更大。虽然《互联网行业准则》第 3 条第 1 款(f)项指出,"媒体发展局以轻松的态度规管互联网服务",但事实上,新加坡已实施强制性发牌计划,而且新加坡政府肯定不会像美国国会一样,对规管互联网感到反感。事实上,互联网服务供应商被视为类似于广播公司(确实与邮政服务相去甚远,从第四章的一些讨论来看,这一点很有意思),①并因此受到监管。

在新加坡,人们主要关注的似乎是向新加坡公民"播放"色情制品的行为,但最初的《互联网行业准则》还包括"公共安全和国防"以及"种族和宗教和谐"等章节。② 新加坡是一个多种族的国家,有多种宗教信仰,它过去曾发生过动乱,政府非常希望维持"新加坡的种族和宗教和谐"。③

新加坡的立法有两个方面。首先,新加坡有有限的豁免条款。与欧盟一样,新加坡对数据包传输和编码有一般豁免权,但与欧盟不同的是,新加坡对主机托管可能完全没有豁免权。④ 新加坡 1998 年《电子交易法》第 10 条第 3 款规定的豁免权包括:⑤

……提供必要的技术手段,使第三方材料可以被访问,包括为提供访问而自动和临时存储第三方材料。

---

① Section 4.4.3.
② 描述于 http://www2.warwick.ac.uk/fac/soc/law/elj/jilt/2001\u2/anil。原来的业务守则被起草得稍微严密一点的守则所取代。
③ Internet Industry Guidelines, para.14.
④ Reed, *Internet Law: Text and Materials*, op. cit. fn.2, p.134.
⑤ 新加坡法规,包括 ETA,可在 http://agcvldb4.agc.gov.sg 查到。

上述规定不包括托管,因为这涉及更多的永久性存储。因此,规定的责任是一般法律的责任,是基于普通法的责任。因此,互联网服务供应商被视为出版商,在这方面被视为报纸,而不是图书馆或邮政服务。

其次,立法不仅对互联网服务供应商没有普遍的豁免权,而且其第二部分还规定了积极的监管。新加坡1998年《电子交易法》第10条第2款(b)项允许在一般法律之外作出额外的规定:

(2)本条中的任何规定均不得影响到:
……
(b)网络服务提供者在根据任何成文法建立的许可或其他监管制度下的义务……

事实上,在1996年新加坡《广播管理局(类别牌照)通知》,有一项强制性的互联网服务供应商注册计划。① 该通知还授权媒体发展局(新加坡广播局的后继机构)发布《行业互联网准则和业务守则》。② 新加坡的业务守则与其说是保护互联网服务供应商,不如说是对其增加了一层监管。遵循业务守则的互联网服务供应商不会承担业务守则规定的法律责任,③但不能免除一般法律规定的法律责任,故,讨论的英国法律中的诽谤问题没有得到解

---

① www.bild.net/singapore.htm.
② 行业互联网指南参见 www.mda.gov.sg/wms.file/mobj/mobj.496.internet_industry_guide.pdf. 新加坡互联网实务守则全文载于 www.mda.gov.sg/wms.file/mobj/mobj.497.internet_code.pdf。
③ See paras.3(1)—3(3) of the code.

决。① 因此,该通知附表(类别牌照的条件)第 7 条规定:"持牌人在任何时候都必须遵守新加坡的法律。"这一点在该通知附表(类别牌照的条件)的第 16 条中得到强化:

  本附表不得豁免持牌人遵守任何其他与提供持牌人服务有关的成文法的要求。

  审查守则时,安尼尔(Anil)指出,"所有新加坡法律,只要适用于电子媒介,对于在网络空间实施的行为,完全具有效力和可操作性",而且"无论《行业互联网准则和业务守则》是否有此规定,各方当事人仍受所有其他新加坡法律的约束"。②
  此外,正如安尼尔所指出的那样,守则中没有任何内容涉及与客户的合同,因此,即使是对遵守业务守则的互联网服务供应商也可以强制执行。③

四、关于 ISPs 托管责任的结论

  新加坡和美国的立场可以看作两个极端,而英国和欧盟的立场是处于中间的。原则上,应当制定一个明确的业务守则,要求 ISPs 遵守,但 ISPs 也可以确信,如果他们遵守业务守则,就不会承担法律责任。世界上似乎还没有国家采取这一原则。

---

 ① 关于《新加坡行为准则》的一般性(但现在略显过时)讨论,参见 Anil S., *Revisiting the Singapore Internet Code of Practice*, http://www2.warwick.ac.uk/fac/soc/law/elj/jilt/2001_2/anil。
 ② Ibid., section 7.
 ③ Ibid., section 4.1. 如果 ISP 对当局的明确指示作出反应,可能会有辩护。

五、ISPs 的其他豁免权

ISPs 第 17 条和第 18 条将欧盟指令的豁免条款分别制定为英国《诽谤法》第 12 条和第 13 条。该规则第 17 条规定了对网关和路由器的一般豁免,这些网关和路由器只是携带流量,其存储的时间没有超过确保流量成功转发的必要时间。豁免针对的是传输,而非存储,其要求是:

(1)……服务提供商:
(a)没有发起传输;
(b)没有选择发送的接收器;
(c)没有选择或修改传输中包含的信息。
(2)第 1 款所述的传输和提供访问的行为包括在下列情况下对所传输的信息的自动、中间和临时存储:
(a)这种情况发生的唯一目的是在通信网络中进行传输;
(b)该信息的存储时间不会超过传输所需的合理时间。

第 18 条规定了临时缓存的一般豁免权,其中:

(a)该信息是自动、中间和临时存储的对象,而该存储的唯一目的是应其他服务接受者的要求,将该信息更准确地传递给他们。
(b)服务提供者:
(i)不修改信息;

(ii) 遵守获取信息的条件；

(iii) 遵守以业界广泛认可和使用的方式确定的关于更新信息的任何规则；

(iv) 不干涉合法使用业界广泛认可和使用的技术，以获取有关信息而使用的数据；

(v) 在实际了解到传输源头的信息已从网络上删除，或对该信息的访问已被禁止，或法院和行政当局已下令删除或禁止访问该信息时，迅速采取行动，删除或禁止访问其所储存的信息。

第(ii)项意味着，如果原始网页需要为某项服务付费，缓存网页也必须付费。第(iv)项涉及记录点击次数等事项。第(iii)项和第(v)项要求缓存的资料必须保持最新，以免发布过期的价格、被撤销的产品等。

这些豁免权与欧盟《版权指令》第4条第3款规定的豁免权大致相同，但又不完全相同。如同该节所考虑的豁免一样，关于存储为临时性的要求似乎并不针对更永久的镜像站点。

译后记

随着全球数字经济的蓬勃发展,电子商务已成为现代社会中不可或缺的经济活动形式,它不仅重塑了商业交易的方式,也对传统法律体系带来了深刻挑战。2000年后,我国电商行业迅速崛起,但相关法律并不完善,平台责任、消费者权益、数据安全等问题缺乏统一规范。2013年12月,全国人大常委会将电子商务法列入第二类立法项目,由全国人大财经委牵头起草。历经四次审议,2018年8月31日,《电子商务法》由十三届全国人大常委会第五次会议表决通过,并于2019年1月1日起正式实施。在此背景下,2018年秋,我作为课程负责人组建了"电子商务法"课程组,向学校申请开设了面向全校本科生的公共选修课和面向研究生的专业选修课。也是自2018年始,我花了更多时间关注数字经济领域的立法与研究。

2019年春,西南政法大学人工智能法学院院长陈亮教授向我推荐了英国著名法学家保罗·托德(Paul Todd)教授所著的 *E-Commerce Law*。英国及欧盟是电子商务法律领域的重要先行者,其法律框架和司法实践对理解全球电子商务法治发展具有重要参考价值,而本书以英国与欧盟的法律体系为框架,围绕电子商务法律体系的核心问题进行了系统阐述,包括电子合同的形成与效力、知识产权保护、数据隐私与安全、平台责任、消费者保护及网络中介责任等问题,基于上述认识,我听从陈院长的建议,决定翻译本书。

但是，法律文本特有的严谨性要求术语表述毫厘必较，而比较法视野下的制度研究更需兼顾本土语境的适配性，翻译工程之难，远超预期。人工智能法学院的庞琳博士，曾在美国加利福尼亚大学伯克利分校访学，具有良好的外语基础，她受邀承担了本书部分章节的翻译工作，本书得以顺利成稿。

2023年12月，西南政法大学率先成立科学技术法学研究院，并组织出版"西南政法大学科技法文库"，本书有幸入选该文库。衷心期盼本书能为完善中国特色社会主义科技法治体系、推动科技治理多元共治贡献绵薄之力。

本书翻译历时三年，法律出版社法治与经济分社陈妮副编审、张思婕编辑和王鸿编辑先后对本书译稿进行了多轮精细编校，对译稿提出诸多完善建议。三位老师的敬业精神常令我深受感动，其专业能力更让我由衷钦佩。可以说，没有她们三位的鼎力相助，就没有本书的顺利出版。在此，感谢法律出版社的大力支持与帮助！感谢陈妮副编审、张思婕编辑和王鸿编辑在译稿编辑和审校中的辛勤付出！

本书亦是教学相长的见证。翻译过程中，针对书中涉及的复杂法律术语与判例背景，多名由我指导的研究生（孟祯、马牧青、陈星宇、王元娟、李金莲、叶窈妙、郭轩扬、董乔漩、禹政选、刘笑、李舒欣、罗怀宇、陈沁艺）先后参与了翻译工作，对译稿进行了细致的研究与核对。感谢同学们的认真参与！

囿于能力水平所限，疏漏错误在所难免，敬请大家不吝指正，不胜感激。

孙　莹
2025年5月

图书在版编目(CIP)数据

电子商务法 /（英）保罗·托德著；孙莹，庞琳译. -- 北京：法律出版社，2025
（西南政法大学科技法文库 / 林维总主编）
书名原文：E-Commerce Law
ISBN 978-7-5197-7275-8

Ⅰ.①电… Ⅱ.①保… ②孙… ③庞… Ⅲ.①电子商务－法规－研究 Ⅳ.①D912.290.4

中国版本图书馆 CIP 数据核字（2022）第 247595 号

电子商务法 DIANZI SHANGWUFA	[英] 保罗·托德 著 孙莹 庞琳 译	策划编辑 陈 妮 责任编辑 陈 妮 张思婕 装帧设计 汪奇峰 鲍龙卉

出版发行　法律出版社　　　　　　　开本 A5
编辑统筹　法治与经济出版分社　　　印张 13.625　　字数 353 千
责任校对　王语童　李慧艳　　　　　版本 2025 年 6 月第 1 版
责任印制　吕亚莉　　　　　　　　　印次 2025 年 6 月第 1 次印刷
经　　销　新华书店　　　　　　　　印刷 北京中科印刷有限公司

地址：北京市丰台区莲花池西里 7 号（100073）
网址：www.lawpress.com.cn　　　　　销售电话：010-83938349
投稿邮箱：info@lawpress.com.cn　　 客服电话：010-83938350
举报盗版邮箱：jbwq@lawpress.com.cn　咨询电话：010-63939796
版权所有·侵权必究

书号：ISBN 978-7-5197-7275-8　　　　定价：110.00 元

凡购买本社图书，如有印装错误，我社负责退换。电话：010-83938349